未成年人法律制度研究丛书之九

总主编／童建明　宋英辉

未成年人刑事司法风险评估研究

张丽霞　著

中国检察出版社

图书在版编目（CIP）数据

未成年人刑事司法风险评估研究 / 张丽霞著 . 北京：中国检察出版社，2024. 12. -- ISBN 978 -7 -5102 -3192 -6

Ⅰ. D925. 204

中国国家版本馆 CIP 数据核字第 20246QS686 号

未成年人刑事司法风险评估研究

张丽霞　著

责任编辑： 吕亚萍
技术编辑： 王英英
封面设计： 徐嘉武

出版发行： 中国检察出版社
社　　址： 北京市石景山区香山南路 109 号（100144）
网　　址： 中国检察出版社（www. zgjccbs. com）
编辑电话：（010）86423787
发行电话：（010）86423726　86423727　86423728
（010）86423730　86423732
经　　销： 新华书店
印　　刷： 唐山玺诚印务有限公司
开　　本： 710 mm × 960 mm　16 开
印　　张： 17. 75
字　　数： 294 千字
版　　次： 2024 年 12 月第一版　　2024 年 12 月第一次印刷
书　　号： ISBN 978 -7 -5102 -3192 -6
定　　价： 56. 00 元

序　一

在法学研究的广袤领域里，未成年人司法犹如一颗璀璨的明珠，以其独特的理论视角与深厚的社会关怀，持续吸引着法学界众多精英的深切关注与探索。其中，涉罪未成年人风险评估作为未成年人司法制度架构中的核心构成部分，不仅承载着维护司法公正这一崇高使命，更肩负着保护未成年人合法权益、促进其健康成长的重要职责，其重要性不言而喻。

张丽霞的专著《未成年人刑事司法风险评估研究》，始于对后现代风险社会"风险"概念的深刻解读，进而系统论证了在未成年人刑事司法领域内，"危险"话语向"风险"话语转型的内在逻辑，并深入阐释了未成年人犯罪风险的独特属性及风险评估的特殊性。随后，从工具研发与规范建构两个维度，对涉罪未成年人风险评估的工具开发历程与规范实践应用进行了详尽而系统的梳理与分析。这一跨学科的探索，不仅打破了传统犯罪学、心理学、刑法学及刑事诉讼法学的既有框架，更以一种高度综合与整合的视角，对涉罪未成年人风险评估进行了全面而深入的剖析。在此基础上，聚焦我国涉罪未成年人风险评估的路径选择问题，提出了具有前瞻性和实践价值的研究议题，旨在为相关领域的研究与实践提供新的理论支撑与实践指导。

值得一提的是，作者在涉罪未成年人风险评估领域的探索并未局限于理论阐述与文献分析，而是采取了更为深入的实证研究路径，将研究触角延伸至我国未成年人司法实践的核心地带。通过深度访谈，作者描绘了中国司法场域下未成年人犯罪风险及其评估机制的现实生态。具体而言，本书聚焦未成年人检察官、法官及司法社会工作者的第一手访谈资料，通过深度剖析这些司法从业者的实践经验与见解，系统阐述了他们对风险概念的理解，以及风险评估在审查起诉阶段、定罪量刑决策、教育矫治过程以及社会再融入等关键司法环节的作用和影响。这一研究不仅丰富了涉罪未成年人风险评估的理论框架，更为我国司法实践中相关机制的优化与完善提供了基于实证的学术支撑与策略启示。

此外，本书还特别强调了风险评估在预防未成年人犯罪方面的作用。通过风险评估，我们可以及时发现未成年人的不良行为倾向的风险点和可以进行干预的需求点，采取针对性的干预措施，从而有效预防犯罪的发生。这一观点的提出，不仅丰富了涉罪未成年人风险评估的理论内涵，也为未成年人犯罪预防工作提供了新的思路与方向。

作为张丽霞的博士研究生导师，我深感欣慰，欣慰于她在未成年人法学领域的付出和成绩。我坚信，《未成年人刑事司法风险评估研究》这部凝聚了智慧与心血的专著，必将为未成年人司法实践注入新的活力与智慧。同时，我也满怀期待，愿张丽霞在未来的学术征途中，能够持续深耕，勇于开拓，不断攀登新的学术高峰，探索更为广阔的学术疆域。

北京师范大学刑事诉讼法研究所所长

史立梅

2024 年 12 月 3 日

序　二

与传统刑事司法以“行为”为中心相比，未成年人司法更为关注“行为人”，这种从“行为主义”向“行为人主义”的理论转变，不仅标志着我们在理解及应对未成年人犯罪问题时认知框架的根本性调整，而且强调了必须将未成年人的个性化需求与发展权置于司法处遇考量的核心位置。为此，需要深入探究罪错未成年人独特的个体需求、成长经历及心理特征，努力使采取的干预措施能精准对接其内在需求，通过有效的干预实现再犯预防，并最终实现对罪错未成年人和社会的双向保护。在这一过程中，罪错未成年人的风险评估，作为实现这一目标的关键工具与核心手段，其重要性不言而喻。风险评估联接起调查与干预，处于整个未成年人司法体系的核心环节。风险评估不仅仅给出一个风险等级，还需要为精准干预提供依据和指引，通过科学、全面的风险评估，我们能够更准确地识别未成年人的风险点与需求点，从而制定更具针对性与有效性的干预策略。

张丽霞的专著《未成年人刑事司法风险评估研究》以未成年人司法的独特视角为起点，从工具性与规范性的双重维度聚焦风险评估的一系列问题，对涉罪未成年人的风险评估体系展开了全面而细致的研究。作者全面综述了未成年人风险评估领域的最新研究，并深入犯罪学、心理学及人工智能等领域，细致梳理了风险评估理论的进展与相应的评估工具的五代技术革新。更为重要的是，作者的研究是以未成年人司法从福利和司法的二元对立走向综合多元的模式演进为整体背景，在模式演进的理论梳理中详细阐述了风险因素预防范式，并据此论证了风险评估在未成年人司法体系中的重要地位及其实践价值，对未成年人司法的模式、理念等基础性问题亦有较大的理论贡献。在研究路径和方法上，作者也投身于实际的司法实践领域，积极寻找涉罪未成年人风险评估的中国方案。尽管我国在此领域的探索相对初步，但本土未成年人司法实践中所蕴含的丰富智慧与经验，是研究和构建我国未成年人风险评估体系的重要基石。作者运用质性研究的方法描绘了未成年人风险评估的司法实践，收录和分析了来自一线的实践状况，增强了研究的真实性和实用性。我衷心希望，这本专著能够成为推动我国未成年人风险评估研究与实践进一步深化的重要基础，引起更多的研究者和实践者对风险评估及相应问题的关注与思考。

作为张丽霞的硕士研究生导师，我见证了她在未成年人司法领域研究的不断深入，也观察到她在学术之路上的显著成长。她的博士学位论文选题最初源自我在其硕士阶段指导的硕士论文《少年司法中的社会调查报告》中的相关初步探讨。从社会调查报告的初步探索，到风险评估的深化研究，张丽霞不仅展现了她在该领域内的长期积累和深入钻研，更体现了她对未成年人司法研究的真挚热爱和不懈追求。张丽霞硕士毕业后，在北京师范大学心理学部工作多年再回来继续攻读博士学位，这部专著不仅融入了更多心理学和多学科视角的思考，更是她沉淀多年后秉持学术初心的作品。

未来学术征途漫漫，道阻且长，希望张丽霞能够继续秉持初心，满怀热爱，炽热未央，勇于探索，笔耕不辍，为中国特色未成年人司法体系的建构贡献力量。

北京师范大学法学院副院长

何　挺

2024 年 12 月 7 日

目 录

导　论

一、研究目的与意义

我国未成年人刑事司法一直秉持“教育为主，惩罚为辅”的基本方针，但是依附于成年人司法体系的制度框架并没有很好地落实这一方针。我国未成年人刑事司法的理论与实践也一直在探索如何在成人式刑事诉讼大背景下平衡教育保护和司法惩罚的关系。2012 年《刑事诉讼法》修改，单设未成年人特别程序专章，规定了社会调查、合适成年人、法律援助、附条件不起诉等制度，在保障未成年人基本诉讼权利方面取得了重大进步。实践中公安司法机关也在不断进行工作创新，积极探索新的路径以便更好地教育、拯救涉罪未成年人，比如与司法社工合作进行社会调查，讯问时要求有合适成年人在场，积极探索提高附条件不起诉中所附条件的实施效果等，并取得了一定的成绩。总体而言，目前的改革主要围绕保护未成年人和保障未成年人程序权利展开，从而使我国未成年人刑事司法具有了一定的福利色彩。但是，近年来，低龄未成年人恶性犯罪事件频发，引发了社会公众对未成年人犯罪的恐慌，社会公众对未成年人刑事司法过于宽缓的做法反响强烈。为回应社会需求，《刑法修正案（十一）》降低了刑事责任年龄，加大了对涉罪未成年人的惩罚。惩罚还是保护，福利还是司法，无疑是我国未成年人刑事司法当下面临的事关价值和路径的重大选择。

与此同时，面对未成年人犯罪带来的社会恐慌，英美等国基于未成年人司法的长期探索，选择了一条以风险（risk）为核心的犯罪预防路径并取得了实际的成效。这一路径的核心是通过风险因素的识别、分级和评估，来对未成年人犯罪进行预防和控制，本质上遵循的是一种风险管理的理论范式。事实上，风险评估和风险控制是后现代犯罪控制和犯罪预防的重要议题，也是刑事司法改革的新方向。20 世纪末出现的新刑罚学，主张对危险群体进行风险识别、分类和管理，以对风险的预测取代了传统刑事司法对危险性的判断，改变了以个体为中心的刑事制裁，强调从整体上对犯罪进行管理和控制。① 新刑罚学的理论最先在量刑、假释、审前羁押等领域产生了重大影响，比如美国预防性拘留的出现。在未成年人刑事司法领域，心理学、犯罪学关于犯罪风险因素的研究推动了风险评估技术的不断发展，精算风险评估取代了早期的临床诊断，风险的具体内涵也随之发生变化，即在新刑罚学风险分类的基础上，纳入了保护、责任和涉罪未成年人本身参与性要素，使得风险评估对未成年人刑事司法体系产生了重大影响。对涉罪未成年人的风险进行评估在未成年人刑事司法的分流、转处、审前羁押、量刑、缓刑、复归社会等不同程序中都有所体现，以帮助司法者确定什么时候应当释放或者以什么条件释放涉罪未成年人。当然，由于不同阶段影响司法决策的风险因素各不相同，比如审前羁押和量刑影响因素就有不同，风险评估工具的设计和使用程序也有所不同。

虽然风险话语在我国未成年人刑事司法实践中也有一定的体现，比如社会调查报告中再犯可能性、审前羁押中的社会危险性、附条件不起诉中的悔罪表现和帮教条件等，但是“风险”的判断和控制并没有得到应有的重视。国内有一些学者尝试从实体法角度对人身危险性进行研究，但由于人身危险性很难测量，容易受到主观因素的影响，且又涉及心理学、社会学、犯罪学等交叉学科领域，导致风险理论在我国客观主义刑罚理念主导的刑事司法体系中并没有占据一席之地。有学者认为相比我国刑事实体法，程序法对于“风险”的态度更为开放，比如审查逮捕程序中的“社会危险性”条件，未成年人社会调查制度也内含了对未成年人“风险”的评估。② 与成人刑事司法相比，未成年人刑事司法关注的是行为人本身。从涉罪未成年人本身出发，对其“风险”进行判断和控制就显得至关重要。事实上，对于“风险”的判断，在涉罪未成年人“出”“入”诉讼程序以及具体程序选择方面都发挥着重要的作用，可以在司法和福利之间达到较好地平衡。从“风险”的评

---

① David Garland, The Limits of the Sovereign State-Strategies of Crime Control in Comtemporary Society, *British Journal of Criminology*, 1996, Vol. 36, No. 4, p. 445 - 471.

② 参见宋伟卫：《刑事一体化视野下的人身危险性研究》，法律出版社 2019 年版，第 12 页。

估和管理出发，识别涉罪未成年人风险因素和保护因素也有利于从根本上贯彻我国未成年人刑事司法教育为主、惩罚为辅的基本方针，实现未成年人刑事司法的双向保护功能。

本研究以风险和风险评估为视角重新审视我国未成年人刑事司法程序，对我国未成年人刑事司法制度的未来发展具有重大的理论和现实意义。近年来，在未成年人刑事司法领域有学者开始关注风险评估问题，提出应该建立风险评估机制以完善我国目前的未成年人刑事司法体系。与成年人相比，未成年人风险评估更具有一定的特殊性，风险概念的演化、二级概念需求的凸显也使得未成年人风险评估更加契合未成年司法的基本理念。以风险因素为核心的预防理论在我国未成年人刑事司法的引入，可以为我国未成年人刑事司法的改革提供一条现实的解决路径。风险的评估和管理，在传统的国家法定司法权主体之外，给社会力量参与未成年人刑事司法也提供了理论的支撑，并进一步对诉讼过程和诉讼结果产生影响。风险评估的标准化也更加契合非对抗制诉讼模式下所追求的确定性，能缓解未成年人刑事司法的惩罚与保护、司法与福利之间的张力。此外，未成年人刑事司法的改革一直是整个刑事司法改革的先驱，研究未成年人风险评估对刑事司法的改革和发展具有重大的现实意义。

二、国内外研究现状

事实上，刑事司法中的“风险”并不是一个新出现的研究主题。早在龙勃罗梭创建实证犯罪学派开始，对于涉罪人“危险性”的评估研究就已经展开，一直发展至今。到了20世纪初，随着德国社会学家贝克提出的风险社会理论，“风险”这一研究主题开始席卷各个领域，传统的涉罪人“危险性”的评估结合精算司法的观点，开始以新的姿态重新进入研究者的视野。总的来说，我国目前还没有专门从未成年人刑事司法角度来研究风险的专著。尽管我国本土并没有在刑事司法中确定“风险”的概念，但是与之相关的“社会危险性”“人身危险性”“社区矫正风险评估”“社会调查”等主题相关研究比较丰富。与此同时，域外未成年人刑事司法风险评估的研究相对成熟和完善。地域上，相关研究主要集中在西欧、北美和澳大利亚等国家；内容上，相关研究已经从单个因素的作用、风险评估工具的有效性扩展到风险评估对刑事司法政策、理论和实践的影响。

（一）国外研究现状

域外对于未成年人刑事司法中的风险和风险评估的研究由来已久，且主要集中在西方国家。整体而言，研究内容从微观工具视角逐渐扩展到风险评估对整个未成年人刑事司法政策和基础理论的影响。与风险和风险评估相关的主题研究在刑事司法、犯罪学、心理学、少年司法等多个领域多条线同时发展，理论和实践交织，共同推进未成年人风险评估的发展。

1. 未成年人刑事司法中风险主题的研究

德国社会学家贝克提出的风险社会理论对各个学科都产生了冲击，风险理论也开始以新的姿态进入刑事司法学者的视野。在刑事司法领域正式探讨风险主题的学者首推英国犯罪学家 Hazel Kemshall，他的多本专著都与风险有关。[①] 其中《解读刑事司法中的风险》一书经翻译引入我国。该书是其有关风险主题研究中最系统也最具代表性的，其内容涵盖了从风险概念的解读到相关理论的探讨再到具体的实践运用，是一本不可多得的佳作。该书对刑事司法中风险概念的起源、内涵以及工具的发展进行了综述式的解读，并探讨了风险在当代英国刑事司法中的作用。从风险社会理论出发，论述了犯罪与风险的密切关系，详细探讨了精算司法对西方国家犯罪控制的影响，并结合英国刑事司法实践，分析了风险相关理论对缓刑监督、警务以及以社区为基础的犯罪预防等领域的影响，也论述了多机构合作的前景。[②] 而且他还专门就未成年人司法中的风险主题发表了相关文章，比如通过《风险、权利与司法：解读和回应未成年人风险》《青少年、犯罪路径：超越风险因素》等

---

① Hazel Kemshall, *Risk in probation practice*, Aldershot, Hampshire, England Brookfield, Vt.: Ashgate, 1998; Hazel Kemshall, *Understanding risk in criminal justice* , Berkshire Philadelphia, PA: Open University Press, 2003; Hazel Kemshall & Gill McIvor, *Managing sex offender risk*, London: Jessica Kingsley, 2004; Hazel Kemshall, *Risk*, *social policy and welfare*, Buckingham: Open University Pr. , 2002; Hazel Kemshall, *Understanding the community management of high risk offenders*, Buckingham: Open University Press, 2008.

② ［英］海泽尔·肯绍尔：《解读刑事司法中的风险》，李明琪等译，中国人民公安大学出版社 2009 年版。

文章深入探讨了风险对青少年司法的影响。[①] 除了 Hazel Kemshall 之外，加拿大的学者 Pat O'Malley、Kelly Hannah-Moffat 也一直深耕在刑事司法中的风险研究领域。其中，Pat O'Malley 围绕犯罪与风险的主题有多部专著；[②] Kelly Hannah-Moffat 一直关注风险相关研究对女性以及弱势群体的影响，她对加拿大青少年司法中的风险和风险评估有比较深入的研究[③]。直到 2019 年 Kelly Hannah-Moffat 还在关注最新的大数据发展对传统的风险主题以及风险概念的影响。[④]

2. 涉罪未成年人风险评估工具的发展

事实上，在刑事司法中对风险的评估和分类，一直以一种非正式和高度自由裁量的样态呈现。矫正领域的技术化风险评估可以追溯到 20 世纪 20 年代，主要用于假释领域罪犯是否适合释放进行评估。最早对未成年人再犯进行预测研究的是美国学者 Burgess，1928 年 Burgess 团队在伊利诺伊州假释委员会的要求下进行了一项对 1000 名假释未成年人犯罪的再犯预测研究。[⑤] 之后的研究使得未成年人再犯预测模型不断深入，同时也促进了涉罪未成年人风险评估工具的发展。在涉罪未成年人风险评估工具的研发方面，美国和加拿大走在了前面。目前在涉罪未成年人风险评估工具中，加拿大的未成年人服务与个案管理等级量表（YLS/CMI）、精神病态检查量表 - 少年版（PCL - LV）和美国的青少年结构化暴力风险评估（SAVRY）等颇具代表性。近年来西欧国家也开始加入涉罪未成年人风险评估工具的研发行列，比如意大利和塞

---

① Kemshall, H. , Risks, Rights and Justice: Understanding and Responding to Youth Risk, *Youth Justice*, 2008, Vol. 8, No. 1, p. 21 – 37; Kemshall, H. , et al. , Young People, Pathways and Crime: Beyond Risk Factors, *Australian & New Zealand Journal of Criminology*, 2006, Vol. 39, No. 3, p. 354 – 370.

② Pat O'Malley, *Crime and risk*, Los Angeles: SAGE, 2010; Pat O'Malley, *Governing risks*, Aldershot, England Burlington, VT: Ashgate, 2005; Pat O'Malley, *Risk, Uncertainty and Government*, London: GlassHouse, 2004.

③ Maurutto, P. & K. Hannah-Moffat, Understanding Risk in the Context of the Youth Criminal Justice Act, *Canadian Journal of Criminology and Criminal Justice*, 2007, Vol. 49, No. 4, p. 465 – 491.

④ Hannah-Moffat, K. , Algorithmic risk governance: Big data analytics, race and information activism in criminal justice debates, *Theoretical Criminology*, 2019, Vol. 23, No. 4, p. 453 – 470.

⑤ 参见张崇脉：《未成年人再犯风险评估实证研究》，北京师范大学 2016 年博士学位论文。

浦路斯2014年研发的欧洲未成年暴力风险和需求评估（EARN），英国青少年司法委员会研发的Asset和AssetPlus。随着风险评估工具的不断增加，学者开始对风险评估工具的有效性进行验证。该类研究也主要集中在英美等国家。尤其是美国，各州开发的风险评估工具种类比较多，学者通过严格的实证研究设计，不断对风险评估工具的预测有效性进行验证，以此推动风险评估工具的进一步发展。

3. 涉罪未成年人风险评估的基础理论研究

在风险评估的理论研究中，以D. A. Andrews、James Bonta为代表的犯罪行为心理学的研究贡献最大，他们提出的风险需求响应理论模型是世界范围内大多数风险评估的理论基础。他们的专著《犯罪行为心理学》被誉为犯罪学的经典教材，并于2017年再版发行。① 风险需求响应模式虽然源于成人矫正领域，但是被美国未成年人司法学者Gina M. Vincent、Laura S. Guy和Thomas Grisson应用到涉罪未成年人风险评估实践中，在他们制定的《美国未成年人风险评估实施手册》中，风险需求响应成为涉罪未成年人风险评估的核心原则。② 与此同时，有关未成年人风险因素的犯罪学领域的基础研究也在一直往前推进，不断丰富着对风险评估背后基础因素的认识，也修正着风险需求响应的理论模型。其中以Farrington，D. P. 为代表的犯罪学家所推进的未成年人发展性风险因素研究，开启了风险因素预防范式，并对西方国家未成年人司法产生了深远的影响。③ 未成年人发展性的风险因素理论研究自Glucks夫妇的开创性研究发展至今越来越深入完善，不断加深着我们对未成年人罪错行为的认识，并为风险因素和具体的干预和服务之间的关联提供了理论的支持。由此产生的风险因素预防范式对未成年人刑事司法体系产生了很大影响，其中最为典型的是英国少年司法制度。英国在20世纪末通过

---

① James Bonta & D. A. Andrews, *The psychology of criminal conduct*, 3red ed. , London New York: Routledge, Taylor & Francis Group, 2017.

② Gina M. Vincent et al. , *Risk Assessment in Juvenile Justice*：*A Guidebook for Implementation*，2012－11－06，http：//www. modelsforchange. net/publications/346［2020－11－24］.

③ Farrington, D. P. et al. , Risk, promotive, and protective factors in youth offending: Results from the Cambridge study in delinquent development, *Journal of Criminal Justice*, 2016, Vol. 45, p. 63－70.

《犯罪与社会失序法》在青少年司法[①]中确立了风险因素预防和管理理念，根据青少年司法委员会的年度报告，实用主义路径的风险预防和风险管理有效解决了青少年的犯罪问题。

4. 风险评估对未成年人刑事司法的影响

一方面，风险评估对未成年人刑事司法实践尤其司法者的决策产生了重要的影响。随着风险评估工具的发展及其在未成年人刑事司法中的广泛应用，研究者开始考察风险评估工具对司法者在立案、分流、转送成人刑事法庭、缓刑以及羁押等不同的阶段决策的影响。还有研究者从不同法庭结构出发，比如普通法院和家庭法院对风险评估工具的不同态度，验证风险评估工具的可接受性和有效性。[②] 此外，风险评估与循证实践的理念具有内在一致性，风险评估为循证实践提供了证据和技术工具的支持，在具体的实践中也开启了新一轮的循证实践改革。典型的范例有美国麦克阿瑟基金会引领的美国少年司法的循证实践改革。

另一方面，风险评估的应用对未成年人司法的模式和基础理论也产生了深远影响。精算司法理论虽然在成人刑事司法体系中备受争议，但是它的管理和预防思想对未成年人司法产生了巨大的影响。美国学者从社会学角度论述了主导少年司法政策的六种范式，包括复归社会（rehabilitation）、惩罚（punishment）、权利（right）、不干涉（nonintervention）、恢复司法（restorative justice）、风险（risk），其中风险范式正是精算司法理论在未成年人司法中的体现。[③] 风险范式的出现对传统的刑事司法理论也产生了冲击，美国刑事司法学者 Christopher Slobogin 与心理学家 Mark R. Fondacaro 的专著《风险中的未成年人：为预防性司法辩护》详细论述了以风险为核心的未成年人司

---

① 由于域外未成年人司法往往采用“Youth”“Juvenile”的说法，因此本书在涉及域外未成年人司法的相关表述中，保留了基于英文“Youth”“Juvenile”的翻译，因为在英国未成年人司法的发展过程中，明确将“Juvenile justice”改为“Youth justice”，意在强调将部分超出 18 岁的青年也纳入司法体系，故而本书将“youth”翻译为“青少年”，将“juvenile”翻译为“少年”，如无特别说明，下文关于域外未成年人的表述均以此为准。

② Erika Gebo B. A., *Juvenile Justice Reform: A Tale of Two Systems*, (Doctoral dissertation. Durham: University of New Hampshire, 2002).

③ Sonya Marie Goshe, *Lost Causes and Social Injustice: Going Beyond the Dominant Paradigms of Juvenile Justice Policy*, (Doctoral dissertation. University of California, 2015).

法的预防模式。[①] 以风险为核心的预防模式对传统刑事司法的理论基础比如刑罚目的理论、刑事责任理论等都产生一定的冲击。

5. 刑事司法中风险评估研究的最近进展

近年来，随着人工智能的发展，风险评估工具开启了第五代的革新。与此同时，风险评估的应用范围进一步扩展。[②] 近年来美国各州保释制度的改革纷纷纳入风险评估，2018 年美国出台《2018 第一步法案》，通过立法的形式明确将风险评估纳入定罪后刑事司法过程。但是学者们对这一改革的趋势褒贬不一，关键的顾虑在于风险评估的准确性以及是否会导致隐形的歧视。美国威斯康星州最高法院对米卢斯案中风险评估工具 COMPASS 所做的相关点评，表明美国法庭对风险评估在司法裁判中的应用仍持保守的态度。[③] 学者们大多围绕风险评估工具中涉及性别、种族等因素对宪法权利的挑战，对正当程序的挑战等展开理论研究。2020 年，在刑事司法学者 Christopher Slobogin 的主持下，美国风险评估领域的专家就定罪后风险评估的应用可能产生的影响进行了多角度的探讨，相关成果以专题的形式在《行为科学和法律》杂志予以发表。内容涵盖风险评估的理论基础、应用价值、准确性以及风险评估的应用程序等多个方面的问题。[④] 学者们呼吁刑事司法领域学者关注预防性法学的发展，以期为未来风险评估工具的研发和应用设定基本的法律框架。

（二）国内研究现状

国内刑事司法中关于风险和风险评估的研究相对分散。本质上“风险”概念与我国刑事司法中的“人身危险性”“社会危险性”“再犯可能性”“社会危害性”等都密切相关。在未成年人刑事司法领域关于“风险”和“风险评估”的内容则散见在未成年人社会调查制度、未成年人审前羁押制度、

---

① Mark R. Fondacaro & Christopher Slobogin, *Juveniles at Risk: A Plea for Preventive Justice*, Oxford University Press, 2011.

② Reitz, K. R., “Risk Discretion” at Sentencing, *Federal Sentencing Reporter*, 2017, Vol. 30, No. 1, p. 68 – 73.

③ John Lightbourne, Damned Lies & Criminal Sentencing Using Evidence-Based Tools, *Duke L. & Tech. Rev.*, 2017, Vol. 15, p. 327 – 343.

④ Slobogin, C., Introduction to the Special Issue on implementing Post-Conviction Risk Assessment, *Behavioral Sciences & the Law*, 2020, Vol. 38, No. 3, p. 187 – 192.

刑事和解以及附条件不起诉等不同的主题研究中。

1. 与人身危险性相关的研究

国内学者往往将“风险”和“风险评估”直接对应“人身危险性”和“人身危险性的评估”。总的来说，国内有关人身危险性的研究主要分为基础理论研究和人身危险性评估两个方面。这两个方面的发展是不均衡的，总体上重基础理论轻评估，有关人身危险性评估的研究成果相对较少。

第一，人身危险性基础理论研究不断推进。基础理论研究覆盖了人身危险性理论以及与人身危险性相关的刑罚个别化、人格刑法、保安处分、刑罚目的等多个方面，相关研究成果从20世纪末至今处于不断的发展中。[①] 晚近以来，从相关研究内容的分析来看，关注该领域的学者们也不断修正着对人身危险性的认识。比如学者陈伟近年来发表的文章中对“人身危险性”与“社会危险性”的概念进行了区分。[②] 学者宋伟卫在《刑事一体化视野下的人身危险性研究》一书中提出的“刑事一体化”思想将人身危险性理论在刑事司法中的体系性地位予以明确。[③] 但是相关的研究还是局限于传统的刑事实证学派的理论基础，没有结合域外最新精算理论的发展，也没有将风险和与危险有关的概念进行区分。学者李川在《基于风险管控的社区矫正制度研究》一书中从社区矫正中的人身危险性评估入手，吸纳了域外有关风险管控的最新理论成果，是国内首次系统介绍精算司法以及风险评估的理论专著。[④] 该专著将国内人身危险性的基础理论研究与世界范围内刑罚理论的发展进行了对话，引入了风险管控的理念，对我国人身危险性基本理论研究的发展具有重大积极作用。但是该专著对于风险和危险相关概念的解析仍然不够明晰，没能深刻说明这种转变背后潜在的社会政治、经济以及技术发展的

---

① 代表性成果包括张琳：《刑罚个别化研究》，中国政法大学2001年博士学位论文；陈伟：《人身危险性研究》，法律出版社2010年版；代承：《人身危险性研究》，武汉大学2010年博士学位论文；吕建新：《危险个人的法律控制研究》，苏州大学2013年博士学位论文；胡印富：《论刑法中的涉罪人格》，苏州大学2015年博士学位论文；戎静：《刑事制裁体系结构之调整研究》，吉林大学2020年博士学位论文。

② 参见陈伟：《“人身危险性”与“社会危险性”的纠缠与厘定》，载《法治研究》2016年第3期；陈伟等：《人格出罪的理论澄清与限缩化适用》，载《长白学刊》2018年第2期。

③ 参见宋伟卫：《刑事一体化视野下的人身危险性研究》，法律出版社2019年版。

④ 参见李川：《基于风险管控的社区矫正制度研究》，东南大学出版社2017年版。

影响。总体而言，我国有关人身危险性的基础理论研究尚未对一些关键的问题进行厘清，比如“风险”与“危险”概念的区别，也没有将评估的内容与基础理论进行有效的整合。

第二，人身危险性评估的研究相对滞后。虽然我国学者普遍认为制约人身危险性理论发展和实践运用的关键在于人身危险性的评估，但是受制于犯罪学、心理学等相关学科发展的限制，我国有关人身危险性评估的研究发展缓慢。① 近年来，国内有关人身危险性评估的研究也开始与世界看齐，学者文姬所著的《人身危险性评估方法研究》、学者林瑀所著的《我国社区矫正风险评估问题研究》等在人身危险性评估方法方面有所突破，开始引入和阐释新的评估方法。文姬从贝叶斯模糊数学理论出发对西方风险评估的方法进行了解析，并从刑事司法理论和证据角度探讨了人身危险性评估在我国刑事司法中的运用，是国内首部系统介绍人身危险性评估方法的专著。② 林瑀则从社区矫正风险评估出发进行了基于神经网络的风险评估建模研究。③ 此外，学者狄小华的多篇文章系统阐释了人身危险性视野下再犯风险评估的运用及实现方式，提出构建全要素可解释的智能化再犯可能性评估。④ 从方法上来看，我国学者已经触摸到了风险评估方法的前沿领域，比如贝叶斯、神经网络、大数据智能化等都是第五代基于机器学习的风险评估方法的表现。但是国内学者对于风险评估方法的认识还是不够深入，没有对各种评估方法的优劣进行基于理论研究的科学比较。在风险评估的代际分类上大多还是持四代分类的看法，没有吸纳国际最新研究成果。虽然狄小华教授的观点体现了国际前沿趋势，也与本文的主张基本一致，但是其提出的风险因素的功能分类仍然局限在犯罪心理学的视角。

① 参见狄小华：《人身危险性视野下的中国再犯防治问题检视》，载《中国监狱学刊》2020 年第 4 期。

② 参见文姬：《人身危险性评估方法研究》，中国政法大学出版社 2014 年版。

③ 参见林瑀：《我国社区矫正风险评估问题研究》，西南政法大学 2016 年博士学位论文。

④ 参见狄小华等：《犯因与应因关系下的再犯系统防治研究》，载《犯罪与改造研究》2019 年第 11 期；狄小华：《全要素且可解释智能化再犯风险评估指标体系的理论架构》，载《安徽大学学报（哲学社会科学版）》2020 年第 5 期；狄小华：《人身危险性视野下的中国再犯防治问题检视》，载《中国监狱学刊》2020 年第 4 期；狄小华：《智能化再犯风险评估司法应用的法律风险及其防范》，载《学术界》2020 年第 5 期。

第三，犯罪学相关的基础研究相对薄弱。相比传统的刑法理论研究，犯罪学关于“人身危险性”和“人身危险性评估”已经真正进入了本土的量化研究阶段，但与域外基础理论的研究相比，相关研究成果较少。最早关注“人身危险性评估”的是以黄兴瑞、孔一为代表的犯罪学领域的学者。他们开始尝试本土再犯风险评估量表的研发。① 近年来也出现了专门针对未成年人风险评估的博士学位论文。学者张崇脉的博士学位论文《未成年人再犯风险评估实证研究》是犯罪学领域对未成年人再犯风险评估的一个较为规范的实证研究范本。作者从域外再犯风险研究的历史梳理，在理论上对现行再犯评估研究重技术理论的现象进行了纠偏。以社会控制、潜在特质、不同交往、生命历程、标签过程等五个犯罪学基础理论为指导，构建五个我国未成年人再犯预测模型。② 学者崔海英的博士学位论文《人身危险性评估：以违法未成年人为样本》则引入加拿大的涉罪未成年人风险评估工具 YLS/CM2，通过具体的实地调查和实测，对该工具的本土化进行了理论的验证，提出了我国引入和应用该工具的具体建议，具有一定的实践价值。③ 但是现有的研究不管是理论研究还是方法上都存在一定的局限：理论上没能与国际范围内最新发展保持统一的步伐，还仅仅停留在介绍阶段，没有深入整合不同理论模型；方法上现有的研究还是建立在多元回归的基础上，没有对研究方法进行革新。

2. 与社会危险性相关的研究

“社会危险性”是由我国刑事诉讼法确立的一个法律概念。现行法律采用列举的方式对社会危险性进行了概括，其主要体现于逮捕的“社会危险性”条件。学界以往的研究主要是以法条文本为中心的解释学研究。近年来学者也开始借鉴域外经验对审前羁押中社会危险性判断进行量化研究，从而

---

① 参见孔一：《再犯预测基本概念辨析与选样方法评价》，载《江苏警官学院学报》2005 年第 6 期；黄兴瑞等：《少年初犯预测研究——对浙江省少年初犯可能性的实证研究》，载《中国刑事法杂志》2004 年第 6 期；孔一：《少年再犯研究——对浙江省归正青少年重新犯罪的实证分析》，载《中国刑事法杂志》2006 年第 4 期；孔一、黄兴瑞：《刑释人员再犯风险评估量表（RRAI）研究》，载《中国刑事法杂志》2011 年第 10 期。

② 参见张崇脉：《未成年人再犯风险评估实证研究》，北京师范大学 2016 年博士学位论文。

③ 参见崔海英：《人身危险性评估：以违法未成年人为样本》，中国人民公安大学 2016 年博士学位论文。

从价值研究转向技术研究。① 张吉喜、王贞会、茹艳红等学者从“社会危险性”出发，通过借鉴美国审前羁押风险评估模型，开启我国社会危险性因素的量化探索研究。茹艳红的博士学位论文《我国逮捕必要性评估模型研究》从逮捕必要性的内容出发，分析了影响逮捕必要性的评估因素，进而提出了相应的模型建构。② 该论文是刑事诉讼法学领域首次对逮捕危险因素进行量化研究的尝试，但是仅停留在了文本分析层面，没有深入分析理论基础和实践模型。学者张吉喜、王贞会则借鉴美国审前风险评估模型，提出通过logistic回归的方法筛选建构我国审前社会危险性评估的模型。③ 学者张吉喜还以我国某地区基层法院的3825件刑事案件为样本进行了方法的验证，得出了犯罪嫌疑人、被告人被取保后再犯罪的两个风险评估模型。④ 这两个模型对于司法实践具有重要的参考价值。近年来，国内也出现一些有关人工智能风险评估的探讨，比如上海刑事案件智能辅助办案系统、杭州非羁押码等的研发。⑤ 总体而言，上述技术路径研究有一定的进步性，但是关于评估方法的理论探讨还是不够深入，仍停留在多元回归为主的简化模型，关于人工智能的探讨不够深入，大数据、人工智能概念混用且有泛化趋势，也缺乏相应理论研究的支撑。

3. 未成年人刑事司法中风险评估的相关研究

我国未成年人刑事司法领域关于风险评估的研究还处于起步阶段。仅有的专著是学者雷小政的《未成年人刑事司法风险评估：场域、样本与方法》，对我国未成年人刑事司法风险评估的研究具有积极的导向作用。该专著从协

---

① 参见史立梅、周洋：《论我国审前羁押替代措施研究困境之破解——以诉讼风险为进路》，载《天津法学》2013年第4期。

② 参见茹艳红：《我国逮捕必要性评估模型研究》，北京师范大学2013年博士学位论文。

③ 参见张吉喜等：《美国司法部审前风险评估模型及其对我国的启示》，载《中国刑事法杂志》2010年第7期；王贞会：《审查逮捕社会危险性评估量化模型的原理与建构》，载《政法论坛》2016年第2期。

④ 参见张吉喜：《统计学方法在评估“逮捕必要性”中的运用》，载《广西社会科学》2014年第6期。

⑤ 参见杨继文：《促进大数据与刑事拘留监督深度结合》，载《检察日报》2018年5月28日，第3版；严件漪：《揭秘“206”：法院未来的人工智能图景——上海刑事案件智能辅助办案系统164天研发实录》，载《人民法治》2018年第2期。

同发展的角度提倡对于未成年人犯罪应该进行多部门综合治理，提出了未成年人风险评估的三个体系，并重点对诉讼过程中的风险评估进行了本土化的研发探索。① 该专著首次明确提出了未成年人风险评估的概念，并结合本土未成年人刑事司法的发展对未成年人风险评估进行了系统解读，尤其对于我国未成年人风险评估存在的问题进行了深入的剖析，对后续的研究具有重要的指导意义。学者张鸿巍的《美国未成年人司法：体系与程序》一书则在第九章专门对美国的未成年人风险需求评估及量表进行介绍，内容涵盖量表的研发和应用的配套机制等多个方面，对于我国未成年人刑事司法中风险评估的完善具有重要的借鉴意义。②

与此同时，与风险评估密切相关的社会调查、附条件不起诉等研究，自2012年修法以来不断涌现。关于社会调查、附条件不起诉、审前羁押、分流等的研究大多围绕各自制度在固定的框架下探讨，但是对于制度本身涉及的深层次纵向的联系，比如对于"再犯可能性""社会危险性""帮教可能性"等具有内在统一价值的主题没有展开深入研究。

此外，还有一些与未成年人风险评估相关的研究。比如学者杨新慧的博士学位论文《刑事新派理论与少年法》从刑事新派理论出发，对少年司法制度进行了重新审视，提出根据新派理论将少年司法分为少年犯罪、少年越轨、少年保护和少年福利四个层次。四个层次的体系建构具有积极的意义，但是刑事新派理论的核心还是人身危险性，作者并没有从具体的实施和应用的角度探讨如何将人身危险性的评估与少年司法理论深度融合。③ 学者刘立霞、高树勇主编的《人身危险性与少年司法制度改革》论文集，明确将人身危险性理论与少年司法制度改革联系在一起，从人身危险性视角切入并结合心理学社会建构理论，通过跨学科的研究思路，对少年司法制度的人身危险性进行探讨。④ 由于该书是论文集，主要是围绕品格证据、社会调查报告、少年司法理念等展开，虽然单独篇章中也不乏闪光的思想精髓，但是没有针对该主题形成体系化的思考。学者王广聪的《变迁时代的福利司法——未成

---

① 参见雷小政：《未成年人刑事司法风险评估：场域、样本与方法》，对外经贸大学出版社2019年版。

② 参见张鸿巍：《美国未成年人司法：体系与程序》，法律出版社2020年版。

③ 参见杨新慧：《刑事新派理论与少年法》，西南政法大学2016年博士学位论文。

④ 参见刘立霞等：《人身危险性与少年司法制度改革》，中国检察出版社2011年版。

年人刑事审前程序的完善》一书专门从未成年人刑事司法角度，以“调查”“替代”“分流”为主要内容来考察审前程序，提出将福利理念纳入我国未成年人刑事司法，并通过社会调查、审前非羁押、附条件不起诉等将人身危险性、再犯可能性、社会危险性、帮教可能性等纳入研究的范畴。① 在整体思路上是一次创新的尝试，但是在具体的论述中仍有可商榷之处，比如以心理测评取代“风险”评估，同时对上述概念的内在联系也缺乏深入分析。

在月旦法学数据库，以“风险评估”“再犯预测”进行主题搜索，相关的文章主要集中在性侵未成年人犯罪的再犯预测方面，比如张甘妹的再犯预测研究。② 关注风险评估背后的基础理论的学者主要有许华孚、周愫娴、许福生等③，其中学者周愫娴2013年将精算司法理论引入我国台湾地区④，她认为英美国家热衷于风险评估和风险评估工具，是因为英美国家涉罪人口与在监受刑人口急剧上升，迫切需要从整体管理主义出发进行改革。总体上，台湾地区的学者对风险评估的研究也处于介绍和引介阶段，笔者也曾就该问题请教来访学者，现在台湾《少年事件处理法》中并没有重视未成年人风险评估问题。再如月旦数据库中检索到学者刘昕蓉等对加拿大风险评估内容的纪实性介绍也说明我国台湾地区风险评估的研究也处于起步阶段。⑤

总的来说，从国内外不同领域关于“风险”和“风险评估”相关主题的研究可以看出，域外对该领域的研究已经相当丰富，跨学科渗透越来越明显。以风险为核心的预防模式在少年司法领域的发展是近年来英美国家少年司法改革的重点，相关主题研究也从评估工具本身扩展到了更广阔的政策、

---

① 参见王广聪：《变迁时代的福利司法——未成年人刑事审前程序的完善》，法律出版社2019年版。

② 参见孔一、黄兴瑞：《刑释人员再犯风险评估量表（RRAI）研究》，载《中国刑事法杂志》2011年第10期。

③ 参见许华孚：《福柯对当代犯罪控制的启发》，载《犯罪与刑事司法研究》2004年第3期；萧如婷等：《性侵事件少年评估与处遇》，载《亚洲家庭暴力与性侵害期刊》2014年第2期；许福生：《论风险社会与性侵害犯罪治理法治之变革》，载月旦知识库，第1—33页。

④ 参见周愫娴：《以风险评估为基础之新刑罚学：新远道和旧乡愁》，载《月旦法学教室》2013年第2期。

⑤ 参见刘昕蓉等：《加拿大矫正机构犯罪风险评估机制即相关管教措施考察纪实》，载《矫正期刊》2018年第2期。

制度层面。而我国对于该主题的研究则处于一种分散的状态，现有的研究分散在各个学科，没有从刑事司法一体化的角度进行统一。同时，现有的研究是一种比较和借鉴的研究路径，存在一种结果导向的“嫁接”进路，即先是从介绍学习风险评估方法入手，以风险评估关联的领域，比如审前羁押中社会危险性的判断、社区矫正中再犯评估等具体问题为依托，引入量化评估的方法。而且本土研究往往将风险评估当作一种工具，对其背后的“风险”概念和“风险因素”等基础理论的研究存在明显的不足。

三、研究思路与方法

（一）研究的两个层面

明确研究的两个层面是本研究的首要关键问题。通过国内外风险评估相关主题研究的梳理，可以发现有关刑事司法中风险评估的研究实际上存在两个层面，一是法律规范层面的风险评估，二是工具层面的风险评估。其中，前者的研究主要是由刑事司法学者主导，围绕刑事司法中对涉罪人员危险的裁量展开，从法律规范的角度探讨如何对涉罪人员的风险进行评估以及风险评估对刑罚目的、处遇体系等的影响；后者则由犯罪学、心理学等其他学科的研究推进，从涉罪人员“危险性”的核心“再犯可能性”出发，探索背后的风险因素并开启工具化的研发之路。这两个层面的发展从来都不是孤立的，而是相互影响、相互塑造。一方面，工具层面风险评估的发展重塑了规范层面的危险概念，促进了刑事司法中危险话语向风险话语的转变，凸显了危险背后的风险评估，促进了规范层面风险评估的立体化和可操作化。而且风险因素和风险评估的引入，使得以风险为核心的预防逻辑对传统刑事司法的理念、原则、制度都产生了深远的影响，适应了新时代社会发展的现实需求，开启了刑事司法中新的改革浪潮。另一方面，规范层面风险评估的发展，也在宏观上指导着工具层面风险评估的研究和发展。规范层面风险评估为工具层面风险评估的发展设定了基本的目标，提供了应用的理论和制度框架。此外，两个层面的研究中理论和实践的发展都是同步进行的。总的来说，风险评估主题研究本身就处于学科交叉的领域，具体的研究由多线同时推进。受制于各种原因，多线之间的交流和互动并不畅通，即使在风险评估发展相对完善的西方国家也存在着这样的问题。因此，风险评估的研究中，区分这两个层面对于我国未成年人刑事司法风险评估的发展至关重要，可以在研究的起始阶段正本清源，厘清不同层面存在的问题和改革的目标，进而更好地指导我国未成年人刑事司法的改革和发展。

（二）研究的具体思路

在明确了研究的两个层面之后，采用三位一体的认识路径，从两个层面出发，围绕未成年人刑事司法风险和风险评估的三个基本问题展开。第一，什么是未成年人刑事司法中的风险和风险评估；第二，理论上如何解释未成年人刑事司法中的风险和风险评估；第三，实践中如何应对未成年人刑事司法风险和风险评估。研究的过程采取学科互涉的交叉视角，从域外到我国、从理论到实践，结合三位一体的认识路径，深入探讨未成年人刑事司法风险和风险评估。

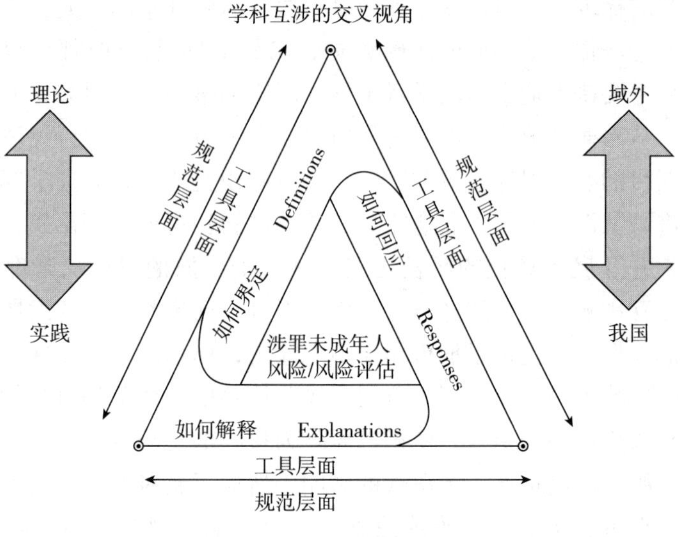

图1　研究思路

首先，明确未成年人刑事司法中“风险”和“风险评估”概念的缘由，即它究竟是一个新概念，还是一种看待未成年人罪错行为的新视角。对概念的界定需要从本研究提出的两个层面出发，结合后现代风险社会新的时代需求以及由此产生的理论和技术的革新，深入理解未成年人刑事司法“风险”

和“风险评估”。脱离这两个层面，只是单纯地对其与本土概念进行区分，难以触及其本质，也无法说明从危险话语向风险话语转变的深刻原因。我国学者在相关的研究中，关于风险的描述都比较模糊，在谈及风险评估之风险时，简单地将其与社会学风险概念结合，至于它是如何取代了传统刑事司法中“危险性”等相关概念，并发展出自身独特的内涵并未进行深究。本研究从学科互涉的角度，结合社会、历史、理论和技术等的综合发展来理解和诠释未成年人刑事司法中不同层面的“风险”和“风险评估”。

其次，分别从工具和规范层面，深入探讨未成年人刑事司法“风险”和“风险评估”背后的理论根基和实践发展。本质是探讨不同层面对未成年人刑事司法“风险”和“风险评估”的理解和回应。一是工具层面。总的来说，工具层面对未成年人风险和风险评估的理解和回应有着深刻的技术烙印。技术的发展促进了风险评估工具的五代更迭。但是在技术发展的背后，也有着深刻的历史渊源和理论研究的支持。实际上，风险评估工具在未成年人刑事司法的兴起是不同领域理论发展和现实需求综合作用的结果。与此同时，犯罪学、犯罪行为心理学等学科的发展也为风险评估工具的研发提供了直接的理论指导。二是规范层面。风险话语和风险评估工具的引入也开启了未成年人刑事司法规范层面的系统变革。源自公共卫生领域的风险因素预防范式和精算司法理论对未成年人刑事司法的模式、理论、制度和实践都产生了深远的影响。为传统未成年人刑事司法福利和司法之间的此消彼长提供了一条新的路径，开启了未成年人刑事司法改革的第三条道路。风险评估的应用促生了以风险为核心的预防模式，对传统刑事司法实体和程序理论都提出新的挑战。

最后，回归到我国未成年人刑事司法的具体实践，考察我国未成年人刑事司法风险评估的现状和存在问题，结合域外理论内核提出完善的建议。通过质性研究还原我国未成年人刑事司法规范和工具层面风险评估的现实状况。理解我国现阶段对未成年人刑事司法中“风险”和“风险评估”的理论解读和实践回应。找出我国未成年人刑事司法风险评估存在的问题并分析背后的原因。提炼域外未成年人刑事司法风险评估理论发展的内核，吸纳其合理的部分，提出我国未成年人刑事司法的完善路径。其中又包含三个重要问题：其一，能否为我所用，即是不是能解决一些未成年人刑事司法实践中存在的问题；其二，如果为我所用，与现有未成年人刑事司法框架是否契合；其三，如何在现有的框架内以风险评估为切入点完善我国的未成年人刑事司法。

（三）研究方法

第一，文献分析法。文献分析是传统社会科学进行理论研究的基本方法之一，由于域外相关研究已经围绕涉罪未成年人风险评估工具、发展性风险因素理论、未成年人刑事司法等进行了多学科深入的研究，所以对已有研究文献的梳理对于厘清未成年人刑事司法中“风险”和“风险评估”的理论和实践发展具有重要意义。

第二，实证研究法。实证研究是当前社会科学研究方式发展的方向，也是法学领域需要重视的重要研究方法。本研究尝试使用质性研究方法，通过半结构深度访谈展现实践中我国未成年人风险评估的现实状态，揭示我国未成年人刑事司法风险评估存在的问题并分析产生的原因。

第三，比较分析法。比较分析法可以帮助研究者从不同的视角考察不同国家、不同司法背景下，对同一主题的不同反应，并分析深层次的原因。本研究对于未成年人风险评估的比较研究，是吸纳域外未成年人风险评估的理论研究的有益成分，以期对我国未成年人刑事司法风险评估的改革完善有所裨益。

第四，跨学科研究法。由于未成年人法学具有综合学科的特点，尤其是风险评估主题的研究涉及犯罪学、心理学、社会学、经济学以及计算机人工智能等不同学科的知识，需要以开放的视角从学科互涉的角度深入本主题的研究。

第一章　未成年人刑事司法风险和风险评估的概念厘清

近年来，我国学者在审前羁押、社区矫正、缓刑假释等主题的研究中多次提及风险评估，尤其在未成年人刑事司法领域，随着附条件不起诉、社会调查、分级干预制度的确立，使得风险评估在转处和促进非监禁化方面日益凸显其重要作用。但什么是未成年人风险和风险评估，不同的学者解释不同。美国学者 Kraemer 认为在风险主题的研究中，基于不精确术语的研究会误导研究者，并对由此产生的政策和实践产生不良的影响。[①] 明确风险和风险评估概念的基本内涵需要在整个刑事司法的范围内寻找答案，而现有的研究中对风险和风险评估的理解往往局限在单个层面，要么侧重从法律规范层面进行理论和教义分析，要么强调风险评估的工具属性。实际上，在刑事司法中存在着规范和工具两个层面的风险评估。一方面，两个层面各自有其发展的轨道，不同层面对风险和风险评估有着不同的界定方式；另一方面，两个层面的风险评估在刑事司法的实际发展过程中相互影响和相互促进。鉴于涉罪未成年人生理、心理发展的不成熟，涉罪未成年人的风险和风险评估也区别于成年人的不同特点。

第一节　刑事司法风险概念的基本内涵

正如域外学者所言，风险已经成为一个“超导体”的概念，以风险概念

① Kraemer, H. C. et al., Coming to terms with the terms of risk, *Archives of General Psychiatry*, 1997, Vol. 54, No. 4, pp. 337 – 344.

为核心的不同研究主题都已经形成了稳定的范式。[①] 风险概念近年来在刑事司法体系中出现的频率也越来越高。英国学者对英国新工党执政时期，1997年到2010年有关儿童和青少年的24份关键政策文件的实证分析发现，“风险”一词出现的总频次达1000余次，单个文件最高频次达到147次。[②] 2018年美国颁布《2018第一步法案》（*First Step Act*）中，正式通过立法的方式引入风险评估，“风险”一词出现了30次。[③] 在刑事司法中风险概念逐渐扩展的背景下，一个本质的问题亟待解决，即什么是刑事司法中的“风险”。此外，鉴于风险概念的综合性和复杂性，“学科隔膜会导致学术视野的狭窄”[④]，因此，需要从学科互涉的角度对刑事司法中风险概念进行跨地域、跨学科的文献溯源，以厘清“风险”概念在刑事司法体系中的出现和发展脉络以及风险概念的叙述逻辑。

一、社会科学中“风险”概念的演化

在社会科学[⑤]中，风险概念的演进过程实际上是人类对风险产生的原因以及风险内涵进行认识的过程。从自然风险到社会风险，人类对风险的认识也随着自身认识水平和社会发展在不断深化。随着人们对风险认识的深入，隐藏于风险背后的风险因素逐渐显性化，风险不再由古代的神意或者单个个体经验所决定，精算统计技术促生了基于群体经验和精算统计为基础的现代

---

① Paul O'Mahony, The Risk Factors Prevention Paradigm and the Causes of Youth Crime: A Deceptively Useful Analysis? *Youth Justice*, 2009, Vol. 9, No. 4, p. 103.

② Gavin Turnbull & Jean Spence, What's at risk? The proliferation of risk across child and youth policy in England, *Journal of Youth Studies*, 2011, Vol. 14, No. 8, p. 944 – 946. 该研究集中于新工党时期有关儿童和青少年司法重要的政策文件，政策文件来源于之前学者的研究，司法部、少年司法委员会等公布的关键政策。

③ John Monahan et al., Risk assessment in sentencing and plea bargaining: The roles of prosecutors and defense attorneys, *Behavioral Sciences & the Law*, 2020, Vol. 38, No. 1, pp. 1 – 11.

④ 转引自赵磊：《当代中国法学学术生态分布——基于〈中国社会科学〉（1980—2015）法学论文的考察》，载《清华法学》2017年第1期。

⑤ 本文所称的社会科学采国际通用的社会科学范畴，包括：经济学、政治学、法学、伦理学、历史学、社会学、心理学、教育学、管理学、人类学、民俗学、新闻学、传播学等。本文对社会科学中“风险”概念的考察主要集中于社会学、经济学以及心理学等领域。

风险概念，并在经济学、心理学、社会学等领域中得到广泛应用。20 世纪初风险社会理论的提出，又促进了社会科学中风险主题研究的进一步发展。

（一）风险概念的缘起：自然朴素的认识观

风险的本质是面向未来的不确定性，简单地说就是坏的或者负面结果的概率，其在客观的现实世界并不存在，而是人类对未来世界的一种超现实的建构（construction）。我国学界普遍认为“风险”一词源于西方。根据《牛津英语词典》，“风险”一词的英文是“risk”，指灾害、危险或者面临危害，具有一定的消极意义。[①] 英国学者认为“风险”一词源于法语和意大利语，意为“遭遇危险”，拉丁语还将其与赌博相联系，将其解释为“投机”，使得风险具有计算概率的含义。[②] 17 世纪以后随着海上贸易的发展，海洋保险中的风险概念开始形成，表现为通过计算商船在运输过程中可能遇到触礁或者海难等因素导致损失的概率，从而开启了社会可续意义上的风险内涵的演化。[③] 之后，风险从航海中的自然风险扩展到了某一自然现象可能引起的财产和人身的损失，并体现为对一种不确定性的预测。

我国风险概念的引入和演化背景与西方类似，但是时间上比较晚，且与西方资本主义的入侵密切相关。经过学者考证，“风险”一词产生于清代中期，是以“风”和“险”单音节词的组合演化而来，指“行船遇风之险”。[④] 从“风”和“险”的单音节出发，实际上我国古代已经出现了风险概念的萌芽，比如“幾”“微”。根据西周《周易正义》中对“幾”的描述，幾是指事情刚刚显露之时的微动。《韩非子·说林上》：“圣人见微以知萌，见端以知末，故见象箸而怖，知天下不足也”，即所谓“见微”可以“知著”。在我国古代，人们对于未来不确定性的描述往往与天命、道德相联系，对于风险来源、类型等缺乏理性和逻辑化的认识，具有一定的局限性。清代随着

① 转引自［英］海泽尔·肯绍尔：《解读刑事司法中的风险》，李明琪等译，中国人民公安大学出版社 2009 年版，第 3 页。

② 转引自［英］海泽尔·肯绍尔：《解读刑事司法中的风险》，李明琪等译，中国人民公安大学出版社 2009 年版，第 3 页。

③ 参见刘岩：《风险概念的历史考察与内涵解析》，载《长春理工大学学报》2007 年第 3 期。

④ 参见刘宝霞等：《风险、危机、灾害的语义溯源——兼论中国古代链式风险治理流程思路》，载《清华大学学报（社会科学版）》2016 年第 2 期。

西方资本主义的出现，以自然之风和自然之险为表征的自然风险概念被引入，从此开启了我国本土风险概念的演化。其后，风险的概念也逐渐从自然的风险扩展到由此引起的人身和财产损失的不确定性。比如我国《辞海》中对风险的定义：风险是指人们在生产建设和日常生活中遭遇能导致人身伤亡、财产受损及其他经济损失的自然灾害、意外事故和其他不测事件的可能性。[①]

通过对“风险”概念的中外溯源考察，可以看出“风险”概念的起源反映了人类认识世界的方式和观念的演变，即从最初的自然风险的天命认知到通过人类的主观能动性去测量和预防风险。这一阶段人类试图对未来的不确定性进行预测和控制，体现了主动预防理念，但是整体上偏向于风险的消极意义，指向对人类有损害的风险层面。更笼统地说，在这一阶段主导人类风险认识论的主导思想是“不可控”。这一阶段的风险概念并没有普遍化，也没有对社会政治经济产生广泛的影响。

（二）风险概念的扩散：定量主义的认识观

随着现代科学的发展，风险概念不再由神意或者说受人类认识局限而产生的对未来不可控的焦虑所主导，而是在现代科学技术和研究的推动下，尝试利用人类的主观能动性进一步去了解、控制和管理风险。19 世纪，数学和统计学的运用使得不确定性的预测具有了科学性，开启了现代精算意义上的风险。风险不仅仅是局限于与自然有关的损害，还体现在更广泛和常态的社会关系中。随着资本主义工业社会的发展，“风险”的概念开始渗透到社会生活的各个方面，呈现出普遍化和社会化趋势，比如通过对风险概率的计算，经济学、保险行业得到促进和发展。20 世纪著名的经济学家奈特认为风险本质上具有不确定性，并进一步将不确定性分为可度量和不可度量两类。其中风险指向可度量的不确定性。[②] 在统计学、精算学、保险学等学科，这种可度量的不确定性是指一件事造成的破坏或者伤害的可能性。风险计算的通用公式是：风险（R）＝伤害的程度（H）×发生的可能性（P）。[③] 风险

---

① 参见谢志刚、周晶：《重新认识风险这个概念》，载《保险研究》2013 年第 2 期。

② 参见谢志刚、周晶：《重新认识风险这个概念》，载《保险研究》2013 年第 2 期。

③ 转引自李秋高：《风险法律体系：风险社会的法律应对》，载《广州大学学报（社会科学版）》2011 年第 1 期。

与数字统计的关联，反映了人类对风险的认识从不可控向可控转变。随后，保险行业的精算风险也开始从商业领域开始扩展到私人领域，比如人们开始为自己未来的健康购买保险。这种精算思维甚至影响了更大的组织乃至国家的公共安全决策，比如19世纪末，西方福利国家开始采取强制性的集体保险政策。由此，风险逐渐演变成为现代社会的特质，并成为现代社会中的一个重要研究主题。[①] 现代社会的风险具有人为制造、可以测量和可以认知等科学性特征。有学者将现代社会风险称为第一现代性风险以区别于后现代社会的风险。现代风险突出的特征是人类采用科学的方法，通过相应的统计学公式的计算，尝试去预测风险的大小，并对风险进行预防和控制。社会科学的学者们认为对于风险进行计算和预测的概念“深深根植于科学的历史中”，试图通过流程化的风险计算和预测，减少风险的模糊性和不确定性。[②]

现代社会关于风险的认识实际上主要是人为设定的风险（artefact risk）[③]概念的展开。总的来说，这种认识论的基础是人为设定的风险因素的可控性。人为设定的风险也可以称为定量风险，因为它主要采用定量的方法对风险进行研究。在定量的研究路径中，风险因素是通过定量研究人为设定的，一般指向静态不可变的因素。风险被看作客观的、可知的和可以计算的，具有三个显著的特征：其一，风险具有相对确定性。相对确定是相对于朴素的自然风险观而言，体现为人类对各类风险因素的科学认识。人类开始通过统计学的运用去计算风险。其二，风险具有可控性。风险是普遍的，不能消灭的，但是人类可以尝试去预防风险的发生和控制风险造成的损害。其三，风险具有可责性。通过对风险的科学认识和测量，在使得风险可控的同时，进而推动了风险责任主体的产生，也即西方学者所称的“风险的责任内涵”。更具体来说，就是通过风险的量化使得承担风险后果的主体凸显出来。因为风险的发生在一定程度上与人类的认识有关，或者说归责于人类对风险的决

---

① 参见尹德贵：《风险分配的法理论纲》，苏州大学2016年博士学位论文，第19—20页。

② 参见［英］海泽尔·肯绍尔：《解读刑事司法中的风险》，李明琪等译，中国人民公安大学出版社2009年版，第61页。

③ Artefact risk中的“Artefact”一词最初是由英国学者Kemshall使用，我国学者李明琪等在《解读刑事司法中的风险》一文中将其翻译为“人定风险因素”。笔者认为这样的翻译不够准确，“Artefact”本意是人工制品，也就是说这里的风险是通过人为设定的一些风险因素而产生的。

策，借助问责将自然的危险转化成风险，强调了人类的主观能动性，即尝试管控风险。

（三）风险概念的发展：建构主义的认识观

随着资本主义的发展，工业化和全球化使得环境问题、气候问题、核废料等问题开始体现为全球的风险，风险内涵进一步发生变化，风险越来越被看作是不确定的、具有全球性和偶然性。以贝克和吉登斯为代表的社会学家提出“风险社会”的论断。贝克认为风险社会的核心原则是预防，关注风险的平均分配，尤其关注如何避免和控制随着社会现代化出现的风险。① 风险社会增加了原有的定量测量的风险的不确定性，因而针对风险决策变得越来越重要。吉登斯认为风险分析成为风险社会中科学和专业知识的正常组成部分，是风险社会决策的依据。根据风险社会理论，风险管理成为社会的主要任务。风险社会理论的提出对政治、经济、文化等各个领域都产生了深远的影响，风险的概念在社会科学的文献中被广泛地采用。风险社会理论也开始向刑事司法领域扩张，比如预防性羁押、对性犯罪的管理等。此外，风险的责任主体也在发生变化，个人责任逐渐凸显。面对风险的不确定性，个人的生命历程充满不确定性，个人需要对自己的决策以及由此产生的风险负责任。个人被当作理性的责任个体，需要自我规范、自我管理，从而被称为负责任的公民。②对于风险进行控制的愿望从社会转移到个体，每个人对风险的产生都负有责任。

总的来说，风险社会背景下，对风险的认识实际上遵循了建构主义（constructionist）的认识路径，强调的是风险决定作出的背景和社会本质，往往通过定性的方法对风险进行研究。在定性研究过程中，更广泛的政治和文化背景等价值信息也被纳入其中。③ 比如英国人类学家道格拉斯对风险文化的定义，就是建构主义路径的代表。道格拉斯通过不同群体民众对风险感知、风险归责的差异，将道德、政治、文化等因素纳入风险的研究，认为风

---

① 参见［英］海泽尔·肯绍尔：《解读刑事司法中的风险》，李明琪等译，中国人民公安大学出版社2009年版，第9页。

② Sonya Marie Goshe, *Lost Causes and Social Injustice: Going Beyond the Dominant Paradigms of Juvenile Justice Policy*, (Doctoral dissertation. University of California, 2015), p. 144.

③ 参见黄剑波、熊畅：《玛丽·道格拉斯的风险研究及其理论脉络》，载《道德战线》2019年第4期。

险是一定的道德、政治、文化因素建构而成的社会整合的存在。[①] 相比人为设定风险因素的定量认识观，建构主义的认识观在原有的定量静态因素的基础上，纳入了主观的建构，更加突出动态因素和风险管理的内涵。风险认识路径演化的这一特征在后文要论述的未成年人司法环境中体现得更为明显，风险评估的重点是识别动态因素，并采用相应的措施对其进行干预。

二、刑事司法中从“危险”到“风险”的转变

社会科学中“风险”概念从自然朴素的认识观到定量、定性的转变，对经济、医疗卫生等领域产生了深远的影响，但是与之相比，罪责主导下的刑事司法体系对风险话语最初持保守的态度。澳大利亚犯罪学家 Pat O'Malley 指出风险预测统计和管理的技术在刑事司法领域的应用比经济学、医学等领域晚了近一个世纪。[②] 在应用的过程中，风险社会以及由此产生的精算司法和评估技术的发展起着重要的作用。风险社会以及精算司法和评估技术的发展，使得传统刑事司法中涉罪人危险性的叙述逻辑开始解体，危险性涉罪人被风险性涉罪人取代，以个体为中心的涉罪人危险性的描述被以群体统计数据为基础的精算思路重新定义。

（一）从危险性涉罪人到风险性涉罪人

风险社会理论的提出，使得传统危险性涉罪人的感知范围扩大，危险性涉罪人最终被风险性涉罪人取代。根据德国社会学家贝克的风险社会理论，风险的不确定性，使得人们对风险的感知范围扩大。全球变暖、臭氧层空洞、全球金融危机、核污染、新冠疫情等，都在重新塑造着国家和个体的风险感知和风险应对。在现代社会中，以风险概念为核心的保险精算治理路径渗透到社会生活的各个方面，甚至成为国家治理的一种重要策略。比如，人民购买健康服务以预防疾病，购买养老保险预防老年的贫困，再如，福利国家对失业、疾病等的保险政策。这种扩大化的风险意识在刑事司法领域也有体现。新西兰犯罪学家 John Pratt 认为随着现代社会科技的发展，人们对犯

---

① 参见［英］戈登·休斯：《解读犯罪预防——社会控制、风险与后现代》，刘晓梅、刘志松译，中国人民公安大学出版社 2009 年版，第 164—165 页。

② Pat O'Malley, *Crime and risk*, Los Angeles: SAGE, 2010, p. 3.

罪的感知从特定的个人转为不特定的个人。随着工业社会的发展，传统的社会关系、个人关系间隔不断缩小。以往从邻居和传统报纸获取信息的方式发生了巨大的改变，人们可以足不出户地从大量的新兴媒体获取各种信息。公众对于犯罪风险的感知，在地理空间上逐渐全球化和精准化，比如可以及时准确地了解到某时某地发生了一起严重的暴力犯罪。在这种精准化的信息传递背景下，民众对危险的感知不再是遥远的某地，或者与自我关联度很小的"他们"，而是转变成了"我们"。换句话说，在这种扩大化的危险感知的加持下，危险性涉罪人可能对"我们"每一个人都构成潜在的威胁。[①] 这也是我国学者理解的"集体被害人"心态，"在当社会公众对大量犯罪案件的关注焦点从具体涉罪人转移到具体被害人，再转移到潜在被害人的过程当中，社会公众的心中已被成功地播下了恐惧的种子，借助不断放大的不安全感，每一个人都认为自己是潜在的犯罪被害人"[②]。

正如域外学者所言："风险话语的采用，使得整个群体都可能成为微弱性的重心，与此同时还可以从中筛选出特定的人群，而危险、带有阶级色彩或者评价缺点类的语言则做不到这一点。"[③] 易言之，现代社会的发展，传统的危险性语言已经不能完全囊括现代社会背景下人们对危险性涉罪人的认知，公众对危险性涉罪人的感知范围在地域和空间上不断扩展，使得来自可能的危险性涉罪人的危险感知越来越普遍化，危险性涉罪人被限定到了特定的人群，风险性涉罪人的概念也逐渐取代了传统的危险性涉罪人。

（二）传统涉罪人"危险性"逻辑解体

精算司法理论和评估技术的发展使得传统刑事司法中建立在危险逻辑下的罪犯个体解体，并通过风险评估的发展，进一步改变了犯罪治理的方式。

一方面，精算司法理论为传统危险性逻辑的解体提供了理论依据。精算司法理论使得传统刑事司法改变了对危险涉罪人的态度，不再强调个体改

---

① John Pratt, Governing the dangerous: an historical overview of dangerous legislation, *Social and Legal Studies*, 1995, Vol. 5, No. 1, p. 23.

② 参见葛磊：《当代美国犯罪控制策略体系及其借鉴——两极化刑事政策解构》，载《中外法学》2020 年第 1 期。

③ Gavin Turnbull & Jean Spence, What's at risk? The proliferation of risk across child and youth policy in England, *Journal of Youth Studies*, 2011, Vol. 14, p. 949.

造，而是涉罪人的风险评估将涉罪人分成不同的类别，从整体上对整个系统的犯罪进行管理和控制。这种刑事制裁体系的变化是后现代西方自由主义国家社会治理方式转变的结果之一。① 关于该理论会在后文详细展开。根据精算司法理论对风险的回应不再是根据罪犯个人的特征，而是根据统计上有效的风险因素。

另一方面，沿着社会科学路径发展的风险评估技术也为危险性新的叙述逻辑提供了具体思考路径。正如社会科学中定量风险认识观，有关涉罪人危险性的评估也是采用的定量风险的精算路径。通过人为设定的风险因素来对危险性进行测量。风险评估技术从临床向精算发展促进了对涉罪人危险性的评估，可以从普通群体中识别出特定类别的群体，并针对不同的群体进行整体处遇。社会心理学学者通过回顾涉罪人危险性评估从临床到精算的转变，认为以往的临床评估是从个体出发的对人的属性的评估，其本质是对个体危险行为的预测，而后者是一个统计和概率的概念，是对一个群体的假定属性的计算，并没有指向任何真正的个人。②

此外，风险评估技术的发展增加了犯罪治理的可能性，使得罪犯危险性的判断不再依靠专家的临床评估，而是转变为以风险因素为核心的科学中立的精算治理路径③。福柯的治理理论也认为技术的发展促进了从危险到风险的转变，④ 因为随着风险评估技术的发展，以风险识别和风险降低为目标的风险评估和风险管理，可以在识别风险因素的基础上，对犯罪进行有效干预。涉罪人危险性的评估技术发展改变了危险的概念内涵，打破了以往对于危险的二分法，即有危险的涉罪人和无危险的涉罪人，使得分类和逐级的干

---

① 参见时延安：《新自由主义对美英国家刑事法制的影响及反思》，载《犯罪研究》2021 年第 1 期。

② John Prett, Dangerousness, Risk and Technologies of Power, *The Australian and New Zealand Journal of Criminology*, 1995, Vol. 28, No. 1, p. 23.

③ Tait, Gordon, Shaping the"At-Risk Youth": risk, governmentality and the Finn Report, *Discourse: Studies in the Cultural Politics of Education,* 1995, Vol. 16, p. 123 – 134.

④ Robert Castel, From dangerousness to risk in Graham Burchell, Colin Gordon and Peter Miller. *The Foucault effect*, University of Chicago Press, 1991, p. 281 – 296.

预成为可能。[①] 随着评估技术的进一步发展，动态因素也被纳入其中，人们可以根据动态风险因素对危险性的涉罪人进行干预和管理。这种针对风险评估的干预思路最早源于公共卫生领域，科学家证明某些风险因素会导致某种疾病，并以此来指导民众的日常生活，管理身体健康，以预防疾病的发生。如已查明引发心脏病的风险因素包括抽烟、过量饮食和缺少锻炼，这些风险因素可以通过鼓励人们戒烟、养成健康的饮食习惯、加强锻炼得到消除。这一聚焦风险因素预防的模式由戴维·霍金斯和理查德·卡塔拉诺等先驱从医药和公共卫生领域引入犯罪学，对刑事司法也产生了重要的影响。尤其在未成年人司法领域，鉴于未成年人的不成熟和发展的特殊性，预防其犯罪变得至关重要，所以关注其风险因素，并采取相应的干预措施，在司法领域也得到广泛的应用，关于该模式后文将会重点论述。

我国有学者则将从危险到风险的变化，解释为从纯粹的风险到投机风险的变化，其将风险分为纯粹的风险和投机风险，认为传统刑事司法中的人身危险性强调的只有危害机会而无获利机会的纯粹风险，而再犯风险评估则重视再犯既有危害可能也有获利机会的投机风险，再犯风险评估的重点是通过刑罚个别化对再犯风险进行有效管理，以追求降低甚至消除再犯风险的目标。[②] 笔者认为这一解释实际上就反映了本书所说的精算逻辑在危险性评估中的应用。但是这种解释过于单薄，没有挖掘危险性逻辑解体的理论背景。总体而言，这种转变不是简单的过程，而是在理论、技术以及多学科发展的共同作用下完成的。

（三）涉罪人“风险性”新的叙述逻辑

新的“风险性”涉罪人的叙述逻辑主要体现了社会科学中定量和定性风险认识观。这种新的风险叙述逻辑，将风险因素、风险评估和风险管理都纳入其中。总的来说，这种叙述逻辑包括三个层面：首先，什么是涉罪人的（犯罪）风险；其次，怎么解释或者评估涉罪人的风险；最后，如何管理和

---

① Steadman, Henry J., From Dangerousness to Risk Assessment of Community Violence: Taking Stock at the Turn of the Century, *Journal of the American Academy of Psychiatry and the Law*, 2000, Vol. 28, p. 265 - 277.

② 参见狄小华：《全要素且可解释智能化再犯风险评估指标体系的理论架构》，载《安徽大学学报》2020 年第 5 期。

控制涉罪人的犯罪风险。实际上，这三个问题是彼此交织相互影响的。关于风险的不同界定和认识方式，直接决定着不同评估方式的选择和建构，而如何建构风险的概念，又与风险的管理和控制密切相关。

首先，在风险性涉罪人的叙述逻辑中，风险因素起着基础性的作用。根据上文对社会科学风险概念的梳理，不管采用定量还是定性路径来研究和定义风险，结果都是将隐藏于风险性涉罪人背后的风险因素纳入人类的研究视野。犯罪学和心理学等相关学科通过研究不断扩展对于风险因素的认识，其本质是加深了对犯罪产生机制的认识。以风险因素为基础，利用现代统计技术可以实现风险性涉罪人风险水平的数量化。风险因素在某种程度上与导致某一现象或结果的原因有一定的相似性，但需要注意的是，风险因素虽先于相关现象或者结果而存在，但其与该现象或者结果仅具有相关关系，而未必是因果关系。不管如何界定风险，离开了风险因素，“风险”概念本身都会变成一个空洞的概念。

其次，风险评估是涉罪人“风险性”叙述逻辑的核心。风险评估本质上是通过特定的方式对风险因素进行评估，对风险可能造成损害的可能性，以及风险损害结果的水平进行预测和判断。[①] 评估本质上是一个过程，是对所掌握风险信息的综合评价过程，目的是找到问题可能的根源以及控制问题产生的途径。这一过程与前文分析的风险认识的两种路径密切相关。英国学者认为，不同的认识路径也反映在风险评估工具的发展过程中，比如从以静态因素为主到关注动态因素和进行个案管理。风险评估随着人们对风险因素的认识也逐渐深入。但是我们也不能否认，不管在什么领域，风险评估本身都不是完全客观的过程。因为当我们处理高度不确定的问题时，事实和价值往往处于一种胶合的状态。风险评估不仅是通过人为设定的风险因素将世界缩小到可以管理的数字和概率层面，而且还受到更为广泛的文化、政治、经济等社会背景的影响，且后者所反映的就是一种定性的风险认识路径。不管是定量还是定性路径，它们都是我们试图理解复杂而多维的现实的一个方面，抛弃任何一种认识路径，都是对风险的不完全认识，都可能导致不准确的决策指导。这一点在本文未成年人风险评估的理论发展和实践中已经被证实。近年来建构主义风险认识路径主导的有关未成年人犯罪风险定性研究就是一

---

① 参见［德］乌尔里希·贝克：《风险社会：新的现代性之路》，张文杰、何博闻译，译林出版社2018年版，第24页。

个很好的例证，具体论述将会在后文展开。

最后，风险管理是新的叙述逻辑的目标。风险评估的目的是指导实践，通过收集和权衡风险因素信息，以确定合适的行动方案。风险评估实际上决定了后续的干预措施，因此也是整个风险管理战略的有机组成部分。此外，尽管风险评估的准确性以及由相关因素引发的宪法和规范问题，使其在刑事司法领域饱受批判，但是随着科学的深入发展，我们可以预见，人类对于风险产生机制的认识会渐趋全面，风险评估的准确性会逐渐提高，在面向未来的预防模式中，风险评估将会发挥重要的作用。正如刑事司法激进派学者所主张的以风险社会科学的犯因叙述逻辑所主导的预防性司法在未来存在着极大的可能性。我们不能因为它现阶段的不完美，低估相关社会科学发展的能力。也正如美国联邦最高法院 1983 年在拜尔福特诉埃斯特拉（Barefoot v. Estelle）案判决中针对“风险评估不够准确，不足以构成剥夺生命或自由的基础”的观点提出的反驳：“风险评估就如车之两轮”，不能“因噎废食”基于不准确的理由禁止风险评估，因为它是对抗模式中通过多方途径发现真理所必不可少的，可以提高法律事实的发现者在对抗程序帮助下“甄别真伪”的能力。[①]

一般而言，风险评估和风险管理相分离似乎是一个公认的规则。但是从不同的风险认识论出发，风险评估和风险管理又具有内在的统一性，因为对于风险的认识和希望对风险做什么本身就是统一的。正如美国哈佛大学肯尼迪学院研究科学技术的学者 Sheila Jasanoff 所建议的，应在风险认识的两种文化之间建立起桥梁，将风险评估和风险管理相结合。她认为，“风险评估确实提供了一种有原则的方法，来组织我们对这个世界的了解，尤其是对它的弱点和脆弱的了解。但是，我们组织风险事实所依据的原则，至少在一定程度上，必须从公共政策和社会正义的根本考虑中得出：我们应该保护谁，防止什么损害，以什么代价，放弃什么其他机会？如果不把这些问题纳入我们希望生活的社会和自然秩序中的清晰、有框架的愿景中，我们几乎无法或不能重新安排，或不能有效地补充我们对风险的认

---

① Mark R. Fondacaro & Christopher Slobogin, *Juveniles at Risk: A Plea for Preventive Justice*, Oxford University Press: 2011, p. 50.

识。”① 她认为美国当下各类风险评估技术和制度都忽视了风险管理，还秉持着风险评估和风险管理相分离的传统逻辑。她认为对于风险的价值判断，是风险评估过程必不可少的一部分，比如风险管理的目标、成本、价值等都是组织和认识风险过程中必须考虑的因素。目标、价值等的判断，实际上就是风险管理的题中之义。

总的来说，风险管理实际上包含了风险的评估和风险的管理两个层面。这两个层面不是彼此孤立的，也没有必然的先后顺序，而是相互依存，相互影响。正是对风险进行管理和控制的愿望，使得风险评估的发展越来越综合。在评估风险的同时，需要考虑如何对风险进行管理，以达到控制风险的目标。风险管理不仅仅是对风险负面影响的管理，还包括潜在的机会管理，包括风险的正面影响。② 风险评估和风险管理的内在统一性，也是本书论述风险评估在未成年人刑事司法中应用的一个核心观点，对于风险机会的积极管理与教育挽救的福利思想具有内在的统一性，在未成年人刑事司法中发挥着重要的作用。

第二节　风险与我国“危险性”相关概念的澄清

实际上，“危险性”在我国刑事司法中是一个极具争议的概念。与域外刑事司法不同，我国刑事司法中没有直接采用“危险性”（dangerous）的概念，而是存在与之相关的多个概念，比如人身危险性、社会危险性、社会危害性等。学者们在介绍域外危险性相关的内容时，往往根据论述的需要直接指向其中一个概念。但是在涉及不同法域的情况下，如果只是简单术语移植，没有跟现有的概念体系进行对话，很容易出现概念不清、自说自话的混乱。因此，我们需要在理解域外风险概念的基础上，对风险和我国“危险性”相关的概念进行澄清。法律概念是一个国家法律资源的呈现，必然有其存在的合理性，本书的观点并不是对本土相关概念的全然批判，而是在接纳其合理性基础上的修正和补充，目的是适应刑事司法实践

① Sheila Jasanoff, Bridging the Two Cultures of Risk Analysis *Risk Analysis*, 1993, Vol. 13, No. 2, p. 129.

② 参见陈秉正：《论风险管理概念演变的影响》，载《保险研究》2002 年第 6 期。

的需要和发展。

一、保留“危险性”内涵的基本表达

刑事司法中的“危险性”最早源于危险性涉罪人，从这一点出发，风险对应我国的“人身危险性”概念本也无可厚非，但是笔者认为这一概念的表述逻辑已经不能适应时代的需求，需要对其进行修正。

（一）“人身危险性”的本土争议

“人身危险性”是建立在刑事实证学派所主张的“应受惩罚的是行为人，而不是行为”这一核心理念之上。最早使用这一概念的是刑事实证学派的加洛法罗的《涉罪人的危险状态》。[①] 根据刑事实证学派学者的研究可以看出对于罪犯危险性的裁量与学者们对犯罪原因的探究休戚相关，且重点依赖了犯罪背后的影响因素。从犯罪行为人出发，刑事实证学派对人身危险性的描述建立在对犯罪因素进行实证研究的基础之上，论述涉罪人所具有的“犯罪倾向”或者“危险状态”。对犯罪倾向和危险状态的描述往往与涉罪人具体的个人情况、自然、社会因素相联系，比如涉罪人的年龄、心理、生理、个性、生活环境、生活经历、教育程度等因素。正如刑法学者陈兴良教授所言“离开了这些因素，人身危险性就变成了一个空洞无物的概念”[②]。我国学者对人身危险性概念的使用虽然源自刑事实证学派，但是因为我国没有相应的犯罪学实证研究作为支撑，“危险性”概念在初期并没有被直接应用于规范化的刑事司法体系之中。

随着社会防卫等理论的引入，学者们开始为人身危险性概念正名，但是现有的解释还是在规范和教义的范围内进行，并存在术语使用混乱的问题。比如学者们在介绍危险性概念的时候，有的使用社会危险性，有的使用社会危害性或者直接使用危险性。[③] 例如黄风教授在翻译介绍保安处分时，采用

① 参见［意］恩里科·菲利：《实证派犯罪学》，郭建安译，商务印书馆2016年版，第23页。

② 参见陈兴良：《论人身危险性及其刑法意义》，载《法学研究》1993年第2期。

③ 参见卢建平等：《作为特赦实质条件的“不具有现实社会危险性”》，载《国家检察官学院学报》2017年第3期。

社会危险性概念。[①] 曲新久教授认为社会危险性是一个人将要实施犯罪行为危害社会的可能性。[②] 还有学者认为社会危险性和人身危险性在本质上没有差别，可以统一表述为危险性。[③] 学者陈伟认为人身危险性词语表达的模糊不清导致学者很难在人身危险性的理论认识上进行沟通，并阻碍其被大幅度的认同。[④]

关于危险性的基本内涵，存在再犯可能性说、修正的再犯可能性说、初犯可能性说等多种学说，其中再犯可能性说是刑法学界的主流观点。[⑤] 我国刑法学者一般认为再犯可能性是指涉罪人再次犯罪的可能性，这里涉罪人既包括实体意义上的涉罪人，即经过法庭审判的涉罪人，也包括程序意义上的涉罪人，即判决之前法庭从程序意义上对涉罪人再次犯罪可能性进行的考察。[⑥] 初犯可能性是涉罪人以外的人的犯罪可能性，我国学者对人身危险性的争议也主要集中在初犯可能性这一概念上。有学者将初犯可能性理解为涉罪人作为犯罪源，对其他人的影响和感染。[⑦] 也有学者认为初犯可能性是指行为人自身因素和与之所处的生活环境等，在特定情况下，使行为人具备一定的危险状态。总体而言，这种学术争论还是局限在规范法学概念的范围内，而没有像西方国家一样，从犯罪学的实证研究中丰富对这一概念的深入认识。

（二）“人身危险性”的域外溯源

严格来说，我国危险性概念并不是土生土长的，而是一个舶来品，理论上来源于西方国家刑事司法，因此，研究西方国家危险性概念的演化对于厘

---

① 参见《最新意大利刑法典》，黄风译注，法律出版社 2007 年版，第 75—76 页。

② 参见曲新久：《刑法的精神与范畴》，中国政法大学出版社 2003 年版，第 375 页。

③ 参见戎静：《刑事制裁体系结构之调整研究——以措施多轨和轻重分层为路径》，吉林大学 2020 年博士学位论文，第 116 页。

④ 参见陈伟等：《人格出罪的理论澄清与限缩化适用》，载《长白学刊》2018 年第 2 期，第 83—91 页。

⑤ 参见宋伟卫：《刑事一体化视野下的人身危险性研究》，法律出版社 2019 年版，第 9 页。

⑥ 参见游伟、陆建红：《人身危险性在我国刑法中的功能定位》，载《法学研究》2004 年第 4 期。

⑦ 参见陈兴良：《论人身危险性及其刑法意义》，载《法学研究》1993 年第 2 期。

定我国危险性相关概念具有重要的意义。在西方国家刑事司法领域，对于罪犯的危险性的认识在不同历史时期有着不同的内涵，对危险性评估和分类的标准也在不断变化，并与社会政治经济的发展密切相关。新西兰犯罪学家John Pratt教授对西方国家[①]刑事法律中罪犯的危险性进行了历史考察，根据不同历史时期危险性的不同表征和分类标准，对罪犯危险性概念的发展进行了梳理。

西方国家关于危险性的立法可以追溯到20世纪初。在这一时期，人们感知或者说关注的危险主要来源于财产型犯罪的威胁。危险性主要指向财产型犯罪，重点关注职业型和习惯型涉罪人。在这一时期，仇杀等人身型的犯罪并没有引起普通大众的恐惧。相反盗窃等财产型犯罪却跟每一个民众都可能相关，尤其在大都市，因为人们无法预测谁会成为下一个被偷盗的对象。这些习惯型和职业型的涉罪人往往没有固定的住所、没有固定的身份，他们不断更换名字以避免被登记。在早期的法庭判例中，“不可知性”是认定两次以上涉罪人为习惯性涉罪人的标准。[②] 20世纪30年代以后，涉罪人的危险性从内容、衡量标准都呈现出新的特征。

第一，是生命权在危险性概念中的凸显。在危险性概念的早期演化中，生命权在危险性的含义中被凸显，人们开始关注人身伤害的危险。第二次世界大战以后，具有危险性的性侵涉罪人进入人们的视野，美国、加拿大、英国都在刑事司法中增加了对性犯罪的控制。第二次世界大战以后各国都处于全面恢复时期，儿童被视为重要的财富。对儿童和妇女等的性侵犯罪是社会民众所不能容忍的。随着危险性内容的演变，危险性被限定为重复的暴力和性犯罪。比如1993年《加拿大刑法典》中对危险性的定义是“严重的人身伤害的犯罪行为”。

第二，内容向具有更广泛意义的风险转变。20世纪60年代以后随着上文提到的风险评估技术的发展，涉罪人的危险性从人身犯罪开始向更广泛意义的犯罪的风险性转变，这个时候往往使用更为具体的再犯可能性来描述涉罪人的危险性。这在一定程度上，将危险性的内容进一步扩展。比如早期的风险评估工具往往采用“暴力风险”的字眼，发展到后期，不仅仅是暴力风

---

① 作者在文中的探讨主要局限于以英语为主的司法辖区。

② John Pratt, Governing the dangerous: an historical overview of dangerous legislation, *Social and Legal Studies*, 1996, Vol. 5, No. 1, p. 23.

险，而是扩展到更广泛意义的再犯。但是人身伤害的可能性仍然被有些国家保留，比如英国刑事司法体系还保留着对涉罪人危险性的专门裁量。在法官认为需要的时候，还会提出对涉罪人的危险性进行专门的评估。[①]

第三，衡量标准的变化。对于危险性的衡量标准，突破了古典主义的基本原则，保护公众被吸纳为新的标准，进一步扩大了刑事司法的防卫职责。危险性从以往的关注过去的犯罪数量，转而关注未来犯罪的可能性。美国 1976 年 Jurek v. Texas 案确立了在量刑的过程中必须考虑罪犯未来实施犯罪行为的可能性。[②]

（三）"人身危险性"的正本清源

总的来说，西方国家危险性的溯源和概念梳理，对于我国相关概念的澄清具有一定的参考意义，我们可以从中得到启发并对"人身危险性"概念进行一定的修正。

一方面，西方国家早期危险性演变中对"人身伤害"的强调，或许可以为我国"人身危险性"概念中"人身"的含义来源提供一种不同的说法。我国学者陈伟教授认为现有的"人身危险性"的概念容易使其被误解为"人身的危险性"，即"行为人侵犯人身权益犯罪的外在可能性""被害人受人身攻击的可能性"，或者"天生涉罪人"。[③] 笔者认为这并不是误解，"人身"的含义是早期引入危险性概念时，危险性内容的表达，正如前文所述主要指向人身伤害的可能性。比如 1975 年苏格兰犯罪委员会对危险性的定义

---

① 根据 2003 年英国刑事司法法案，当法庭可能判处监禁刑罚，在裁判过程中需要考虑少年的危险性程度（dangerousness），也就是说只有在法庭明确要求的情况下，审前报告才会考虑危险性评估。根据《刑事司法法案》第 229 条规定，对危险性界定的最终决定权在法庭，如果法院认为少年有进一步犯罪行为，会对公众和社会造成严重伤害，则将少年评定为危险。See SEC229，Criminal Justice Act 2003，https：//www. legislation. gov. uk/ukpga/2003/44/section/229 [2021 - 04 - 11]；See Public Protection Sentences and Dangerousness Guidance for youth offending teams，https：//webarchive. nationalarchives. gov. uk/20110205191310/http：//www. yjb. gov. uk/publications/Resources/Downloads/Public% 20Protection% 20Sentences% 20and% 20Dangerousness% 20 - % 20Guidance% 20for% 20YOTs. pdf [2021 - 04 - 11].

② John Prett, Dangerousness, Risk and Technologies of Power, *The Australian and New Zealand Journal of Criminology*, 1995, Vol. 28, No. 1, p. 14.

③ 参见陈伟：《"人身危险性"与"社会危险性"的纠缠与厘定》，载《法治研究》2016 年第 3 期。

是"罪犯在未来可能实施的严重的，不可修复的人身伤害的可能性"。[①] 但是随着危险性内容的扩展，已经远远超出了人身伤害的可能性。所以陈伟教授关于将人身危险性概念更改为（人的）社会危险性的建议笔者是赞同的。也就是说人身危险性中的"人身"已经不能适应时代的需求，需要对其进行修正，取其精华部分，即放弃强调"人身"的学理表达，保留其基本内涵（涉罪人）的危险性。因为"危险性"在本质上表达的是一种犯罪损害的可能性，即犯罪的可能性或者再犯的可能性。

另一方面，为长久以来的人身危险性和社会危险性的争论提供一个合理的解释。笔者认为，人身危险性和社会危险性的混同在一定程度上是对"危险性"衡量标准转化的忽略。正是基于上文危险性衡量标准的变化，使得人身危险性和社会危险性出现了混同，比如我国学者在引入保安处分时，就这两个概念的选择产生了很大争议，有的建议直接用"社会危险性"取代"人身危险性"，有的则坚持采用"人身危险性"概念。笔者认为罪犯危险性内涵中社会防卫标准的转变，已经内在包含了"社会危险性"。随着社会的发展，"危险性"概念的内涵从具体个人或群体的人身伤害的可能性扩展到了抽象的对社会不特定个人或群体的伤害的可能性，且这种伤害也不仅仅局限于人身伤害，还包括了对社会秩序等社会范畴的影响。正如我国学者李川所言，人身危险性评估只关注到认知心理意义上人格内在恶行表征的危险判断，而忽视了社会意义的外在表征风险判定。[②] 李川认为通过对人身危险性因素进行抽象化和类型化，可以转化成对社会的潜在危害可能性大小，形成轻重有别的风险体系。[③] 这一观点实际上也是强调了"危险性"内涵判断标准的变化，即更加强调对不特定的社会所造成的"危险性"。

二、适应"危险性"外延扩展的时代变化

随着刑事司法实践的发展，我国在刑事诉讼领域确立了"社会危险性"

---

① John Prett, Dangerousness, Risk and Technologies of Power, *The Australian and New Zealand Journal of Criminology*, 1995, Vol. 28, No. 1, p. 14.

② 参见李川：《基于风险管控的社区矫正制度研究》，东南大学出版社 2017 年版，第 136 页。

③ 参见李川：《基于风险管控的社区矫正制度研究》，东南大学出版社 2017 年版，第 84—85 页。

的立法概念，适应了涉罪人危险性概念外延的扩展，更加强调社会防卫的目标。相比实体法对人身危险性的保守态度，程序法不仅在立法上直接引入了“社会危险性”概念，而且司法机关在实际的操作中也尝试对危险性的判断标准进行规范，比如2015年9月，最高人民检察院、公安部联合发布了《最高人民检察院、公安部关于逮捕社会危险性条件若干问题的规定（试行)》。虽然现有的列举式规范还带着经验法则的色彩和局限，但是突破了“人身危险性”的理论藩篱，为危险性的可操作化提供了一条法律上可行的路径。

（一）“社会危险性”的立法概念

“社会危险性”是我国刑事诉讼法所确立的法律名词。1979年《刑事诉讼法》第40条第1款规定：“对主要犯罪事实已经查清，可能判处徒刑以上刑罚的人犯，采取取保候审、监视居住等方法，尚不足以防止发生社会危险性，而有逮捕必要的，应即依法逮捕。”从法律规定的内容来看，“社会危险性”一词指犯罪嫌疑人对社会的危险性。1996年刑事诉讼法修改了逮捕的证据要件，但是也没有对如何认定社会危险性做进一步的说明。[①] 诉讼法学者将社会危险性概念与逮捕必要性概念相等同，且与诉讼保障、防止再犯等密切相关。[②] 2012年刑事诉讼法通过列举的方式，对社会危险性审查的内容进行细化，明确提出再犯罪、对公共安全有现实危险、妨碍诉讼、对自己、对他人造成危险等五方面内容。[③] 2018年刑事诉讼法又补充了认罪认罚对社

---

① 参见洪浩、赵洪方：《我国逮捕审查制度中“社会危险性”认定之程序要件——兼评最高人民检察院和公安部〈关于逮捕社会危险性若干问题的规定（试行）〉第5—9条》，载《政法论丛》2016年第5期。

② 参见卢建平、赵康：《作为特赦条件的不具有现实社会危险性》，载《国家检察官学院学报》2017年第3期。

③ 2012年《刑事诉讼法》第79条第1款规定：“对有证据证明有犯罪事实，可能判处徒刑以上刑罚的犯罪嫌疑人、被告人，采取取保候审尚不足以防止发生下列社会危险性的，应当予以逮捕：（一）可能实施新的犯罪的；（二）有危害国家安全、公共安全或者社会秩序的现实危险的；（三）可能毁灭、伪造、隐匿证据，干扰证人作证或者串供的；（四）可能对被害人、举报人、控告人实施打击报复的；（五）可能自杀或者逃跑的。”

会危险性认定的影响。[①] 由此社会危险性在我国立法中经历了从无到有，从忽视到重视，从抽象到具体的过程。在这个过程中，根据解释学的方法，社会危险性所包含的内容表征逐渐凸显。“社会危险性”概念虽然也采用了抽象的“危险性”的表述，但是重点指向“社会”，且局限到了具体的刑事诉讼审查逮捕环节。但是学者对“社会危险性”理论内涵的理解并不一致。有学者认为社会危险性包括人身危险性、社会危害性和诉讼可控性。[②] 也有学者从刑法危险犯理论中的“危险”性出发，认为社会危险性包括行为人危险和行为危险。[③] 此外，在刑事实体法中，鉴于我国对客观刑法的追求，对社会危险性的关注不多，社会危险性的使用频率不高，仅限于作为特赦条件的“不具有现实社会危险性”，主要的争议还在于前文提到的与人身危险性的关系，[④] 有学者认为两者是有区别的，一个指向社会，一个从行为人出发，建议择一取代另一。[⑤]

总的来说，笔者的观点是保留“社会危险性”概念，因为“社会危险性”这一立法概念，顺应了时代发展的需求，而且存在一定的实践基础。近年来随着刑事诉讼立法对“社会危险性”一词的重视，隐藏在抽象概念背后的具体影响因素开始引起研究者的兴趣。这也为程序和实体中的两个概念的沟通提供了桥梁。

一方面，“危险性”外延的扩展强调其中的社会防卫属性。随着“危险性”外延的扩展，“危险”从具体个人的人身伤害的可能性发展到社会范围不特定个人面临的风险，“人身危险性”之“人身”已经不能包含其涵盖全部的表达内容。而“社会危险性”这一立法概念则顺应这种表达内涵的变

---

① 2018 年《刑事诉讼法》第 81 条第 2 款规定：“批准或者决定逮捕，应当将犯罪嫌疑人、被告人涉嫌犯罪的性质、情节，认罪认罚等情况，作为是否可能发生社会危险性的考虑因素。”

② 参见王贞会：《审查逮捕社会危险性评估量化模型的原理与建构》，载《政法论坛》2016 年第 2 期。

③ 参见钱云华、汪薇：《从刑法学角度解析新刑诉法逮捕条件中的社会危险性》，载《中国检察官》2013 年第 1 期。

④ 参见陈伟：《认真对待人身危险性评估》，载《比较法研究》2014 年第 5 期；文姬：《人身危险性评估方法研究》，中国政法大学出版社 2014 年版，第 57 页。

⑤ 参见卢建平、赵康：《作为特赦条件的不具有现实社会危险性》，载《国家检察官学院学报》2017 年第 3 期。

化，不仅可以诠释“危险性”评价标准向防卫社会的变化，也可以包括原有的“人身危险性”基本内涵“犯罪的可能性”的表达。比如在审前羁押阶段对社会危险性的考量，虽然也包括再犯可能性，但是这里的危险性衡量，明显超出了再次犯罪这一考量范围。

另一方面，“危险性”外延的扩展符合主客观相统一的认识规律。“危险性”外延的扩展导致的主观和客观之间界限也更加模糊不清，譬如行为人的考量因素中往往也包含对过往行为的考量。在刑事司法中主观主义的认识路径似乎与客观主义的认识路径是“水火不容”的，刑事司法新旧学派之争也是主客观之争，时至今日还在继续。但是主客观相统一也是人类对一切事物认识的本质。在刑事司法中对“犯罪”这一现象的认识也符合这样的规律。最新修订的社区矫正法中在调查评估部分就直接采用了“社会危险性”的概念。

基于此，“社会危险性”这一个概念的表达内涵相比“人身危险性”更加丰富。笔者认为在本土的概念体系中，用“社会危险性”取代“人身危险性”是概念适应时代变化的必然选择。

（二）“社会危害性”的当代刍议

除了人身危险性，社会危险性概念与社会危害性也密切相关。“社会危害性”是我国刑法理论中的一个基础概念，是指行为的社会危害性，一般是实然层面对行为危害性的认识和判断。域外学者在探讨危害性的概念时，使用的是“harm”一词。美国霍尔教授认为危害是犯罪行为和惩罚性制裁之间的杠杆支点。[①] 我国刑法理论最初沿袭苏联的“社会危害中心论”，学者对这一概念的认识，有着政治意识形态的色彩，比如事实说认为社会危害性是对社会秩序和社会关系具有破坏作用的行为对社会造成的损害的事实特征。[②] 学界最初对社会危害性概念的争议，主要在于摆脱苏联社会危害性理论的政治意识形态，对社会危害性理论的价值进行反思，并重新界定了社会危害性

---

① 参见劳东燕：《风险社会中的刑法——社会转型与刑法理论的变迁》，北京大学出版社 2015 年版，第 252 页。

② 参见代承：《人身危险性研究》，武汉大学 2010 年博士学位论文，第 28—29 页。

与刑事违法性的关系。[①] 当前的研究认为社会危害性作为批判性原则主要纳入刑事政策学或犯罪学，在应然的立法层面进行指导和批评，在司法领域社会危害性只在出罪意义上发挥作用，刑事违法性则承担定罪标准的角色。[②] 国外关于社会危害性概念的含义存在“法益侵害说”和“权利侵害说”两种理论。由于对权利范畴之外的其他诸多利益的侵犯，同样可能被纳入刑事处罚的犯罪，所以费尔巴哈和密尔的权利侵害说被断然抛弃。法益侵害说由德日刑法理论所推崇，认为社会危害性是犯罪对法律保护的利益的一种侵害。法益侵害说的提出，使得社会危害性概念的外在边界开始扩展，危害不仅是对事实上利益的侵害，还包括对利益的威胁或危险，这种扩展的结果是“危害”向“危险”的延伸。[③] 社会危害性的核心内容是客观损害，包括现实损害和可能损害。我国学者认为社会危害性可以解构为纵向层次的行为事实层面和价值评价层面，也可以称为自然属性层面和社会属性层面以及横向结构方面的客观实害性和人身危险性两部分。[④] 也就是说对社会危害性的判断也应包括对人身危险性的判断。人身危险性体现的是行为人的主观恶性，客观损害是这种主观恶性的客观体现，即人身危险性等其他要素均是围绕客观损害为中心，依附于客观损害。[⑤]

（三）“危险性”相关概念的关系

首先，从我国现有刑事司法中关于危险性概念的教义分析来看，人身危险性、社会危险性、社会危害性这三个概念，彼此对立的同时，又具有内在统一性。从宏观上来看，人身危险性和社会危险性的重心在“危险”，指向

---

① 参见陈兴良：《社会危害性理论——一个反思性检讨》，载《法学研究》2000 年第 1 期；储槐植、张永红：《善待社会危害性观念——从刑法第 13 条但书说起》，载《法学研究》2002 年第 3 期。

② 参见劳东燕：《风险社会中的刑法——社会转型与刑法理论的变迁》，北京大学出版社 2015 年版，第 249—250 页。

③ 参见劳东燕：《风险社会中的刑法——社会转型与刑法理论的变迁》，北京大学出版社 2015 年版，第 264—269 页。

④ 参见童颖颖：《论人身危险性在刑法中的定位——兼论社会危害性的解构》，载《浙江师范大学学报》2006 年第 4 期。

⑤ 参见王冠：《论社会危害性的去罪功能》，华东政法大学 2020 年博士学位论文，第 84 页。

未然的领域，社会危害性的重心则是“危害”，指向实然领域。从实然和未然的角度，“危险性”和“危害性”的概念具有本质的不同。但是随着“危害性”概念的流变，“危害”也在向“危险”渗透。深入分析社会危险性概念的内涵，也与人身危险性和社会危害性密切相关。比如前述学者认为在刑事诉讼逮捕审查的背景中，社会危险性就包括人身危险性和社会危害性。

其次，这些概念本质上是不同的认识路径。虽然人身危险性、社会危险性和社会危害性都可以纳入涉罪人“危险性”的范畴，但它们代表了不同的层面。从本质上说，人身危险性和社会危险性是对涉罪人的认识，是关于涉罪人的属性，而社会危害性则侧重对犯罪行为的认识，是犯罪行为的属性。换言之，前者关注的行为人，是一种主观的认识路径，后者关注的是行为是一种对危险的客观的认识路径。近年来风险社会理论的提出，对客观主义路径出发的“危险性”概念产生了重要的影响，并开启了风险刑法的理论革新。但是正如我国学者劳东燕教授所言，风险刑法理论也使得主观和客观危险性认识路径之间的界限开始模糊。[①] 法益理论的提出使得客观路径的行为危险与主观路径的行为人危险产生交集。[②] 因为行为人的危险性关注的仍然是行为或者说是法益侵害的结果。

最后，基于上文对危险性相关概念的分析，本书认为刑事司法中的风险主要还是指向主观路径的涉罪人的危险性，即现有的“人身危险性”和“社会危险性”。但是需要对这些概念进行一定的抉择和修正，本书认为最终应落脚到社会危险性。因为“人身危险性”概念在我国本土具有先天发育的不足，且忽略了其内涵和标准的演变，是一个在实践中被“抛弃”的概念，而“社会危险性”顺应了社会转型时期对刑事司法提出的新的防卫社会的时代需求，也涵盖了原有的人身危险性概念中的本意内涵，且可以根据具体刑事司法环境的不同，扩大其背后考量因素的范围，具有一定的灵活性，是一个源自实践经验的立法概念，所以应该是风险评估中风险的题中之义，其基本的内涵是指涉罪人的社会危险性。对于社会危害性，由于学界的观点一直都将其视为行为属性，本书的态度是相对中立，根据具体的法律环境比如出

---

① 参见郝艳兵：《风险刑法：以危险犯为中心的展开》，中国政法大学出版社 2012 年版，第 77—78 页。

② 参见劳东燕：《风险社会中的刑法——社会转型与刑法理论的变迁》，北京大学出版社 2015 年版，第 264—269 页。

罪过程，考虑预防的领域，可以将其纳入危险性的范围。综上，本书所研究的危险性实际上可以包括上述三个概念，只是具体内容有所修正，但是在理论术语的名称上本书的观点是统一采用“社会危险性”的表述。

三、接纳“风险性”话语新的叙述逻辑

在对我国危险性相关概念进行澄清之后，需要思考的问题是，我们国家是否有必要采取风险性话语的叙述逻辑。答案是肯定的，因为随着社会科学风险评估技术的发展，风险性的叙述逻辑更加符合刑事司法实践的需要，可以实现社会危险性的科学评估，为社会危险性的裁量提供一条现实可行的路径。不管传统刑事司法学者接受与否，随着现代科学的发展，学科的交融是必然的趋势，在法律领域亦不例外。法律越来越多地引入和参酌社会科学的理论成果。正如美国著名的霍姆斯大法官所说：“对理性的法律研究来说，在法律的故纸堆里皓首穷经之人（the black-letter man）或许眼下大行其道，运用统计学之人以及经济学的行家里手则引领未来。”①

（一）凸显社会危险性背后的基础因素

风险的叙述逻辑可以将涉罪人的社会危险性背后的风险因素凸显出来。这种凸显本质上反映的是人类对犯罪以及犯罪原因认识的进一步深入，与社会科学中犯罪心理学、精神病学等的发展密切相关。人类一直在试图认识并控制风险的不确定性，进而将隐藏于风险概念面纱之后的风险因素纳入我们的认识和研究范畴。精神病学的学者往往使用与再犯（reoffending）或者相关的风险因素来描述涉罪人的社会危险性“dangerous”。② 美国学者在谈到近年来风险评估在刑事司法领域的回归，认为目前关于风险相关研究的困难主要在于对概念没有准确的认识，提出可以参考精神病学对风险因素的分类来界定刑事司法中的风险。③ 由此可见，风险因素是认识风险的基础，离开

---

① 参见［美］霍姆斯：《法律之道》，姚远译，载《厦门大学法律评论》2015年第2期。

② Christopher Slobogin, Risk assessment and risk management in juvenile justice, *Criminal Justice*, 2013, Vol. 27, No. 4, p. 11.

③ Monahan, J. & Skeem, J. L., Risk redux: The resurgence of risk assessment in criminal sanctioning, *Federal Sentencing Reporter*, 2014, Vol. 26, No. 3, p. 158–166.

了风险因素，风险概念也就失去了其源头，如无根之木，难以承载刑事司法领域所要表达的内涵和价值。因此，刑事司法中涉罪人的社会危险性就是一系列风险因素的集合，只是针对不同的刑事司法目标和语境，具体的风险因素有所变化。

（二）促进社会危险性裁量的操作化和立体化

风险评估技术的发展使得社会危险性的裁量更加操作化和立体化，并进一步促进了社会危险性的评价科学性和规范性。1989 年美国国家研究委员会（National Research Council）提出“危险性”（dangerousness）可以分解为风险因素（risk factors）、预测损害（predicted harm）和风险水平（risk level）三个层次。[①] 美国学者 Christopher Slogobin 教授和风险评估专家 John Monahan 教授都认为相比“危险性”的平面判断，风险叙述逻辑可以加强这三个层次的分析。根据美国国家研究委员会提出的危险性的三个层次，涉罪人的社会危险性可以分解为犯罪的风险因素、未来发生犯罪的可能性和犯罪可能性的大小。这实际上是对涉罪人社会危险性的一种立法化和阶梯化的裁量过程。这一过程体现的是“危险”的层次性。首先要确定犯罪的风险因素，其次对犯罪的风险因素进行分析判断，进而确定未来是否会发生犯罪，最后是对整体风险的评价，即犯罪风险水平的判断。在这三个层次中，风险因素、风险损害等级先于危险性评价。我国自然科学学者在对自然界风险概念的溯源考察中提出了风险的多层次性与危险、灾害等的关系，认为风险从发生过程来看，先于危险和灾害。[②] 笔者认为，刑事司法中的风险与传统刑事司法中的“危险”也存在着这样的优先层级，风险是先于危险而存在的，它所代表的只是一种不确定性，这种不确定性能否构成需要刑事法律关注的“危险”，则需要一定的评估。也就是说，风险需要到一定的程度才涉及对危险发生的大小是多少的判断。总体而言，风险的叙述逻辑增加了社会危险性评价的现实可能性和操作性。

---

① Shelby Arnold et al. , Risk assessment and juvenile resentencing: A critical analysis, *Behavioral Sciences & the Law*, 2018, Vol. 36, No. 5, p. 579.

② 参见刘宝霞等：《风险、危机、灾害的语义溯源——兼论中国古代链式风险治理流程思路》，载《清华大学学报（社会科学版）》2016 年第 2 期。

（三）体现社会危险性裁量的连续性

采纳风险的叙述逻辑可以将社会危险性的裁量扩展到刑事诉讼的全过程，体现社会危险性裁量的连续性。首先，风险话语的统一性为连续性提供了基本的条件。随着风险因素研究的深入，不同阶段的社会危险性评估虽然目标不同、侧重不同，比如审前羁押和缓刑中对涉罪人社会危险性评估目标有很大的不同，但是背后的风险因素具有内在的一致性，可以通过不同的风险因素比重来进行局部的微调，这就为统一的社会危险性评估奠定了很好的基础。其次，风险的叙述逻辑强调了针对风险因素的风险管理，契合了刑事司法对犯罪进行管控的目标。因为本质上风险评估和风险管理不是彼此孤立的，评估的过程实际上也渗透着管理的目标。与危险性话语相比，风险性叙述的一个特征就是将风险管理的目标融入了风险因素的识别和管理之中。比如“犯因性需求”概念的提出，将风险因素明确分为静态因素和动态因素，通过对动态因素的干预可以有效降低整体的风险等级。风险管理也体现了风险概念本身的中立性，也就是说风险并不是必然代表着损害，它内在也蕴含着改变的生机和希望。最后，与危险性的话语相比，风险是一个一般性的概念，可以与不同的结果相联系，比如审前羁押中未能按时出庭、审判阶段以后再次被定罪、释放以后再犯罪等。这与工具层面风险评估的发展密切相关。正如美国学者 Faye S. Taxman 所说，正是由于风险概念的内涵的广泛使得风险评估可以用来预测不同的结果。风险评估工具的本质是用来预测一个结果的可能性，这个结果可能因不同的应用目的而有所不同，导致不同的风险评估工具都有自己定义的风险。①

第三节　刑事司法风险评估的两个层面

通过上文对刑事司法中风险概念的厘定，可以发现风险评估在风险的叙述逻辑中居于核心的地位，而且风险评估工具的发展和应用对刑事司法中的风险评估具有重要的意义。美国学者认为，“风险评估是刑事司法改革的趋

---

① Jay P. Singh et al., *Handbook of Recidicism Risk/Needs Assessment Tools*, WLEY Blackwell, 2018, p. 272.

势只是一种保守的说法，我们已经处在一个风险评估的时代”。① 事实上，在刑事司法中存在着两个层面的风险评估。其中一个是从刑事司法规范层面出发，在刑事司法中围绕涉罪人的社会危险性的裁量过程展开，其本质是一种刑事司法决策过程。美国学者2012年编制的《少年司法中的风险需求评估手册》将风险评估视为一个过程，即确定一个未成年人有多大可能实施新的犯罪的过程。② 另一个则是从工具层面出发，围绕涉罪人的社会危险性的评估展开，通过对涉罪人风险因素的理论研究和分析，评估涉罪人的危险性，本质是一种辅助决策的工具。简单地说，一个是评估涉罪人的危险性的过程，一个是评估涉罪人危险性的工具。其中后者可以用于前者的过程，但是不能取代前者的过程。区分两个层面对于认识刑事司法中的风险评估至关重要，同时这两个层面风险评估的发展和相互影响也贯穿于本书的整个研究过程。

一、规范层面的刑事司法风险评估

规范层面的风险评估主要是指在整个刑事司法中对涉罪人社会危险性的裁量和控制的动态连续过程，体现在刑事司法的各个阶段。其本质是通过刑事法律规范对涉罪人的社会危险性进行裁量和控制，既是刑事司法犯罪预防理论实现的内在过程，也是刑事司法实践现实需求发展的外在表现。工具层面风险评估则更多是从涉罪人社会危险性背后的原因和产生机制出发，进而衍生出风险评估工具的发展和应用，是刑事法律规范层面风险评估的内在过程，它的目的是辅助规范层面刑事司法对涉罪人社会危险性的裁量。

（一）规范层面风险评估的内容

基于刑事一体化的理念，规范层面刑事司法风险评估是指在刑事司法过程中对涉罪人员的社会危险性进行的判断和评价。之所以采用“社会危险性”一词前文已经进行了详细的论述。总的来说，规范层面刑事司法风险评

① Megan Stevenson, Assessing Risk Assessment in Action, *Minn. L. Rev*, 2018, Vol. 103, No. 1, p. 304.

② Gina M. Vincent et al. , *Risk Assessment in Juvenile Justice: A Guidebook for Implementation*, 2012 - 11 - 06, http: //www. modelsforchange. net/publications/346 [2020 - 11 - 24].

估要回答三个基本问题：其一，涉罪人对公共安全是否构成危险；其二，如果构成，涉罪人的社会危险性有多大；其三，能否采取一定的措施来降低涉罪人的社会危险性。规范层面，刑事司法风险评估的内容包含两个方面：其一是风险评估，即评估涉罪人的社会危险性；其二是风险管理，即如何通过干预来降低涉罪人的社会危险性。这两个方面不是孤立存在，而是相互响应的。

在风险评估的过程中，刑事司法人员往往会考虑涉罪人的个人特征、犯罪经历、案件情况和其他信息，以便对他们的社会危险性做出综合评价。早期的评估过程往往是非正式的，评估过程中考虑的信息一般没有明确的法律规定，而是基于法官或者检察官个人的隐形知识体系。或者说早期对涉罪人社会危险性的评估主要基于司法人员的经验，判断的过程是非结构化的，也被称为临床风险评估。随着风险评估工具的发展，开始将风险评估工具纳入决策过程，使得对涉罪人社会危险性的评估逐渐开始明确。当然采用风险评估工具的方式有一定的差异，有的全部接受，有的是部分采用。但是总体上刑事司法中风险评估还是保留司法的最终自由裁量权，仅将风险评估工具视为决策的辅助工具。①

（二）规范层面风险评估的目的

总的来说，刑事司法风险评估的核心目标是预防犯罪或者说是预防再犯，体现了刑事司法特殊预防的功利价值。② 刑事司法风险评估以涉罪人的社会危险性为中心，不再强调传统的报应，而是考虑预防。早期针对个体的临床评估实际上是为实现特殊预防的目的，是根据犯罪的社会危险性而进行的个别化处遇，是刑罚个别化的体现。刑事司法中的特殊预防包含了威慑、隔离和教育矫正等理念。根据特殊预防的新派理论，特殊预防主要内容是后两者，即隔离（incapacitate）和教育矫正。隔离基于涉罪人的社会危险性将罪犯强制与社会相隔离，剥夺犯罪分子危害社会的能力。③ 教育矫正则基于

---

① Sarah L. Desmarais & Samantha A. Zottola, Violence Risk Assessment: Current Status and Contemporary Issues, *Marquette Law Review*, 2020, Vol. 103, No. 5, p. 793.

② 参见马乐：《为刑法主观主义之辩》，载《环球法律评论》2014 年第 2 期。

③ 参见李川：《基于风险管控的社区矫正制度研究》，东南大学出版社 2019 年版，第 22 页。

对涉罪人的教育矫正和个别化处遇，消除其社会危险性。具体来说，美国风险评估的专家 John Monahan 认为风险评估对于刑事司法裁判的辅助作用主要体现在三个方面：是否监禁高风险涉罪人、是否释放低风险涉罪人，以及如何降低涉罪人的再犯风险。①

随着后现代风险社会的发展，精算司法理论和风险评估技术的发展，使得刑事司法风险评估的目的又发生了新的变化，对传统的特殊预防目的进行了一定的修正，纳入了风险管控的目的。风险管控实际上是风险评估和风险管理的简称，最早由我国学者李川教授采用他将精算司法理论称为风险预防理论，认为虽然该理论诞生之初采取的是基于群体管理的绝对排除策略，但是随着理论的完善，以风险为核心将个体视角的教育矫正和修复赔偿都被纳入其中，重点是实现对犯罪的管理和控制。② 美国学者也认为虽然预防性司法理论在罪责主导的报应司法理论中并没有得到足够的重视，但是它势必是未来刑事司法发展和改革的方向。③

（三）规范层面风险评估的价值

刑事司法风险评估的价值主要体现在防卫社会、复归、司法效率和成本等方面。首先，刑事司法风险评估的首要目的是识别涉罪人的社会危险性，判断涉罪人是否会对公共安全构成一定的威胁，体现了社会防卫的价值导向。社会防卫的目标在后现代各国的刑事司法中作用逐渐凸显。正如我国学者认为随着后现代国家社会治理方式的转变，“安全保障国”的价值理念被纳入各国刑事司法中，开始关注社会的公共安全。其次，刑事司法风险评估的目标是降低涉罪人的再犯率。换言之，即根据风险评估的结果提供干预计划，帮助其顺利回复社会，体现了复归的价值导向。复归社会一直是刑事司法的一个核心目标，这一目标在未成年人司法领域表现得更为明显。再次，刑事司法风险评估致力于重新分配刑事司法资源，体现了司法成本效益的价

---

① Jay P. Singh et al., *Handbook of Recidicism Risk/Needs Assessment Tools*, WLEY Blackwell, 2018, p. 21.

② 参见李川：《基于风险管控的社区矫正制度研究》，东南大学出版社 2019 年版，第 85—91 页。

③ Christopher Slobogin, Plea Bargaining and the Substantive and Procedural Goals of Criminal Justice: From Retribution and Adversarialism to Preventative Justice and Hybrid-Inquisitorialism, *Wm. & Mary L. Rev.*, 2016, Vol. 57, No. 4, p. 1505.

值导向。晚近监狱人数激增，司法资源的不足迫切需要关注司法成本和效益，希望通过风险评估寻求成本和效益的平衡。最后，风险评估工具的使用也体现了刑事司法裁判公平和正义的价值导向。风险评估工具的规范性和标准化满足了刑事司法本身对确定性的要求。被誉为美国风险评估领域专家的莫纳什教授，将风险评估在刑事司法体系的应用称为社会框架（Social Frameworks)，提倡用社会科学的研究成果去解决或者协助司法过程，以实现法律的终极目标——公平和正义。①

二、工具层面的刑事司法风险评估

工具层面的风险评估最初是围绕着涉罪人社会危险性的基本内涵——再犯可能性展开。根据犯罪学、心理学等相关学科对于再犯风险因素的研究，基于一定的统计和计算机技术，将其转化成具体的工具。风险评估工具使用的核心目的是提高规范层面风险评估的结构性、一致性和准确性。

（一）风险因素

风险因素是风险评估工具的基础。域外学者认为风险因素本质上是统计与未来犯罪可能性相关的个人特征。② 如表 1 所示，域外学者从不同的角度对风险因素进行分类和定义，③ 其中被广泛接受的是加拿大学者 Andrews 和 Bonta 提出的静态风险因素和动态风险因素的分类，静态风险因素往往不可改变，例如犯罪历史。动态风险因素也被称为犯因性需求因素，可以通过干预改变。Kraemer 等人进一步将静态风险因素细分为固有不可改变的因素（如性别）和改变但不受干预的因素（如年龄、前科)。他们也区分了通过干预可以改变但不是真正原因的风险因素和那些可以改变的导致再犯改变的因素，因此反映了潜在的原因过程。其他人则对个体相对持久的特征（稳定

① 社会框架是法律体系对社会科学的除了用于确实事实和用于立法之外的第三种使用方式。参见［美］约翰·莫纳什：《法律中的社会科学》，何美欢、樊志斌、黄博等译，法律出版社 2000 年版，第 374 页。

② Russil Durrant, Putting risk factors in their place: an evolutionary developmental approach to understanding risk, *Psychology, Crime & Law*, 2016, Vol. 22, No. 1, p. 17 – 32.

③ Melissa Hamilton, Risk-Needs Assessmnt: Constitutional and Ethical Challenges, Ametican Crininal Law Review, 2015, Vol. 53, p. 235.

的动态危险因素）和那些变化较快并可能导致犯罪发作的特征做了区分。最后，在性侵犯罪的语境下，学者们论证了他们所称的心理上有意义的风险因素或倾向的重要性。① 需要注意的是，不管理论如何界定风险因素，风险因素都不是凭空产生的，而是由心理学和犯罪学实证研究不断予以完善和推进。

表 1－1 风险因素的理论分类②

分类	描述	来源
静态风险因素	不易改变的风险因素（如年龄）	Andrews & Bonta（2010）
动态风险因素（犯因性需求）	可以改变的风险因素（如反社会态度）	
固定标签	不可改变的风险因素（如性别）	Kraemer et al.（1997）；Monahan & Skeem（2014）
可变标签	可能改变但不是通过干预的风险因素（如年龄）	
可变风险因素	通过干预可以改变的风险因素（如就业状况）	Hanson & Harris（2000）
因果风险因素	通过干预可以改变的风险因素可减低再犯的风险（如反社会认知）	
稳定动态风险因素	个体较持久的风险因素（如药物滥用问题）	
急性动态风险因素	风险因素变化较快，可能立即引发犯罪（如醉酒）	
风险状况	主要基于静态风险因素的个体间差异	Douglas & Skeem（2005）
风险状态	基于动态风险因素现状的个体内差异	
心理学上有意义的风险因素	（a）在犯罪中起因果关系；（b）预测再犯	Mann et al.（2010）

（二）风险评估工具的类型

风险评估工具可以分为三种基本类型：非结构化临床评估、精算风险评

① Russil Durrant, Putting risk factors in their place: an *evolutionary developmental* approach to understanding risk, *Psychology, Crime & Law*, 2016, Vol. 22, No. 1, p. 17－32.

② Russil Durrant, Putting risk factors in their place: an *evolutionary developmental* approach to understanding risk, *Psychology, Crime & Law*, 2016, Vol. 22, No. 1, p. 17－32

估和结构化专业评估。三者之间的准确性是不同的，其中精算和结构化专业评估优于非结构化临床评估。

1. 非结构化临床评估

非结构化临床评估主要由评估者通过收集相关信息，通过临床诊断的方式对风险水平进行评估。临床风险评估的另一种变体是定向记忆性评估，是指评估者关注与个人先前反社会行为相关的确切风险和保护因素进行的经验性评估。经验性评估虽然具有一定的结构，但是没有标准化的框架，所以仍然是非结构化的，具有很强的任意性，出错的概率也比较大。前文提到的美国临床医生的临床评估是典型的非结构化临床风险评估，该类评估的弊端显而易见。在我国未成年人的风险评估中，实际上目前主导的也是非结构化的临床评估，评估者往往通过访谈收集到的相关信息对未成年人的再犯风险做出评价，这种评价具有很强的主观任意性，且评估主体的个体水平不一，导致评估结果参差不齐。

2. 精算风险评估

正是由于对非结构化临床风险评估的任意性不满，研究人员开发了精算式风险评估，它是根据一种算法对风险因素进行加权和组合，从而对涉罪人的再犯概率进行估计。精算风险评估工具主要利用精算方法对各个风险因素得分进行加权和求和，然后使用一个公式来计算风险级别，通常使用表示高风险与中风险或低风险的总分的数值表示。在这种方法中，对于风险级别，没有给评分者自由裁量的空间。精算风险评估实际上是基于群体的数据预测，而且一般主要依赖静态风险因素。例如弗吉尼亚州未成年人审前羁押风险评估工具，采用精算方法要求评估人员考虑当前最严重的指控、额外的当前指控、先前的有罪判决、未决申诉、监管状况、未能出庭的历史和逃跑的历史。有些精算风险评估包含动态需求因素，比如青少年服务水平/病例管理量表（YLS/CMI），该精算工具包含动态风险因素，比如同伴关系、药物滥用、休闲/娱乐、人格/行为等。[1] 该类工具目前是域外国家风险评估工具的主体。

精算风险评估模型是基于实证研究，通过分析已有的案例信息来系统地审查再犯，以确定哪些因素与再犯直接相关，并将研究的结果转化为工具。

---

① Anthony P. Thompson & Aldis L. Putnins, Risk-Need Assessment Inventories for Juvenile Offenders in Australia, *Psychiatry Psychol. & L*, 2003, Vol. 10, No. 2, p. 324.

分数代表了变化的解释强度，解释强度越大，分数的权重也就越大。精算模型不会对个体罪犯做出具体预测，相反，它们是对一组具有与再犯相关特征的罪犯提供的整体的概率描述。精算模型的结果是将罪犯分为高、中、低三个风险组别。精算技术无法确定特定个体是否会再次犯罪，只能确定具有这些特征的个体在群体中再犯的可能性是多少。精算模型将重点从基于专业技能和经验对特定罪犯的个人判断转化为基于统计分析的综合判断。对大量违规者的特征进行了解，以有用和有针对性的方式将信息组织起来，对于决策者而言更有价值。人们发现在决策环境中，由统计发展而来的预测手段比人类的判断更出色。精算方法在心理学、心理健康以及医疗领域的发展也验证了这一观点。

3. 结构化专业评估

结构化专业评估本质上是临床而不是精算技术，只是比传统的临床技术更加具有结构化。结构化专业评估工具的典型范例是美国青少年暴力风险结构评估工具 SAVRY。青少年暴力风险结构评估工具是由美国学者 1999 年研发的，既包括动态因素也包括静态因素，旨在帮助专业人员评估青少年群体的暴力风险的水平。[①] 结构化风险评估工具通常更侧重于在设计中使用动态风险因素。结构化风险评估工具也被称为调整精算风险评估，它的本质是首先使用精算风险评估工具建立一个基本风险概率，然后通过考虑其他变量来调整概率估计。[②] 在结构化风险评估过程中，评估者需要考虑特定情况下的特殊风险因素，比如前文提到的非犯罪因素对未成年人的风险水平评估做出调整和覆盖。结构化风险评估工具的显著特点是重视评估者的自由裁量权，在精算风险评估工具中纳入个案管理的长期视角，根据未成年人犯罪个人特点调整相应的风险评估和管理方案。结构化风险评估的出现，弥补了基于群体数据规范设计的精算式风险评估的缺陷，纳入了个体因素，有利于根据少年特点进行灵活的个人干预和管理。比如英国少年司法委员会研发的 AssetPlus，即在精算风险评估的基础上纳入个人评估和管理。精算判断并不是完全排斥专业判断，对精算决策的研究表明，将精算判断和专业判断结合，可

---

① 参见崔海英：《西方三大著名未成年人犯罪危险评估工具的研究现状述评》，载《预防青少年犯罪研究》2023 年第 5 期。

② Christopher Slobogin, Risk Assessment and Risk Management in Juvenile Justice, *Crim. Just*, 2013, Vol. 27, No. 4, p. 12.

以做出更好更准确的决策。学者认为最准确的预测往往是统计分析和专业判断的结合。

（三）风险评估工具的作用

风险评估工具的核心作用是辅助刑事司法关于风险的决策，核心价值在于实现决策的结构化、实现刑事司法系统的公平正义以及更好地实现司法资源的有效分配。具体而言，风险评估工具的作用体现在三个方面。第一，识别和区分社会危险性较高和较低的人。风险评估工具往往基于不同风险因素的精算模型，最终确定涉罪人的风险水平，将犯罪风险分低、中、高三级或者较低、中、较高、高四级。目的是满足刑事司法对涉罪人社会危险性评价与决策的对接。第二，支持刑事司法的循证决策。风险评估工具虽然只是辅助决策，但是风险评估工具本身是基于严格科学研究而产生的关于涉罪人风险类别的规范化的评价，是决策的重要依据，可以促进更加透明和准确的决策。为此，在西方国家使用风险评估工具已经成为刑事司法循证实践政策的一个关键组成部分。[①] 第三，为风险管理和干预计划提供支持。比如风险评估工具用于确定非监禁的替代办法，通过风险评估将罪犯转移到具体的风险管理和干预的项目。需要注意的是，风险评估工具仅仅是对涉罪人员风险的评估，并不能替代心理健康评估等其他更加专业性的评估，比如性侵等特殊犯罪行为的评估需要专门的心理和性侵风险的评估。

三、两个层面风险评估的互动发展

事实上，规范和工具两个层面并不是相互独立的，而是在发展的过程中相互影响、相互塑造。尤其是采用区别于传统刑事司法教义研究路径的工具层面的风险评估不断在丰富并塑造着规范层面的刑事司法风险评估。一方面，社会科学扎实的理论研究为刑事司法风险评估提供了循证基础，提高了刑事司法风险评估的规范属性。另一方面，工具层面对风险因素的认识扩展了规范层面风险评估的内涵，使得刑事司法风险评估具有风险/需求的二元属性。

---

① Sarah L. Desmarais & Samantha A. Zottola, Violence Risk Assessment: Current Status and Contemporary Issues, *Marquette Law Review*, 2020, Vol. 103, No. 5, p. 793.

（一）风险评估的规范属性

风险评估工具的应用增加了刑事司法风险评估的规范属性。首先，工具层面风险评估的纳入增加了司法裁判的确定性。传统刑事司法中的风险评估往往由司法者根据经验进行自由裁量，具有很强的任意性，而工具层面风险评估的纳入使得司法者对风险的裁量具有了规范性和客观性。工具层面风险评估是基于科学研究得出相对科学和客观的结论，将其运用司法裁量会进一步增加裁判的确定性。因为根据组织决策理论，当根据证据得出推论后，在后续的推论中，前一个推论本身作为沟通的起点，这样就吸收了不确定性。① 工具视角的风险评估正是为司法裁量提供了基于证据的基础推论，使得其更加契合法律规范所要求的裁判的确定性。其次，工具层面风险评估的纳入可以促进司法裁判的责任性。司法者依据精算风险评估的结果来协助司法决策，有助于帮助司法者作出更加负责的决定。工具层面风险评估使得司法者的决定是建立在一定科学研究的基础上，是基于循证的决策过程。而且使得司法者的每一个决定都有迹可循，这在一定程度上压缩了司法者滥用自由裁量权的空间，有利于裁判的追责。最后，工具层面风险评估还为司法者和司法机构提供一种收集涉罪人员风险相关信息和数据的客观和标准化方法，以最大化地减少偏见。同时标准化的风险评估为刑事司法中不同组织、机构和个人提供了沟通的话语基础，有利于刑事司法的社会支持体系的发展。

（二）风险/需求二元属性

工具层面风险评估的发展，使得隐藏于风险背后的风险因素开始进入司法者的视野，并产生了一个重要的二级概念——需求，进一步扩展了规范视角刑事司法风险评估的内涵。需求也被称为犯因性需求，即引起涉罪人犯罪的原因因素，一般是指动态风险因素。犯因性需求是由第三代风险评估工具催生的概念，最早由加拿大学者 Andrews 和 Bonta 提出。犯因性需求的提出进一步丰富了风险概念的内涵，使需求成为其核心的组成，并对风险评估技术的发展产生了重大影响，开启了第三代风险评估工具的革新。从第三代风险评估工具开始，风险/需求评估的说法逐渐被学者接受。风险评估中引入需求概念的逻辑在于，如果对这些犯因性需求因素进行有针对性的干预，则

① 转引自宾凯：《从决策的观点看司法裁判活动》，载《清华法学》2011 年第 6 期。

可以有效降低涉罪人再犯的风险。需求评估的出现，使得评估具有了二元的属性，即包括风险评估和需求评估，而且需求的评估与管理密切相关，重在强调对犯因性的需求因素进行管理，以降低其犯罪的风险。

根据加拿大学者 Kelly Hannah-Moffat 的观点，犯因性需求将刑事司法中的风险变成一个动态的概念，强调通过干预改变的可能。[①] 也有学者将其视为风险的另一面，就像是一枚硬币的两面。对需求的关注，使得规范层面刑事司法风险评估具有了动态流动性，突出了风险管理和风险干预的地位。这一概念也为规范层面刑事司法风险评估的界定提供了一条可供借鉴的路径。比如我国台湾学者在考察了加拿大矫正机构之后，认为风险评估是一个系统性和全面性的过程，用来决定风险和需求，也用以决定涉罪人的安全等级。[②] 可见他对风险评估的界定实际上就是综合了规范和工具两个视角，但是这个定义还不够全面，没有能反映出针对风险的干预。故此，笔者建议将刑事司法中的风险评估界定为通过对涉罪人风险和需求的评估，确定涉罪人的安全等级以及相应的干预计划。

风险评估的二元属性，一方面与复归社会的福利理念有天然的亲和，因为它所关注的涉罪未成年人的犯因性需求与福利理念的需求有共同的目标，另一方面可以兼顾传统刑事司法所追求的报应理念，而不是一味地强调对涉罪未成年人采取宽容的政策，放弃司法和正义的底线。通过对风险因素的评估和精准的干预来实现预防犯罪的目的，这一思路为未成年人司法提供了一条折中的实用主义道路，并主导了近年来西方国家未成年人司法改革。

第四节 涉罪未成年人风险和风险评估的特殊性

社会科学的发展加深了我们对未成年人罪错行为出现原因的认识，鉴于未成年人本身的生理心理局限以及社会情境因素的影响，未成年人本身与风

---

① Kelly Hannah - Moffat, A conceptual kaleidoscope: contemplating “dynamic structural risk”and an uncoupling of risk from need, *Psychology, Crime & Law*, 2016, Vol. 22, No. 1 - 2, p. 33 - 46.

② 参见刘昕蓉等：《加拿大矫正机关犯罪风险评估机制及相关管教措施考察纪实》，载《矫正期刊》2018 年第 7 卷第 2 期。

险有着千丝万缕的联系，风险往往成为未成年人的代名词。神经科学的研究表明，未成年人的认知控制能力还在发展过程中，从发展的角度来看，虽然青春期是一个高风险的时期，但是其中绝大多数青少年在成年以后都不会再出现类似的行为。[①] 鉴于此，刑事司法体系应采用区别于成年人的方式对待未成年人。对涉罪未成年人风险评估不仅是评估其再犯的可能性，而且更加关注需求，强调风险管理。在风险评估的二元属性中，更加突出了需求评估，并与循证实践理念指导下的有效项目相匹配。此外，与成年人风险评估相比，涉罪未成年人的风险评估也更加强调全流程的动态评估。

一、关注涉罪未成年人风险的不稳定性

与成年涉罪人相比，涉罪未成年人所涉及的风险因素更加不稳定，且在短时间内可能发生显著变化，这使得评估变得更加复杂，这种变化性也使未成年人本身成为风险的表达主体。未成年人处于一种变化和快速发展的状态，这意味着对未成年人在某一时刻的评价仅在短时间内准确和有效。总体而言，这是由其本身及其所处的环境决定的：一方面，鉴于未成年人生理和心理发育的不成熟，他们缺乏成熟的判断、冲动控制和远见；另一方面，在社会转型时期成长起来的新一代未成年人，更容易受到社会情境因素的影响，病态家庭、同辈压力和糟糕的社区环境等都有可能让他们走上错误的道路。

（一）认知控制和社会情感能力不成熟

虽然本质上未成年人的认知能力不如成年人发达，但是有关青少年认知能力的研究发现，10 岁的儿童已经可以理解社会规则。美国研究青少年认知能力的专家 Laurence Steinberg 和 Elesabeth Cauffa 宣称：“除非因为某种精神疾病，9 岁的儿童就可以形成犯罪意图并意识到行为的不法性。”[②] 这似乎为刑事司法体系对涉罪未成年人进行惩罚提供了认知证据的支持。但是他们还发现，青少年和成年的认知能力的关键区别不在于是否有形成犯罪意图的认

---

① Elizabeth Cauffman et al. , How Developmental Science Influences Juvenile Justice Reform, *UC Irvine L. Rev*, 2018, Vol. 8, No. 1, p. 21.

② Mark R. Fondacaro & Christopher Slobogin, *Juveniles at Risk: A Plea for Preventive Justice*, Oxford University Press, 2011, p. 21.

知能力，而主要在于对形成犯罪意图这一犯罪认知的控制能力，形成认知能力并加以控制才是认知能力的完整表达。研究发现，未成年人的认知控制能力和社会情感能力发育不成熟是未成年人和成年人的根本区别，具体体现在以下三个方面：其一，缺乏责任感，他们很少考虑行为的后果，很少考虑到需要为自己的决定承担责任；其二，没有形成独立稳定的认知，容易受到周围环境和人际关系的影响；其三，不能有效控制自己的行为，自我约束和控制冲动的能力较差。① 此外，“停止”是未成年人犯罪中的一个关键概念，是指大多数在青春期犯错的青少年在接近成年后不再犯错。社会科学研究发现，对于大多数犯罪的青少年来说，犯罪行为会在青春期后期或成年早期停止。在青少年时期犯罪的男孩中，只有大约8%到10%的人成年后还会习惯性地犯罪。②

这一结论也得到了神经科学研究的支持。神经科学的研究表明，负责高级推理和执行控制机制的额叶在青春期并没有完成最后“突触修剪”，即最终形成大脑的理性决策机制，比如以目标为导向的长期计划和预先思考、冲动控制等。大脑的额叶在青春期会经历重大的变化，通过突触修剪，消除无用的脑细胞连接，促进髓鞘的形成，使得大脑的神经回路绝缘，对刺激更有效，并能加强有效的连接，从而改善大脑功能。此外，受到多巴胺受体不平衡的影响，青春期的未成年人更倾向于使用主导情绪和本能的杏仁核处理信息，因此，青春期的未成年人在某种程度上控制攻击性和其他冲动的能力较差，更加注重奖励的短期后果。美国学者 June Arnett 认为，“鲁莽的行为实际上已经成为青少年犯罪的基本特征”③。在此期间寻求风险的冲动压倒了理性的调解机制，他们更加感性、更敢于冒险，他们更看重冲动和乐趣，更有可能看到风险的价值，不像成年人一样能够理性评估可能惩罚的长期后果，无法在考虑未来的情况下适当调整决策，简言之即他们很难管理自己。

总的来说，未成年人并不缺乏形成犯罪意图或者意识到他们犯罪行为不

---

① Laurence Steinberg, Risk Taking in Adolescence: New Perspectives From Brain and Behavioral Science, *Current Direchtions In Psychological Science*, 2007, Vol. 16, No. 2, p. 55 – 59.

② Mark R. Fondacaro & Christopher Slobogin, *Juveniles at Risk: A Plea for Preventive Justice*, Oxford University Press, 2011, p. 24.

③ Anne L. Kramers-Olen, Neuroscience, moral development, criminal capacity, and the Child Justice Act: justice or injustice? South African Journal of Psychology, 2015, Vol. 45, No. 4, p. 466 – 479.

法性的能力，但是大脑发育的不完全使得他们更容易冒险，不注意行为的长期后果，从而导致犯罪行为。因此，未成年人往往与冒险和风险有着密切的关联。在西方未成年人相关研究中风险与未成年人几乎成为同义词，未成年人经常与“at risk”或者“posing a risk”相联系。①

（二）对情境因素的易感性和脆弱性

在社会转型时期成长起来的未成年人，越来越紧密地与“风险”联系起来。从风险社会理论出发，个人是自己世界的塑造者，需要根据对风险和机会的计算做出决定。如果他们选择错误，就会面临指责和惩罚。个人被假定为理性、谨慎的行动者，比如只要正确对待毒品、酒精、性行为等相关的风险信息，就会做出理性和正确的选择。但是鉴于未成年人身体和心理都没有成熟，未成年人往往被认为是不理智且容易受到伤害的，没办法像成人一样识别风险因素，做出理性的风险决策，且容易受到社会情境因素的影响。研究发现情境因素例如家庭、父母、同伴、社区以及社交媒体等都对未成年人罪错行为的发展和延续有着更深远的影响。首先是家庭因素，亲子关系是儿童早期社会化和道德发展的重要载体，不正常的亲子关系是日后出现问题行为的高风险因素。比如父母监控不力、父母暴力行为、滥用药物等都有可能增加未成年人犯罪的风险。其次是同伴的影响，未成年人比成年人更容易受到同伴的影响，尤其在青春期，青少年对身份的认同和接受会导致其对父母的依赖减少并逐渐转向同龄的群体。青少年的罪错行为往往是集体发生。研究表明，与同龄人在一起时，他们更容易服从集体进行冒险行为，且更容易模仿有反社会行为的同龄人而不是循规蹈矩的人。最后是社区和社会媒体，社区的经济环境、治安环境也会导致未成年人犯罪。此外，研究表明未成年人对媒体暴力的认知与他们对攻击性的认同和行为呈正相关，因而通过各类风险因素识别处于风险中的未成年人并对其进行教育就至关重要。关于风险与未成年人的关联有两种理念影响深远：一种是将未成年人本身视作一种风险，比如超级捕食者；另一种是将未成年人视为需要预防和保护的对象。前者过于强调未成年人的危险，后者过于关注保护未成年人，不管哪种思路，对未成年人风险因素的关注和评估都至关重要。

---

① Hazel Kemshall, Risks, Rights and Justice: Understanding and Responding to Youth Risk, *Youth Justice*, 2008, Vol. 7, No. 1, p. 29 – 51.

二、凸显二元属性中需求评估的保护性

中国古语“福祸相依”的辩证视角在未成年人风险评估中也有体现，风险中也蕴藏着改变的生机。从发展的角度来看，未成年人具有很强的可塑性，所以未成年人的风险评估强调关注未成年人的犯因性需求因素，更加突出其二元属性中的需求评估，致力于结合未成年人自身的认知特点等响应性因素，激发未成年人本身的能动性和积极性，帮助其顺利回归社会。此外，降低风险被认为是与“忠告、帮助与友好相待”的传统福利原则以及更广泛的社会工作目标协调一致的。

（一）关注动态风险因素的积极性

与成年涉罪人相比，涉罪未成年人风险评估需要更加关注其发展的变化属性，关注动态风险因素，也即犯因性需求因素。因为犯因性需求对于未成年人的发展具有积极的保护属性，它回答了一个根本问题，即未成年人的什么需求和特征在促使他们犯罪。只有深入认识其犯罪的需求因素，有针对性地干预并改变这些因素才能防止其再次犯罪。这些导致其犯罪的因素也被称为犯因性需求，是能够促使涉罪的未成年人发生良性转变的优势（strength）领域所在。犯因性需求的概念前文有提到，往往被人们理解为风险的反面，有时也被简化为“需求”。犯因性需求与普遍的福利性质的需求不同，它是从风险延伸出来的，仅与可能降低再犯风险的需求因素有关。而福利性质的需求则更加广泛，可以指涉罪未成年人的普遍意义的需求。比如心理健康中安全的需求，代表个体的特殊需求，与犯罪没有直接的关联。但是犯因性需求本身的福利属性，打破了刑事司法关注的风险和社会工作领域关注的福利的对立局面。[①] 风险与福利不再是完全的对立立场，犯因性需求凸显了具有福利色彩的需求评估，强调针对犯因性需求进行有效的干预，并进一步增加了精算司法的积极性，在风险管控的目标纳入了关于个体需求的有针对性的教育矫正。总的来说，需求评估与未成年人司法本身的福利保护属性具有一致的追求，因为针对未成年人犯罪的犯因性需求进行干预不仅可以有效减小

① Hannah-Moffat, K., Criminogenic needs and the transformative risk subject, *Punishment & Society*, 2005, Vol. 7, No. 1, p. 29 – 51.

再犯的可能性，而且可以帮助涉罪未成年人更好地回归社会。

（二）重视响应性因素的能动性

涉罪未成年人风险评估更重视未成年人自己的响应性因素，重视培育和提高其能动性。响应性因素是指影响未成年人做出改变的与其本身相关的能动因素，具体而言即指未成年人及其所处环境的个人特征，其可增加或减少青少年从特定干预措施中改进的能力和动机。响应性因素包括认知功能、焦虑水平、治疗动机等。这种能动性在心理学上也被称为抗逆力。抗逆力是一种动态和反应性的能力，其重要特征是“发展的复原能力”，旨在培育未成年人在逆境中的反弹能力和创造力，减少不利和危险倾向，促进成功的社会适应等品质。[①] 严格上说，响应性因素不是风险评估中的风险因素，但是在风险评估的过程中，响应性因素对于确定最终的干预计划很重要。在结构化的风险评估工具中，需要工具使用人员结合专业技能和经验，结合响应性因素调整或者覆盖风险评估的结果。

三、强调评估和管理的连续性和精准性

由于各国刑事司法体系都对未成年人犯罪秉持相对包容的心态，更加关注未成年人本身，因此与强调行为危害性和刑罚报应性的成年人犯罪相比，对未成年涉罪人的风险评估和管理就具有了更多的正当性基础。近年来，在秉持“儿童利益最大化”的原则下，国际社会对未成年人犯罪倡导非犯罪化、非监禁处置，即审前转处、审前非羁押、暂缓起诉、暂缓判决、缓刑等都为风险评估和风险管理的扩展铺平了道路。未成年人风险评估和管理，从缓刑和刑罚执行等后端程序开始不断向前端扩展，最终覆盖到刑事司法程序的全流程。此外，未成年人风险评估和风险管理与循证实践的理念高度兼容，数据驱动的循证风险评估和管理也开启了未成年人预防干预项目的新阶段，打破了“马丁森炸弹”给未成年人司法带来的消极影响，在一定程度上扭转了严罚的趋势。

---

① 参见马凤芝：《类家庭流浪儿童抗逆力的获得和养成》，载《青年研究》2015 年第 1 期。

（一）涉罪未成年人风险评估的动态连续性

从未成年人的发展属性出发，对涉罪未成年人的风险评估具有动态连续性。因为未成年人本身一直处于变化中，对其风险的评估也不能是一成不变的，需要在司法程序中根据不同阶段风险评估的重点和变化进行及时的调整，力求能够全面反映未成年人的现实状况。即使是在成人刑事司法中，我国学者也秉持全流程评估的观点，认为人身危险性的评估应该纳入一体化的刑事司法全过程，在定罪、量刑和行刑阶段都应该发挥具体作用。[①] 但是在成人刑事司法背景下的风险评估在定罪、量刑、行刑方面的作用不能等量齐观，风险评估在成人刑事司法的定罪阶段的应用空间相对受限，风险评估不能作为入罪的理由和根据，仅可以作为出罪的根据，风险评估更多是在量刑和刑罚执行阶段发挥作用。[②] 比如，在风险评估方面走在前列的美国，风险评估更多是在各类矫正机构中得到普及和应用。

相比较而言，在未成年人刑事司法中，风险评估的动态连续性更加凸显。近年来，随着社会防卫理论的提出，出于公共安全的考虑，风险评估的作用日益受到重视，再加上国际范围内对未成年人保护的政策导向，以“儿童利益最大化”为原则，未成年人的非犯罪化、非监禁化的改革也为风险评估在未成年人刑事司法中的扩展提供了具体制度的保障，比如附条件不起诉、审前保释等。从刑事司法实践的角度出发，未成年人风险评估在转处、保释、定罪、量刑、缓刑、假释等阶段都发挥着重要作用。美国学者 Slobogin 将未成年人风险评估在美国少年司法中的应用分为：少年法庭的受案，以确定是否可以转处；审前羁押，以确定审前再犯的风险；处置或者量刑，在处置的最后阶段决定是否应判处监禁刑以及刑期的长短；缓刑，确定是否应当部分或者全部缓刑以及缓刑的条件；重返社会，以决定何时从监狱中释放以及有哪些限制，比如假释等。[③] 风险评估可以发生在以上任何一个阶段，在不同的阶段风险评估关注的重点和涉及的风险因素会有相应的变化，因为

---

① 参见宋伟卫：《刑事一体化视野下的人身危险性研究》，法律出版社 2019 年版，第 59 页。

② 参见曾赟：《风险评估技术在刑事司法领域的应用》，载《刑事法评论》2013 年第 1 期。

③ Christopher Slobogin, Risk Assessment and Risk Management in Juvenile Justice, *Criminal Justice*, 2013, Vol. 27, No. 4, p. 11.

每个阶段所考量的重点是不同的，但是整体上风险评估是连续的，风险评估的本质没有发生变化。正如第一章对风险内涵的解读，这正是风险话语的优势所在。

（二）涉罪未成年人风险管理的精准性

风险管理与风险评估是密切相关的，风险管理的目的是对风险因素进行干预和管理，以降低风险的水平。风险管理不受刑事司法阶段的限制，可以发生在任何阶段。一方面，未成年人风险管理的连续性使得风险评估可以在刑事司法的全流程进行扩展；另一方面，未成年人风险评估的动态连续性也促进了风险管理的精准化发展。1974 年马丁森教授通过元分析对 1945—1967 年的未成年人犯罪矫正项目进行评估，发现这些项目都是无效的（nothing works），这一发现被称为“马丁森炸弹”。马丁森教授的研究使得学界和司法实践都对未成年人司法的预防和干预项目丧失了信心，也进一步助推了未成年人司法走向严惩趋势。20 世纪末的马里兰报告①又传达了一些积极的信号，学者们采用经济学领域元分析技术探索现有的未成年人犯罪干预项目中“何者有效（What works）”，并引入医学领域的循证实践理念，在风险评估的专业助力下，寻找有效的干预点和干预项目，推动了未成年人风险管理的精准化发展。循证风险评估的发展使得风险管理不再是盲目的，而是有效地找准涉罪未成年人的犯因性需求，并选择经过研究证明有效的干预项目进行精准有效的干预。涉罪未成年人风险的管理是建立在循证风险评估基础上的科学有效的管理，既有技术的支持，也有研究的支撑，更加突出了未成年人风险管理的精准帮教属性。

需要注意的是，涉罪未成年人风险管理的精准帮教属性是有界限的，其不是无限地向福利保护扩展，而是建立在对动态风险因素准确把握的基础之上。这划清了风险管理和福利保护的界限，同时增加了惩罚背景下的“温情”，关注改变的力量，强调帮助涉罪未成年人顺利复归社会，这也是未成年人刑事司法区别于成人刑事司法的关键所在。与此同时，风险管理满足了

---

① 1996 年马里兰大学受国会和司法部的委托对全美 500 多个犯罪预防和犯罪矫正项目进行有效性评估，以协助州和地方执法部门以及社区预防犯罪，最终形成了“马里兰报告”。报告发现，一些预防项目有效，一些无效，一些有希望，还有一些没有得到充分的测试。

未成年人刑事司法中复归理念的要求，管理具有一定的福利和保护属性，可以在刑事司法的惩罚和有效的复归社会之间做好平衡，使得其成为未成年人刑事司法和福利教育之间的桥梁，并重申未成年人的特殊性，从而为未成年人刑事司法之独立性做出很好的注解。

第二章　工具层面未成年人刑事司法风险评估的研发应用

风险评估在未成年人刑事司法中的兴起和应用有着多方面的理论渊源。正如新西兰学者所言，在未成年人司法中围绕风险和风险评估的研究主要体现在关于未成年人发展性犯罪风险因素的流行病学研究、精算风险评估工具的发展、风险对于未成年人司法决策的影响和风险的社会学分析对少年司法政策的影响四个方面，这四个方面都有大量研究文献的支撑，但是这些理论研究之间不是彼此割裂的，而是在具体的理论和实践发展中相互影响、相互塑造。① 风险评估既是后现代风险社会背景下刑事司法体系刑罚理论革新的体现，也是20世纪以来有关未成年人犯罪研究范式转变的应然结果。在这个复杂的发展过程中理论研究和技术发展相互影响、相互促进。源于成人矫正领域的风险需求响应模型为工具的研发提供了理论的指导，青少年发展性风险因素理论的发展为其提供了有益的补充。此外，统计技术的发展在风险评估工具的演化更迭和涉罪未成年人风险评估工具的发展中扮演着重要的角色，加速了基础理论转换的步伐，促进了风险评估工具的应用发展。

第一节　涉罪未成年人风险评估工具兴起的理论溯源

未成年人风险评估的兴起与后现代成人刑事司法体系的理论变革和现实需求密切相关。西方学者通过观察归纳西方国家（尤其英美）刑罚体系的现实变化提出的精算司法理论虽然备受质疑，但是该理论的精算和管理主义思

① Paul O'Mahony, "The Risk Factors Prevention Paradigm and the Causes of Youth Crime: A Deceptively Useful Analysis? " *Youth Justice*, 2009, Vol. 9, No. 4, p. 103.

路对整个刑事司法体系都产生了深远的影响。尤其在未成年人刑事司法领域，吸纳了精算司法理论的精华和有益部分，结合未成年人犯罪本身研究范式的转变，共同促成了未成年人刑事司法新一轮的改革。

一、强调风险管控的精算司法理论

精算司法产生于20世纪末期，是独立于犯罪学、刑法学理论之外的刑罚理论，来源于对现代社会刑罚方式的观察和反思。虽然也强调预防，重点不再是关注个体的特殊预防，而是一种风险管控的理念。精算司法理论自产生以来备受质疑，但是随着理论不断修正，以风险管控为整体目标将基于个体的教育矫正和恢复赔偿纳入其中，在未成年人风险评估的兴起中起着重要的作用，为未成年人风险评估在刑事司法中的应用铺平了道路。

（一）以社会为本位的风险管控刑罚理念

从20世纪80年代开始，刑罚理念从关注罪犯改造的特殊预防转向基于风险评估的风险管控。这种犯罪控制文化的转变，促进了群体精算风险话语的使用，并对刑罚实践中传统的福利主义产生了冲击。刑罚福利主义是以涉罪人个体矫治为重心的刑罚体系，焦点是福利主义导向的罪犯矫正，个案正义起着重要的作用。在福利主义理论的影响下，国家对罪犯矫正充满信心。但是西方国家在第二次世界大战以后，失业率、犯罪率不断提升。福利国家纷纷放弃福利主义的路径，转而关注更具有实效的新自由主义，认为国家无须为个人的行为负责。Nicholas Rose宣称：社会在“先进的”自由民主国家中已经死亡。社会的死亡是指国家不再将社会福利和其他整体社会问题置于其行动的中心；相反，鼓励以社区为基础的合作关系和“自我”监管的“远距离治理”。随着社会的变动，迫切需要国家来保护公众安全。一种新的风险管控主义理念开始出现，即通过识别、评估和管理风险。我国学者将这种转变的过程，总结为从福利国到安全保障国的转变。

新的犯罪风险管控理念不再针对个人，而是针对群体的统计相关性，不再关注他们的动机和意义，而是关注如何控制他们，并且使其危害最小化。我国学者认为这是一种以社会为本位的犯罪控制理念，相比之前以犯罪个体为中心的特殊预防，风险管控更加关注积极的一般预防。它将犯罪视为一种社会正常的风险，不再试图消除这种风险或者改变涉罪人，而是通过一定的风险管理措施，将其限制在可接受的安全范围内，比如通过风险评估，筛选出高风险的涉罪人，并对其监控和干预，使其风险减低或者将高风险的涉罪人在社会中重新分配，限制他们进入特定的场所，从事特定的职业，进而增加社会大众的安全感。[①] Garland 在《控制文化》（*The Culture of Control*）一书中指出，犯罪的风险如同交通事故一样普遍，人们对于风险的安全需求，促进了犯罪控制文化的转变。[②] 他认为面对居高不下的犯罪率，“控制文化”专注公共安全，风险识别和管理构成了对更广泛的“控制文化”的行政适应。精算司法采用具体管理和责任化策略改变了西方国家犯罪控制的具体路径。传统刑事司法中的警察、法院和监狱等国家机构，不再是犯罪控制的单一承担者，社会力量也是对犯罪风险进行非正式控制的重要参与者。国家鼓励地方机构协调各方力量，对犯罪进行非正式的控制。[③] 国家从成本效益的角度出发，通过政府购买的方式，由社会力量或者商业性质公司来承担部分刑事司法的职能，采用远程监控和管理方式，来确保其核心目标的实现。[④] 总的来说，以社会为本位的风险管控关注的是社会整体犯罪控制的效果，是一种典型的管理主义路径。

（二）精算司法理论的核心内容及评价

随着风险社会理论的提出，20 世纪末，风险治理逻辑也促生了犯罪风险评估和风险管理为核心的精算司法理论。该理论的显著特点在于关注刑事司法系统的管理和成本效益，是以社会为本位的刑罚体系，核心是精算话语风险评估。尽管该理论在刑罚实践中还有很大的争议，但精算话语的风险评估以该理论为基础迅速发展，并在各国刑事法中有不同的表现形式。我国学者

---

① 参见戎静：《刑事制裁体系结构之调整研究》，吉林大学 2020 年博士学位论文，第95 页。

② David Garland, *The Culture of Control: Crime and social order in contemporary society*, Oxford University Press (paperback edition), 2002, p. 45.

③ 参见何挺、张丽霞：《未成年人社会支持体系之思考：基于风险控制的理论范式》，载《中国应用法学》2020 年第 2 期。

④ 参见何挺、张丽霞：《未成年人社会支持体系之思考：基于风险控制的理论范式》，载《中国应用法学》2020 年第 2 期。

对该理论相关主题的论述中虽有提及但是均没有详细论述。[①]

精算司法理论由美国学者 Feely 和 Simon 于 1992 年提出，最初被命名为新刑法学，在他们后期的文章中该理论更名为“精算司法理论”[②]。该理论的核心特征是采用一种适用于群体的、使用统计学的精算话语体系，取代之前适用于个体的道德性或者临床描述。[③] 他们认为“精算司法不是一个观点，也不是一个实践的集成体系，而是一套解释结构，我们作为观察者投射在一套复杂的意识形态和实践之上，以帮助识别和解释它们之间正在出现的关系”。[④] 精算司法理论涉及识别、分类和管理，根据罪犯风险评估对犯罪进行分类。它将犯罪视为正常的、不可避免的。对自由干涉主义的犯罪控制策略深表怀疑，它的目的不是为了确定责任而干预个人生活，使罪犯“为他们的罪行付出代价”或改变他们；[⑤] 相反，它采取管理的策略，通过管理风险来规范群体。精算司法不是固定的实体，而是一种知识和权力的进化形式。相比之前的刑罚理论，它的“新”体现在三个方面，即新话语、新技术、新目标。[⑥]

首先，新话语是指风险话语。精算话语体系通过风险评估识别客观认定的风险因素，打破了罪犯个体和群体的间隔，将罪犯个体客观化为风险因素的集合，成为一个可以被管理的风险清单。简单地说，风险话语关注的重点是群体，而不是个体。新的风险话语将以往的个人视角转变为社会视角下的

---

① 参见劳佳琦：《累犯从严量刑适用实证研究》，载《中国法学》2016 年第 1 期；李川：《基于风险管控刑事政策的刑罚机制之展开》，载《法学评论》2020 年第 4 期；翟中东：《危险评估与控制——新刑罚学的主张》，载《法律科学（西北政法大学学报）》2010 年第 4 期；牛旭：《性侵未成年人犯罪及风险治理——一个新刑罚学的视角》，载《青少年犯罪问题》2014 年第 6 期；M. Feeley Malcolm 等：《新刑罚学：矫治策略的出现及其启示》，乔文远译，载《刑事法评论》2016 年第 2 期。

② 在 Feely 和 Simon 后期的文章中将该理论更名为“精算司法理论”。

③ 参见［美］Feely，Simon：《新刑罚学：矫治策略的出现及其启示》，乔文远译，《刑事法评论》2016 年第 2 期。

④ 转引自戎静：《刑事制裁体系结构之调整研究》，吉林大学 2020 年博士学位论文，第 95 页。

⑤ Kimberly Kempf-Leonard & Elicka S. L. Peteson, Expanding Realms of the New Penology The Advent of Actuarial Justice for Juveniles, *Punishment & Soc'y,* 2000, Vol. 2, No. 1, p. 66 – 97.

⑥ Feeley, Malcolm M. & Simon, Jonathan, The new penology: notes on the emerging strategy of corrections and its implications, *Criminology*, 1992, Vol. 30, No. 4, p. 449 – 614.

风险管控。这也对应了第一章风险概念在刑事司法体系中内涵的演变，进一步印证了社会危险性概念的合理性。

其次，新技术是指风险评估技术。精算司法理论为风险评估的应用发展提供了理论支持，同时风险评估技术也是精算司法理论的核心。因为整个系统的风险评估建立在风险的识别、分类之上，通过风险水平的不同对犯罪群体进行分类，所以风险评估技术在其中扮演着重要的角色。但是需要注意的是新技术的“新”只是相比之前的应用而言的，风险评估技术并不是由此产生的，只是在该理论模型中有了新的应用逻辑和作用，之前的应用重在矫正和康复用途，而在新刑罚中应用的是通过风险评估，将个体分类，进而采取不同的风险管控手段。

最后，新目标是指刑罚体系新的管理主义的目标，即关注的重点不再是帮助罪犯复归社会，而是防止他们犯罪。换句话说，精算司法不再关注个体矫正，而是通过管理将犯罪控制在一定范围，降低犯罪整体水平，关注成本效益和管理效益。“虽然新刑罚学在形式上对刑事程序的具体目标是中立的，但它倾向于将所有问题转化为系统流程问题，最终影响刑罚的规范性效果。”① 该理论强调对越轨群体的识别、分类和管理，寻求一种对群体的风险管理策略，来将高风险的个体排除出社会，剥夺其资格（incapacitation），以达到降低风险的目标，比如三振出局、性犯罪的管理等。在该理论模型中重在通过技术管理罪犯，从关注罪犯的最大利益转而关注社会的最大利益，不再强调个体的制裁效果，而是强调管理过程中系统的理性和问责。②

该理论从诞生以来，批评的声音不断。其中哈科特是批判该理论的代表，哈科特认为，惩罚高风险罪犯可能会削弱对低级别罪犯的威慑效果，而且可能导致犯罪进一步增加。他认为，选择性丧失行为能力产生了越来越多被排斥、被负面污名化的人群，他们不太可能获得有意义的机会，更有可能

---

① Simon, Jonathan et al., True crime: the new penology and public discourse on crime, (1995) in T. G. Blomberg & S. Cohen, *Punishment and social controk essays in honor of Sheldon L. Messinger,* New York: Aldinede Gruyter, p. 147.

② Quoted in David John Huff, *Managing risks in juvenile justice*, (Doctoral dissertation. Ames: Iowa State University, 1998), p. 6.

再次受害。① 总的来说，批判观点主要包括三个方面。第一，该理论可能会对传统的责任主义有冲击，颠覆了传统的刑事司法以过去行为为核心的刑罚体系。因为该理论将风险评估作为刑事司法决策的依据，是基于对未来的预测，而这种预测可能导致刑罚的不公。第二，精算司法理论采取的是一种排他和分离的风险管控策略，比如剥夺高风险罪犯的资格（incapacitation），会导致差别化的待遇，强化犯罪控制。排他和监管手段的应用可能会导致进入福柯所描述的全景敞视型的社会，使得每个人都生活在监视之下。② 第三，对精算风险评估的批判，风险评估的准确性依然受到质疑。尽管现在大部分工具的预测效度都在 50% 以上，但是仍然有假阳性和假阴性的风险。精算方法本质上是指一个有特定风险评分的人和一群有该风险评分的人是相似的，并且在给定的时间段内，该群体中有一定比例的人可能再犯。③

虽然该理论也遭到大量学者的批评，但不可否认的是，精算管理思路已经开始深入西方刑事司法实践，比如除了美国和英国之外，还包括加拿大、澳大利亚、新西兰、法国、德国和意大利等。有加拿大学者通过澳大利亚和美国对毒品犯罪的策略，对比了精算司法在两个新自由主义国家不同的应用策略，一种是对高风险犯罪的绝对排除策略，另一种是对高风险罪犯的包容合并策略。④ 这说明精算司法理论在各国刑事司法实践中有着不同的表现形式。但是不管是排除还是合并，以风险评估为核心的精算策略对各国刑罚实践产生了具体而深远的影响，主要体现在量刑前报告的内容上。风险评估开始进入量刑前报告并逐渐成为核心组成部分，其与传统的福利目标相结合并呈现出一种新的形态。

---

① Quoted in Sonya Marie Goshe, *Lost Causes and Social Injustice: Going Beyond the Dominant Paradigms of Juvenile Justice Policy*, Doctoral dissertation. Irvine: University of California, 2015, p. 158.

② David Garland, Criminology, Social Theory and the Challenge of Our Times, *The British Journal of Criminology*, 2000, Vol. 40, No. 2, p. 189 – 204.

③ Quoted in Sonya Marie Goshe, *Lost Causes and Social Injustice: Going Beyond the Dominant Paradigms of Juvenile Justice Policy*, (Doctoral dissertation. Irvine: University of California, 2015) , p. 148.

④ Pat O'Malley, Globalizing risk? Distinguishing styles of "neo-liberal" criminal justice in Australia and the USA, *Criminal Justice*, 2002, Vol. 2, No. 2, p. 205 – 222.

（三）精算司法理论在未成年人刑事司法中的渗透

精算司法理论在未成年人刑事司法领域的影响也开始显现，有美国学者认为精算司法理论已经开始向少年司法领域扩展，精算管理主义所追求的有效处置已经开始取代国家亲权的福利和司法导向的惩罚。他们认为虽然精算司法的目标与传统的复归和惩罚并不相同，但是少年司法程序的内在连续性使得其容易受到精算司法目标和技术的影响。“换句话说，如果一项政策或程序更多地借鉴精算逻辑，最终更有可能按照精算公正的目标，仅从其成本效益和管理效率方面进行评估。虽然这个示意性的连续体没有固定的间隔和准确的位置，但它扩展了新刑罚学的领域。”① 在未成年人司法实践中的一些举措实际上体现了精算司法的目标，比如（审前羁押）预防性拘留、私营机构的发展、基于社区的专业化服务化、基于风险的分类以及青少年的处置分配等。

二、强调预防的风险因素预防范式

除了精算司法理论，有关未成年人犯罪研究本身的发展也为风险评估的兴起提供了理论的支持，这主要体现在有关青少年犯罪研究范式的转变上。以往的青少年犯罪研究往往将青少年时期视为特殊的时期，认为青少年时期的特殊性是导致他们犯罪的根源。但是在 20 世纪末期 Gluck 夫妇的开创性研究开启了发展性的风险因素研究，经由 David Farringdon 的发展被称为风险因素预防范式。该风险范式是一个以风险为中心的研究范式，是对风险因素为基础的一系列研究的实践和政策总结，对西方国家未成年人刑事司法产生了深远的影响，也为风险评估的应用和研发奠定了理论基础。

（一）风险因素预防范式的核心内容

严格来说，风险因素预防范式并不是一个理论，而是对犯罪学领域以风险为核心的一系列基础理论的简化解释。这些基础理论采用流行病学研究的方法，致力于研究与犯罪相关的风险因素，并描述犯罪与相关变量之间的相

① Kimberly Kempf-Leonard & Elicka S. L. Peteson, Expanding Realms of the New Penology The Advent of Actuarial Justice for Juveniles, *Punishment & Soc'y*, 2000, Vol. 2, No. 2, p. 67.

关性，也被称为风险因素研究。与以往依赖单一理论的青少年犯罪研究相比，以风险为中心的研究更具有综合性，采用多元的视角来解释青少年犯罪。学者 Compas 等认为风险因素研究具有三个特征：首先，形成了一种综合生态模型。① 该理论范式吸纳了大量的传统犯罪学理论，比如控制理论、社会学习理论、标签理论等，以风险因素为基础吸收了传统犯罪理论的许多不同成分，不仅包括生物心理社会因素，还整合了实证主义和古典主义的社会结构因素、理性选择和情境因素等。其次，采用发展的生命历程视角，强调未成年人的发展性。相比目前广泛关注的青少年时期犯罪学研究范式，风险因素理论采用发展和生命过程的视角，不仅考察青少年时期发生了什么，而且考察在青少年时期之前和之后都发生了什么。他们将风险因素作为预测犯罪的因素，而不是引起犯罪的原因。这种对风险的测量和因素分解的过程，将风险因素作为自变量通过统计分析来确定它跟因变量——犯罪之间的关系。在风险因素研究中，这些风险因素在儿童生命的早期就可以被识别出来，这些因素在统计上表明可以预测青少年未来的犯罪，具有发展性和决定性。最后，该理论范式的重点是识别风险和保护因素。② 但是以风险为中心的流行病学基本研究本身与风险因素预防范式并不是等同的，风险因素预防范式是从政策和实践应用的角度，对基础理论成果进行总结和阐释。David Farringdon 在 1999 年世界犯罪学大会上，对这一范式的核心思想做出了经典的注解：风险因素预防范式就是识别引起未成年人出现罪错行为的风险因素，并采取相应的措施阻断它的影响，与此同时，识别出关键的保护性因素并通过干预加强它。③ 该理论范式将犯罪原因的基础理论研究和犯罪预防的应用研究相结合，通过一个通俗易懂的理论模型，在学者、政策制定者和实践者之间搭建了沟通的桥梁。

---

① See Bruce E. Compas et al., Adolescent Development: Pathways and Processes of Risk and Resilience, *Annual Review of Psychology*, 1995, Vol. 46, p. 267 – 273.

② See Bruce E. Compas et al., Adolescent Development: Pathways and Processes of Risk and Resilience, *Annual Review of Psychology*, 1995, Vol. 46, p. 267 – 273.

③ David Farringdon, Explaining and preventing crime: The globalization of knowledge-The American Society of Criminology 1999 Presidential Address, *Criminology*, 2000, Vol. 38, No. 1, p. 1 – 24.

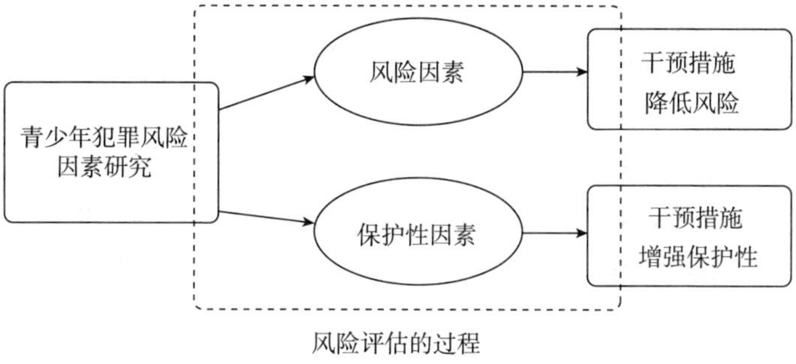

图 2－1　风险因素预防范式图解

在该范式中风险评估仍然起着核心的作用，将理论的研究和具体的实践进行了沟通。该范式与上一节的精算司法逻辑在使用风险评估进行犯罪预防干预的基本思路上有一致性，但是源于不同的研究和实践，具体的策略则有所不同，精算司法主要针对整个刑事司法，强调系统的管理，而后者则主要针对未成年人犯罪的预防。两者都对未成年人刑事司法实践产生了影响，并促进了涉罪未成年人风险评估工具的应用。

（二）预防策略对未成年人刑事司法的价值

风险因素预防范式基于科学的方法和证据，注重实效，试图确定犯罪的关键风险因素，以预防犯罪为西方国家政策制定者提供了一条简明且通俗易懂的犯罪预防策略。该策略对西方国家少年司法产生了深远的影响，为识别风险因素、减轻风险或预防犯罪的“犯因性需求”、风险评估和循证少年司法实践等铺平了道路，成为少年司法的主导话语。美国学者斯洛博金认为，风险因素预防范式的明显合理性应该使其成为少年法庭的新哲学依据。在这种少年司法哲学中，风险评估指导决策，减少累犯指导干预。[①] 这一思路在英国新工党执行时期的少年司法政策和实践中得到完整的诠释。具体的实践影响将在下一章中展开论述。

与精算司法理论一样，该范式的实践核心仍然依赖于风险评估，而且该理论范式本身也为风险评估的发展提供了理论的指导，有关这一内容的论述

---

① Paul O'Mahony, The Risk Factors Prevention Paradigm and the Causes of Youth Crime: A Deceptively Useful Analysis? *Youth Justice*, 2006, Vol. 9, No. 2, p. 99－114.

在下文的未成年人风险评估工具研发的理论指导部分会进一步展开。但是该范式并不是完美的，虽然在实践中主导的是西方少年司法实践，但是批判的声音也一直不断。争议主要是围绕风险范式对风险因素的简化和风险因素与犯罪之间的相关关系展开，质疑风险评估的可能性和准确性。批判的观点主要围绕风险因素的基础研究展开，比如英国学者 Armstrong 提出该理论范式对风险相关性和原因解释的误用，风险的相关性并不等于原因，即“风险因素和犯罪之间的相关性很少告诉我们年轻人为什么会这样做”。[①] 还有学者认为风险范式忽略了更广泛的社会和经济不平等的大背景。[②]

三、刑事司法体系的现实价值需求

事实上，风险评估的研究在西方国家发展历经了近 100 年，但是风险评估在刑事司法实践中的应用却是缓慢而艰难的，这与风险评估本身以及上述理论的弊端密切相关。比如美国在 2012 年以后才开始广泛使用风险需求评估工具，风险评估以刑事司法中的自由裁量权为基础，从最初的缓刑、假释并逐渐扩展到刑事司法领域全过程。[③] 风险评估在刑事司法体系的回归，包括在更为具体的未成年人刑事司法中的广泛应用，除了前文精算司法和风险范式理论的支持，也体现着刑事司法体系的一些现实的价值追求。

（一）降低司法成本的非监禁化现实需求

风险评估的兴起与晚近刑事司法对成本效益的追求密切相关。风险评估的应用促进了非监禁措施的发展，重新分配了日益稀缺的司法资源，降低了司法成本。具体而言，通过风险评估，根据风险等级，对涉罪人员进行分类，将刑事司法资源分配给那些需要更密切监控和处遇的人。这里的司法成本主要体现在诉讼成本和刑罚成本两个方面。

一方面，风险评估有利于降低刑罚的成本。近年来大规模的监禁以及紧

---

① Derrick Armstrong, A Risky Business? Research, Policy, Governmentality and Youth Offending, *Youth Justice*, 2004, Vol. 4 No. 2, p. 105 – 107.

② John Muncie, Governing Young People: Coherence and Contradiction in Contemporary, *Critical Social Policy*, 2006, Vol. 26, No. 4, p. 770 – 793.

③ Faye S. Taxman, *Handbook on risk and need assessment: Theoty and Practice*, London and New York: Routledge, 2017, p. 43.

缩的财政使得西方国家都在寻找一种更具有成本效益的监禁刑替代办法。美国学者就曾直言，风险评估并不是新的技术，但是近年来的强势回归跟“钱”有很大的关系。西方国家刑事司法目前面临的大背景是犯罪率不断下降，但是监禁率不断提高。根据统计，美国的犯罪率从 1991 年峰值的 5897.8 人每十万人，持续下降到 2012 年的 3255.78 人每十万人，降低了约 45%。[①] 根据美国司法部和麦克阿瑟基金会支持的一项关于美国监狱的大型研究指出，从 1973 年到 2009 年州和联邦监狱人口稳步上升，从 20 万上升到 150 万。2012 年美国的成年罪犯有 220 万，是世界上最多的，将近 25% 的世界囚犯被关押在美国监狱，尽管美国人口仅占世界人口的 5% 左右。美国的监禁率是西欧和其他民主国家的 5 倍到 10 倍，每 100 个成年人中就有 1 人在监狱中。[②] 英国也有学者指出“英格兰和威尔士地区青少年司法改革[③]的大背景是儿童监禁率大大超过世界上大多数其他工业化民主国家”。高于世界平均水平的羁押率和巨大的财政负担使得政治家和学者们都在寻找羁押的替代办法。而风险评估的发展以及以风险为核心的犯罪预防逻辑为这一困境提供了一个实际可行的解决方案。美国学者认为，减少大规模监禁而又不危及历史上低犯罪率的一个方法是引入风险评估，风险评估如果做得恰当，可能会改善社会对待犯罪和罪犯的方式。其中学者 Reitz 和 Hester 进一步主张通过风险评估对低风险的罪犯缩短刑期或完全避免监禁。[④]

另一方面，风险评估还有利于降低诉讼的成本。近年来，美国各州也都开启了保释制度的改革，引入风险评估，促进审前非羁押措施的发展。审前非羁押和监禁的替代措施都是降低诉讼成本的有效路径。通过风险评估可以将低风险的罪犯尽量转移出刑事诉讼程序，或者避免监禁，采用更有利于其回归社会的非羁押或者非监禁措施。英国学者 Pratt 也认为成本效益是 20 世

---

① 参见葛磊：《当代美国犯罪控制策略体系及其借鉴——两极化刑事政策解构》，载《中外法学》2020 年第 1 期。

② Travis, J. et al., *The growth of incarceration in the United States: Exploring causes and consequences*. National Academies Press, 2014, p. 334 – 336.

③ Anthony Bottoms & James Dignan, Youth Justice in Great Britain, Crime and Justice: A Review of Research, *Crime & Just*. 2004, Vol. 31, No. 1, p. 33.

④ Kevin R. Reitz, The compelling case for low-violence-risk preclusion in American prison policy, *Behav Sci Law*, 2020, Vol. 38, No. 3, p. 207 – 217.

纪80年代开启的青少年非监禁化的关键驱动力。[①] Faulkner认为2008年全球金融危机引发的“公共债务危机”迫使各国政府也开始对原有的福利少年司法政策重新评估，这为以风险评估为基础的管理主义提供了发展的契机。[②]通过风险评估尽量将低风险的未成年人转移出刑事司法程序成为西方国家未成年人司法改革的举措之一。美国安娜基金会的审前羁押替代项目，是通过风险评估应用促进非羁押的典型范例。

（二）提高裁判精准性的司法公正性需求

从理论上来说，标准化的风险评估工具提供了一种运用科学的方法来规范决策，尽量避免或最小化偏见，以更好地实现公平和正义。风险评估可以有效规范司法的自由裁量权，一方面其可以帮助司法者做出理性决策，增加裁判的一致性和规范性；另一方面则可以推进裁判结果的问责性，实现有责任的裁判。

正如德沃金所言，一个正确的判决至少要满足两个维度的要求：符合要求，即它与过去的决定是相一致的；正当化要求，即它是通盘考量后的最佳答案。[③] 而风险评估的使用可以使裁判达到这两方面的要求。风险评估可以增加司法者裁判的规范性和一致性，帮助司法者做出理性的决策并增加问责的可能。美国学者认为风险评估工具的研发和实施可以改善刑事司法系统的决策，并在一定程度上提高公共安全。[④]

首先，风险评估可以量化司法者自由裁量权，将司法者的隐性知识体系显性化，提高裁判的准确性。基于非正式的风险评估和分类系统所作的司法裁判可能出现错误、不一致或不公平的结果。与非结构化、半结构化的访谈相比，标准化精算风险评估工具是基于风险因素的量化预测，可以对司法者

---

① J. Pratt, A Revisionist History of Intermediate Treatment, *British Journal of Social Work*, 1987, Vol. 17, No. 4, p. 417 – 435.

② A. Sanders, What was New Labour thinking? New Labour's Approach to Criminal Justice, in A. Silvestri (ed) Lessons for the Coalition: An End of Term Report on New Labour and Criminal Justice, London: Centre for Crime and Justice Studies, 2011, p. 15.

③ 参见［美］罗纳德·德沃金：《法律帝国》，许杨勇译，上海三联书店2016年版，第182—183页。

④ Gottfredson et al., Clinical Versus Actuarial Judgments in Criminal Justice Decisions: Should One Replace the Other? *Federal Probation*, 2006, Vol. 70, No. 3, p. 2.

的自由裁量权进行限制和规范，提高裁判的准确性，降低出错的概率。美国学者 Oleson 和他的同事对联邦缓刑官的风险评估能力进行研究，比较了临床和采用风险评估工具两种方法，首先让缓刑官用自己的专业知识进行判断，然后再利用风险评估工具重新判断，结果发现缓刑官利用风险评估工具对风险所做的判断比他们的临床专业判断更加准确和一致。[①] 而且随着风险评估工具的发展，这种准确性会逐步提高。

其次，风险评估更加符合刑事诉讼所追求的裁判确定性和一致性。因为风险评估的工具化可以使得集体经验得以固化和标准化，这样在不同的诉讼阶段、不同的司法主体针对同一问题的决策就会具有相当的一致性，从而保持整体司法决策的一致性。此外，由于司法者作出裁判所行使的自由裁量权具有不可预见性，导致决策缺乏理性的标准，降低了问责的可能性。[②] 在精算司法理论的影响下，刑事司法体系更加关注对犯罪群体管理的理性和问责。风险评估使刑事司法中一直处于“黑箱”状态的司法者针对“危险性”的自由裁量的内容得以凸显和量化，并帮助司法者实现理性决策，使得原本扩大化的自由裁量内容相对明确，增加了对司法者问责的可能性。

最后，风险评估还可以提高司法裁判的效率。美国全国经济研究所一份最新研究报告显示，人工智能软件比法官更准确地预测犯罪嫌疑人释放后的行为，他们预计算法风险评估可将被告人等候审判的时间缩短 25% 左右。[③] 美国学者 Gottfredson 和 Tonry 于 1987 年在其专著《刑事司法决策中的预测和分类》一书中，提出“基于科学的预测和分类，在研究和实际应用中都将随着机构的发展变得更加理性、高效和公正”。[④] 此外，在我国人少案多的情况下，这种做法可以减轻办案人员的办案压力，减少工作中不必要因素的影

---

① Oleson, J. C. et al., Training to See Risk: Measuring the Accuracy of Clinical and Actuarial Risk Assessments among Federal Probation Officers, *Federal Probation*, 2011, Vol. 75, No. 2, p. 52 – 56.

② Quoted in David John Huff, *Managing risks in juvenile justice*, (Doctoral dissertation. Ames: Iowa State University, 1998), p. 15.

③ 参见张丽霞：《算法风险评估在审前羁押程序中的应用》，载《四川警察学院学报》2019 年第 6 期。

④ Gottfredson et al., Clinical Versus Actuarial Judgments in Criminal Justice Decisions: Should One Replace the Other? *Federal Probation*, 2006, Vol. 70, No, 2, p. 2.

响，在实现司法目的的同时，提高办案效率。① 比如对涉罪人背景的调查可以通过第三方机构专业的风险评估来完成，节省司法人员时间，专注于司法裁判的角色，提高办案效率。

（三）提高刑罚实效的犯罪风险管控需求

犯罪的控制不是以监禁刑为中心的严厉面刑事制裁体系与社区矫正制度为中心的轻缓面刑事制裁的绝对对立，而是以刑罚的实效为依据的两者的相互融合。② 风险评估的介入为两者的协调提供了现实的出路。此外，随着循证实践的发展，风险评估与风险管理深入结合，也提高了犯罪控制所追求的结果有效性和科学性。

以风险为核心的犯罪控制策略被我国学者称为两极化的犯罪控制策略，这套策略的内在逻辑是对有限的刑罚资源进行开源节流，国家利用社会公众的“集体被害人”的心态，联合社会力量共同治理犯罪，一方面，通过社区矫正所承载的社会化规训策略，将矫治资源有选择地倾注在有挽救价值的部分涉罪人身上，同时以情境预防为主线的社会控制策略维护社会的安全；另一方面，通过长期监禁刑所承载的隔离策略将不具备矫正价值的人以最小代价排除出社会，从而形成了两极化刑事政策中互相补充和替代的严厉层面和宽松层面。③ 当代美国的犯罪控制策略，是国家联合社会力量，对涉罪人员进行有选择的矫正，对于不可挽救的往往采取排除的策略，而是将有限的资源投入经过干预可以有效复归社会的人员。这在本质上也是精算司法理论在刑罚领域的实践应用。

此外，随着对犯罪风险因素的深入研究，“犯因性需求”概念的提出，使风险与需求概念相联系，风险成为一个可以被处遇、改变的动态概念。这种动态变化的风险内涵，使得风险与相应的干预措施之间建立了关联。以风险最小化为目标的风险管理也被纳入风险的内涵之中。风险开始与福利、复归社会理念相结合，从而产生新的风险管理形式，比如具有针对性的处遇。

---

① 参见张丽霞：《算法风险评估在审前羁押程序中的应用》，载《四川警察学院学报》2019 年第 6 期。

② 参见葛磊：《当代美国犯罪控制策略体系及其借鉴——两极化刑事政策解构》，载《中外法学》2020 年第 1 期。

③ 参见葛磊：《当代美国犯罪控制策略体系及其借鉴——两极化刑事政策解构》，载《中外法学》2020 年第 1 期。

风险具有了改善的可能性，在一定程度上是对精算风险的一种补充，但是总的目标还是降低风险和最小化风险。[①] 风险管理成为犯罪控制和刑事司法系统改革的趋势，并对提高刑罚的实效具有重要意义。[②]

第二节 涉罪未成年人风险评估工具研发的理论基础

尽管目前已经有大量的涉罪未成年人风险评估工具被应用于未成年人刑事司法领域，也有大量的实证研究评估了这些工具在预测再犯方面的有效性，但是统计技术在风险评估中的应用给风险评估打上了深深的技术烙印，使得我们容易忽视其背后的基础理论。源于成人矫正领域的风险需求响应模式是世界范围内被广泛验证的风险评估的理论模型。但是该理论模型依托一般人格和社会心理认知理论局限于犯罪行为心理学的视角，容易忽略未成年人刑事司法的特殊性。实际上，前面提到的风险因素理论的不断发展为风险评估基础因素的筛选提供了坚实的理论支撑。未成年人刑事司法本身的正当程序、儿童友好等司法理论也为未成年人风险评估工具研发提供了理论的指导，以帮助风险评估工具更加贴近未成年人刑事司法的特殊需求。

一、源自成人矫正的风险需求响应模型

风险—需求—响应模型是罪犯风险评估和矫正的重要理论模型，由加拿大犯罪行为心理学[③]专家 Andrews 和 Bonta 在 1990 年发表的《有效复归的分类：重新解读心理学》一文中首次提出。[④] 该模型是域外风险评估工具的核

---

① Paula Maurutto & Kelly Hannah - Moffat, Assembling Risk and the Restructuring of Penal Control, *The British Journal of Criminology*, 2006, Vol. 46, No. 3, p. 438 - 454.

② John Pratt, Risk Control, Rights and Legitimacy in the Limited Liability State, *The British Journal of Criminology*, 2017, Vol. 57, No. 6, p. 1322 - 1339.

③ Andrews 和 Bonta 在其专著《犯罪行为心理学》中对犯罪行为心理学做了明确的界定，他们认为犯罪行为心理学通过系统实证研究方法和理性解释体系的建构两种路径来理解个体犯罪行为。

④ D. A. Andrews et al. , Classification for Effective Rehabilitation: Rediscovering Psychology, *Crim. Just. & Behavior*, 1990, Vol. 19, No. 1, p. 19 - 52.

心理论模型。虽然近二十年来风险评估工具有了进一步的发展，但是在刑事司法体系中的风险评估工具几乎都是以该理论为基础。[①] 实际上该理论最初是针对成年人罪犯的评估和矫正而提出的，之后随着风险评估工具的发展开始扩展到未成年人犯罪领域，其中应用风险—需求—响应模式的典范是 Andrews 和 Bonta 参照成年人服务水平等级和个人管理评估工具研发的青少年服务水平等级和个案管理工具（简称 LSI/CMI），这一工具被多个国家采纳并应用于未成年人刑事司法实践之中。

（一）风险—需求—响应模型的核心阐释

风险—需求—响应模型最初并不是专门为未成年人风险评估提出的理论模式，它源于成年涉罪人的矫正领域，被誉为杰出的循证矫正模式，已经在加拿大、英国、欧洲、澳大利亚和新西兰的罪犯行为管理方式上掀起了一场革命。为了探索如何对罪犯进行有效的分类和矫正干预，Andrews 和 Bonta 提出了三个一般性的原则，即风险、需求、响应原则，随着研究和实践的进一步发展，也有其他原则，比如专业裁量原则等被补充进来，但是风险、需求、响应名称一直得以保留，因为它们是核心的原则。总的来说，首先，风险—需求—响应模型是关于人类服务的基本理论框架，从本质上更加强调风险管理的目标。在刑事司法领域，减少犯罪是其临床干预和服务的核心目标，他们认为司法的干预，如威慑、修复、正当程序对风险因素很难起作用，只有通过人力、临床和社会服务才能从根本上解决犯罪的问题。其次，风险—需求—响应模式采用心理学的理论视角，特别强调一般人格和社会认知学习的理论视角。最后，该理论强调全面的犯罪预防服务，致力于减少犯罪给社会造成的危害，故不应局限在司法领域，而是强调多领域多机构的合作。

风险、需求、响应原则是该模型的核心原则。首先，风险原则的本质是根据涉罪未成年人的风险评估将服务水平与风险水平相匹配，在评估和干预之间搭建桥梁，回答的核心问题是干预应该针对谁。风险原则强调干预应该

---

① Jay P. Singh et al., *Handbook of Recidicism Risk/Needs Assessment Tools*, WLEY Blackwell, 2018, p. 204. 在该书中，作者收录 12 种风险评估工具中，只有两种不是以风险需求响应为理论框架，一个是 COMPSS，最初以及社会学习理论，后来吸纳了社会控制、紧张理论、社会组织理论等；一个是完全经由实证而来的 Offender Group Reconviction Scale。

针对高风险的犯罪。因为 Andrews 和 Dowden 通过元分析发现，对高风险罪犯予以干预可以有效降低再犯，但是同样的干预给予低风险的罪犯反而有可能会增加其再犯的可能性。[①] 易言之，高风险的罪犯需要密集和广泛的服务，但对低风险的罪犯，应最小化干预甚至不干预。其次，需求原则强调评估要以未成年人的犯因性需求为目标，回答的基本问题是干预应该针对什么风险因素。根据对罪犯不同犯罪风险因素的识别，干预应该主要针对罪犯的犯因性需求。一般来说风险水平较高的罪犯有多种需求，比如他们需要一个住的地方，需要停止吸毒，他们自卑、敏感等，这些都是罪犯的需求，但是需求原则强调区分犯因性需求和非犯因性需求，其中犯因性需求是干预的目标。需求原则的逻辑起点是，既然提供干预服务的目的是减少再犯，那么就必须去改变犯因性需求。其他的非犯因性需求也可以是服务的内容，但不是司法矫正工作的重点。最后，响应原则在于确定该采取何种方式进行干预，强调干预需要符合涉罪未成年人的认知和学习风格。因为犯罪者是人，而针对人的最有力的影响策略就是认知行为和认知社会学习策略。不管是犯罪行为还是不良行为，认知行为疗法都被证明是有效的干预方式。有关“何者有用（what works）”的元分析也发现，认知干预项目对于减少再犯具有更大的有效性，比如功能性家庭治疗（Functional Family Therapy）、多系统治疗（Multisystemic Therapy）、多维治疗寄养（Multidimensional Treatment Foster Care）和护士—家庭伙伴关系（Nurse-Family Partnership）等。

此外，在风险需求响应原则之外还包括第四个原则即专业自由裁量原则。该原则在 Andrws 最初的理论模型中就明确提出。2012 年美国学者 Vincent 和同事在编制美国《少年司法风险评估指南》时也明确重申了专业自由裁量原则。[②] 对于精算决策的研究表明，将专业判断与精算分析结合，可以做出更好的、更准确的决策。因为精算工具是针对群体的预测，精算评估结果只是表明在整个群体中再犯的可能性是多少，并不是预测单个个人是否会再犯。专业判断可以确定与被评估罪犯非常相关的个体因素，比如识别出罪犯生活中的特殊事件或者风险评估模型中不包括的特征，比如突发的严重疾

---

① James Bonta and D. A. Andrews. *The psychology of criminal conduct*, London New York: Routledge, Taylor & Francis Group, 2017, p. 44 – 45.

② Gina M. Vincent et al., *Risk Assessment in Juvenile Justice: A Guidebook for Implementation*, 2012 – 11 – 06, http://www.modelsforchange.net/publications/346 [2020 – 11 – 24]. p. 20.

病等。专业裁量原则可以使评估者能够针对单个罪犯进行综合分析。

（二）风险—需求—响应模型的理论基础

一般人格和社会认知学习理论（General Personality and Cognitive Social Learning，简称 GPCSL）是风险需求响应模式的理论基础，GPCSL 在对犯罪行为进行预测性解释的道路上已经取得了相当大的进展，由该理论确定的八类核心风险需求因素是许多风险评估工具的核心，它的功能价值也在具体实践中得到检验。GPCSL 认为犯罪行为实际上是涉罪人的人格倾向和社会学习双重作用的结果。人格、认知和社会学习是三个核心的概念。[①] 从心理学的一般人格和认知理论出发，该理论将犯罪的风险因素分为 8 类，包括犯罪历史、亲犯罪态度、亲犯罪同伴、反社会人格、家庭/婚姻、学校/工作、药物滥用、休闲/娱乐，其中除了犯罪历史，其余 7 个都是动态的犯因性需求因素。从这 7 个核心的犯因性需求因素出发，该理论假设犯罪行为都是习得的，强调社会学习在犯罪行为习得过程中的作用，致力于通过改变这 7 类核心因素的社会学习过程，以达到降低再犯的结果。社会认知学习理论认为，在学习的过程中奖励（reward）和成本（cost）是关键的概念。奖励是增加行为发生可能性的任何刺激，成本则是减少行为发生的可能性。[②] 行为与奖励、成本的关系可以用经典心理学中的操作性条件反射来解释。得到奖励可以鼓励或者加强行为的发生，遭到惩罚则会抑制行为的发生。如果通过犯罪行为得到的奖励超过亲社会行为的奖励和代价，犯罪就有可能发生。奖励和代价主要来源于周围的支持力量和行为人自身，支持力量包括父母、亲朋、老师等，行为人自身的奖励包括骄傲和羞耻感等。总体而言，该理论为风险—需求—响应模型确定了一个以人格和认知为基础的干预理论框架，涉及的 8 类因素具有一定的现实意义，可以指导展开更加有效的矫正和干预，但是此模型所涉及的风险因素仍具有一定的局限性，比如并没有纳入更广泛的

---

① 人格主要指涉罪人的人格倾向，比如反社会人格，Andrews 和 Bonta 认为从犯罪行为角度出发，反社会人格的范围更加广泛，包括一般违法行为。认知方面包括刻意、有意识自我调节和无意识自我调节，认为犯罪态度、价值观和信仰是导致犯罪行为的重要原因。参见詹姆斯·邦塔 、D. A. 安德鲁斯：《风险需求响应模式下的犯罪评估与矫正》，载《山东警察学院学报》2018 年第 6 期。

② James Bonta & D. A. Andrews, *The psychology of criminal conduct*, London New York: Routledge, Taylor & Francis Group, 2017, p. 48 – 49.

社会背景等影响因素。该理论本质上还是强调心理学视角下，心理—社会—生理因素对风险评估的基础作用，这一视角容易对未成年人犯罪的原因予以过度简化，忽略更广泛的背景和体系性的互动因素。

（三）风险—需求—响应模型的局限

风险—需求—响应模型为罪犯的风险评估提供了一个完整的理论框架，并对风险因素进行了理论的分类，其中犯因性需求概念的提出不仅将风险变成了一个流动的概念，还推动了风险评估工具的进一步发展，而且需求评估也更加符合未成年人司法中蕴含的保护属性。总的来说，笔者认为该模型是一种结果导向的理论建构，出发点是如何预防和矫正犯罪，从实际应用的角度具有较高价值，但是该理论也有一定的局限，并不能为整个未成年人司法提供足够的理论支持。

该理论不具有包容性，忽视了基础风险因素理论的支持作用，导致其更多的是集中于犯罪矫正领域而不能为未成年人刑事司法风险评估提供完整的理论支持。而且即使在犯罪矫正和干预领域，风险—需求—响应模型也并不是完美的。近年来，学者们对该模型提出了挑战，建议用美好生活原则（Good Lives Model）来取代该模型。2003 年新西兰临床心理学家 Ward 和 Stewart 批判了风险—需求—响应模式中的核心概念犯因性需求，认为犯因性需求忽视了人类更基础的需求，他们认为，获得“友谊、愉快的工作、爱的关系、创造性的追求、性满足、积极的自我重视和一个具有智力挑战的环境”等基本人类需求，应是罪犯改过自新的首要目标，实现这些目标，减少犯罪需求的结果就会随之而来。[①] 美好生活模型是一种替代性和增权型的自然生态模型。美好生活模型假设，增强个人成就感会自然地导致犯罪需求的减少。该模型在本质上与风险—需求—响应模型相反。增权的思想是社会福利的核心理念，美好生活模型的提出，也反映了在犯罪矫正领域司法和福利之间的张力。

---

① Ward, T., & Stewart, C., Criminogenic needs and human needs: A theoretical model, *Psychology, Crime & Law*, 2003, Vol. 9, No. 2, p. 125 - 143.

二、发展性风险因素理论的有益补充

虽然以一般个人和社会认知学习理论为基础的风险—需求—响应模型为未成年人风险评估提供了一个切实可行的理论指导框架，并在实践中被广泛应用，但是有新西兰学者认为犯罪行为心理学领域的风险评估，过度关注预测的风险因素而不是解释犯罪的原因，忽视了基础的理论问题。他认为本质上未成年人风险评估是对未成年人犯罪原因的追问，选择某一理论对未成年人的犯罪原因进行解释和建构有其正当性，但是理解未成年人犯罪的原因需要多元视角，没有哪一个理论可以提供未成年人犯罪的最佳理论解释，因此该学者提倡关注发展性的风险因素理论。[①] 笔者也比较赞同将风险因素理论作为未成年人风险评估的理论基础，而且根据 Andrews 和 Bonta 后期发表的相关著作可以看出，他们也比较认同未成年人风险评估未来的发展需要充分吸收犯罪学最新的理论成果，尤其是发展性的风险因素理论。[②] 发展性风险因素理论的一个主要目标，就是预测和解释未来犯罪的犯罪行为。发展性风险因素理论为人们利用多种数据来源探讨犯罪行为提供了理论支持。英国少年司法委员会以风险因素预防理论为指导研发了评估工具 Asset，并在实践的发展过程中进行更新改进升级到 AssetPlus。统一的规范化风险评估工具的应用对英国少年司法体系产生了深远的影响，并取得了良好的效果。

（一）发展性风险因素理论的演化

发展性风险因素理论严格上说不是单个理论，而是以风险因素研究为主导的一系列理论研究，这些研究都以发展决定论为主导，即认为未成年人早期的风险因素会影响未来的犯罪行为，因此应采取一种发展性的生命历程视角来研究未成年人的犯罪行为。我国学界往往将其翻译为发展犯罪学或者发

---

① Russil Durrant, Putting risk factors in their place: an evolutionary developmental approach to understanding risk, *Psychology, Crime & Law*, 2016, Vol. 22, No. 2, p. 125 – 143.

② D. A. Andrews et al., The Recent Past and Near Future of Risk and/or Need Assessment, *Crime & Delinquency*, 2006, Vol. 52, No. 1, p. 7 – 27.

展或生命过程理论。[①]

发展性风险因素理论也被西方学者称为人为设定的风险因素理论。如本章第一节中提到的，这些风险因素是我们通过一定的科学方式人为设定的，这些因素可以被称为人工制品，而且该理论的发展与风险社会大背景也密切相关。但是发展性风险因素研究起源于更早的20世纪30年代美国哈佛大学Gluck夫妇的开创性工作。他们吸收了心理学、社会学、社会工作、教育学等专业的经验，将多因素、多因果的发展方法引入未成年人犯罪研究中，开创了纵向研究和犯罪预测的先路。之后在David Farringdon、Per-Olof Wikstrom、Robert Sampson和John Laub等犯罪学家的研究推动下，风险因素理论进一步发展至今。我国学者在不同的主题中也介绍了部分风险因素理论，例如情景理论、生态理论[②]，有学者在梳理未成年人风险评估的相关理论时，[③] 提到了发展性风险因素理论中的重要代表，比如生命历程理论，但遗憾的是没有对风险因素理论做整体统一的解释，也没有厘清不同理论之间的关系，没能从整体上为风险评估提供一个连贯性、体系性的理论框架。本书采用英国犯罪学家Stephen Case和Hein对发展性风险因素理论的分类标准，将发展性风险因素研究分为五个分支：生物心理社会发展理论、整合的发展理论、相互作用的发展理论、生命历程理论和建构主义理论（见表2－1）。

---

① 参见吴宗宪：《西方犯罪学》，法律出版社2006年版，第189页；［美］亚历克斯·皮盖惹等：《犯罪学理论手册》，吴宗宪等译，法律出版社2018年版，第342页。

② 参见杨学锋：《情境行动理论的成长》，载《公安学研究》2019年第2期；曾赟：《逐级年龄生平境遇犯罪理论的提出与证立——以重新犯罪风险测量为视角》，载《中国法学》2011年第3期。

③ 比如张崇脉博士认为未成年人风险评估的犯罪学的理论指导包括不同交往理论、社会控制理论、标签理论、生命历程理论以及潜在特质理论。崔海英博士从犯罪学和犯罪心理学两个方面阐释未成年人风险评估的理论基础，具体包括社会控制理论、社会支持理论、生命历程理论、精神动力理论、行为理论和认知理论。参见张崇脉：《未成年人再犯可能性实证研究》，北京师范大学2016年博士学位论文。

表2-1 风险因素理论的五个分支

五个分支	核心观点	理论模型	研究者	时间	主要贡献
生物心理社会发展理论	整体上是一种发展性的决定论，认为在生命历程早期（儿童和青春期早期）的生物、心理和直接社会因素（家庭、教育、邻里和生活方式）可以预测青少年以后的犯罪行为	多因素发展理论模型	Glucks	1930s	风险因素研究的鼻祖，将心理学研究方法引入犯罪学，为生物心理社会发展理论奠定了基础
		发展犯罪预防模型	Richard Clarke Cabot	1930s	通过长期纵向研究①，认为干预风险因素可以预防青少年犯罪，确立了以风险基础的干预思路，是风险因素预防范式的理论根源
		犯罪生涯模型	Donald West, David Farrington	1960s	通过著名的剑桥研究，巩固和发展了生物心理社会发展理论，在研究后期将保护性因素纳入其中，并将其扩展到整个生命过程
整合的发展理论	整合了社会控制理论、社会学习理论和不同交往理论，主要贡献在于将社会结构因素、理性选择和背景因素纳入生物心理社会理论模型	社会发展模型	David Hawkins Richard Catalano Joseph Weis	1980s	注重发展的过程，提供了两种不同的社会化道路，一条是遵从的道路，另一条是越轨和犯罪的道路
		生态理论模型	Per-Olof Wikstrom Rolf Loeber	2000s	强调了社会结构因素的重要性，补充了四个重要的风险因素：社区结构特征、直接的社会背景、个人的社会处境和个人性格倾向

① The Cambridge-Somerville Youth Study 是20世纪设计最好的长期纵向研究，首次确立了犯罪预防的发展性路径。

续表

五个分支	核心观点	理论模型	研究者	时间	主要贡献
整合的发展理论	整合了社会控制理论、社会学习理论和不同交往理论，主要贡献在于将社会结构因素、理性选择和背景因素纳入生物心理社会理论模型	理性情境理论	Per-Olof Wikstrom David Farrington	2000s	David Farrington 综合认知反社会潜能理论① Per-Olof Wikstrom 的情景行动理论：考虑在不同（即时）情境下的理性选择、犯罪潜能和个体性格倾向的调和，在发展解释中加入了当前的生活焦点，对心理社会风险因素与不同情境下的理性选择之间相互作用的深入思考
相互作用的发展理论	强调相互作用的过程，将生物心理社会因素、社会结构因素、生态风险因素和个体青少年和少年司法系统的相互作用纳入整个发展的过程	相互作用模型	Thornbetty & Laub	1990s	通过审查风险因素和犯罪之间的互动、相互加强的关系，包括犯罪发生和影响风险因素的可能性，以及青少年与正式少年司法体系的接触对犯罪行为的影响
生命历程理论	在整个生命历程中重点考察心理社会风险因素、社会结构背景、正式社会控制、非正式社会控制以及关键生命事件对犯罪的影响	生命历程理论模型；非正式社会控制的年龄分级理论；修正的非正式社会控制的逐年龄理论	Robert Sampson John Laub	1990s	他们将理论加以扩展，思考和吸收了人类主观能动作用、情景影响和环境以及历史背景。他们采用转折点②来解释让人们从事更多犯罪行为或者停止犯罪行为的过程

① David Farrington 综合认知反社会潜能理论和 Per-Olof Wikstrom 的情景行动理论整合了紧张、社会控制、社会学习、标签理论和理性选择理论，参见吴宗宪：《西方犯罪学》，法律出版社 2006 年版，第 189 页；［美］亚历克斯·皮盖惹等：《犯罪学理论手册》，吴宗宪等译，法律出版社 2018 年版，第 342 页。

② 转折点是指生活的变化，比如结婚和对配偶的依恋、参军、被送入教养学校（reform school）、邻里或者住所的改变等。Stephen Case & Kevin Haines, *Understanding youth offending*, Cullompton: Willan, 2009, p. 124.

续表

五个分支	核心观点	理论模型	研究者	时间	主要贡献
建构主义理论	是一种动态犯罪模型，考虑到了青少年自身建构风险的能力以及这种建构对他们进入和走出犯罪的影响	弱建构主义模型；协调建构主义模型；强建构主义模型	Kemshall Hine Macdonald & Marsh	2000s	超越了该理论最初人为设定的简化路径，关注社会结构背景和个体对风险建构

根据上述列表的梳理过程中可以看出，发展性的风险因素理论本身也在不断地修正汇总。从最初的生物心理社会发展理论到后期的建构主义理论，风险因素理论朝着综合和动态的方向发展。即使到今天，列表中的一些学者还在不断修正和验证着自己提出的理论模型。对风险因素理论演化的梳理是对未成年人犯罪原因的一次系统审视，也进一步加深了我们对于未成年人犯罪风险因素的理解和认识。

风险因素理论也是涉罪未成年人风险评估工具研究的重要理论支持，对于风险评估模型和风险因素的筛选都至关重要。当然，风险因素的系列研究进一步证实未成年人犯罪风险因素可以通过规范进行明确的标记和科学的量化。2002 年爱尔兰犯罪委员会根据风险因素研究给出了一个风险因素的清单，主要包括五个类别：邻里和社区因素、社会经济贫困、家庭背景/养育、个人因素以及学业和学校因素。[①] 可以看出这个列表并没有完成反映风险因素研究的成果，但不能否认该理论对涉罪未成年人风险评估工具研发的重要价值。英国少年司法委员会研发的 AssetPlus 正是这一理论应用的典范，关于该工具将在后面介绍。

（二）发展性风险因素理论的价值和挑战

相比风险—需求—响应模型，发展性风险因素理论主要针对未成年人犯罪，有着重要的理论和实践价值，但是它的简化和社会心理的偏见也使其面临着挑战。

---

① Paul O'Mahony, The Risk Factors Prevention Paradigm and the Causes of Youth Crime: A Deceptively Useful Analysis? *Youth Justice*, 2009, Vol. 9, No. 2, p. 103.

首先，发展性的风险因素理论更具综合性。它更加关注风险评估的基础因素，而且从理论的角度不断推进对未成年人风险因素的认识，随着风险因素理论研究的不断发展，将更广泛的社会背景、社会互动以及未成年人本身的参与纳入考量的范围，它更加强调生命历程的发展性和影响因素的综合性，比如，David Farringdon 和 Per-Olof Wikstrom 提出的未成年人犯罪的综合理论模式强调了生态环境、认知等对犯罪的综合影响。它也更加具有包容性，比如建构主义风险因素理论强调的未成年人本身的参与也与最新的儿童友好型司法理论相契合。

秉持综合多元主义的发展性风险因素理论为一系列不同理论提供了一个有用的整合点，将心理学、精神病学以及传统犯罪学理论进行了整合。发展性风险因素理论从生命历程的视角，将生物、心理、社会和文化过程之间复杂的相互作用纳入其中。风险因素理论严格上说不是单个理论，而是以风险因素研究为主导的一系列理论研究。风险因素预防范式所传达的核心思想与风险—需求—响应模型有一致的地方，比如后者所强调的心理—社会—生理因素实际上与最初的风险因素理论有共同的理论渊源，但它还整合了实证主义和古典主义的社会结构因素、理性选择和情境因素，吸收了大量的传统犯罪行为理论，比如紧张理论、标签理论和理性选择理论等。与传统少年犯罪理论相比，它更加复杂和多层面化，同时包含了静态成分和动态成分，往往对研究对象进行纵向考察。①

其次，风险因素理论也具有一定的实践价值。风险因素理论的一个主要目标就是预测和解释未来犯罪的犯罪行为，是涉罪未成年人风险评估工具研发的理论基础。它也为人们利用多种数据来源来探讨犯罪行为提供了理论框架。这种对风险的测量和因素分解的过程实现用相关关系的数值来刻画对犯罪原因的探索具有一定的现实意义。由风险因素研究而生成的风险因素预防范式被许多国家未成年人司法所接受，并成为未成年人司法发展的主导理论。英国的新工党上台以后围绕《犯罪和社会失序法》法案建立的未成年人司法体系主要是以该理论为指导基础。尽管在该理论应用到未成年人司法的过程中一直有质疑的声音，比如对其将风险简化的思想批判，但是不可否认的是，该理论确实为未成年人司法的发展提供了一条切实可行的路径。

---

① 参见［美］亚历克斯·皮盖惹等：《犯罪学理论手册》，吴宗宪等译，法律出版社 2018 年版，第 342 页。

最后，发展性风险因素理论也有其自身的局限性。正如英国犯罪学者Stephen Case 和 Kevin Haines 对发展性风险因素理论的批判，他们认为发展性风险因素理论本质是对复杂风险的一种简化，即使是建构主义的风险因素理论也没能脱离发展的决定论。这一理论更多是从个人层面来解释犯罪的原因，而贫穷、失业、经济衰退等社会背景因素则被忽略。但是笔者认为这是一切社会科学的弊端，尝试用理性的数据描述固然有其弊端，但是相比主观性的判断，理性数据化的发展也是我们认识事物的必然阶段，在初期它必然是不完美的，但不可否认的是随着人类认识能力的提升，认识的准确性会不断提高。笔者更加赞同激进派学者的观点，随着相关学科的发展，风险评估必然会对整个司法体系产生根本影响。正如近年来大数据、人工智能等对社会科学研究的冲击，虽然对传统的理论形成了巨大的挑战，但是不可否认的是它确实提高了我们认识事物的准确性。发展性风险因素理论亦是如此，在新的研究技术的加持下，可以不断修正自己的错误和弥补缺陷。

第三节　涉罪未成年人风险评估工具的演化更迭

基于上文的理论指导，涉罪未成年人风险评估工具在统计技术的加持下不断精进，到目前为止已经历经了五代的更迭。在这个复杂的发展过程中，理论与技术是两条不同的路径，理论发展虽然缓慢但是对于风险评估的发展起着基础性的作用，而技术是理论转换为实践的“催化剂”。两者不是彼此独立的，而是在实践的发展中相互促进。上一节已经对基础理论进行了深入的剖析，本节则结合技术的发展，梳理西方国家有关风险评估工具的研究发现，展现未成年人风险评估工具的历史演进和现实状况。

一、风险评估方法和内容的演进

与基础理论的发展一样，风险评估方法和内容的演进也经历了漫长的过程。未成年人风险评估最初是主观任意性比较大的临床方法，发展到今天已经使用了精算方法，风险评估的内容也不断扩展，从最初的风险评估发展到以案例管理为重心的风险管理。

（一）风险评估方法的改进

总的来说，风险评估的方法是从临床方法发展到精算方法的。两者相比，精算方法比临床评估的准确性高，这一结论被西方学者经过严格的实证研究所证实。但是精算方法本身又有不同的分类，加上近年来机器学习方法的出现，对于不同精算方法的预测准确性争议较大，目前没有形成统一的定论。

1. 临床方法

临床方法是刑事司法中风险评估最初采用的方法，一般由临床心理学家来进行评估。非结构化临床评估的结果并不可靠，具有很大的随意性和主观性。这一点在 Barefoot v. Estelle 案中体现最为明显。在 Barefoot v. Estelle 案[①]中，James Grigson 提供了关于罪犯危险性的证言，甚至没有询问被告任何问题，而是基于一个假设性的经验知识，向法庭表示“像被告这样有犯罪记录的人，在未来百分之百有可能会再实施暴力犯罪行为”。虽然美国最高人民法院出于对对抗程序有助于发现真实的考量，没有推翻他的证言，但是大法官的多数意见都认为该临床证言不可靠。这一判例理论上支持了临床评估的结果，所以被学者广泛批评。美国风险评估专家 John Monahan 教授认为联邦法官并不了解风险评估，误用了风险预测的概念。[②] Grigson 也承认自己对暴力犯罪预测的相关知识不了解，他的证言也被行业内其他专家广泛质疑，Grigson 最终被美国精神病协会除名，并被剥夺专家证人的资格。[③] 临床判断有其固有的缺陷，其不仅受到客观条件的制约，还受到人类大脑物理局限的限制，研究发现，大脑在同一时间只能考虑有限数量的变量，随着新信息的加入，一些信息会消失。有多少信息可以在做决策时被召回，召回的信息是不是与当前的案件直接相关，这些问题都很难确定。也就是说临床判断有可

---

① Barefoot v. Estelle，463 U. S. 880，938（1983）：Barefoot Taxas 因为谋杀警官被定罪，在其量刑程序中，由两位精神病医生就其“危险性”作证，Dr. James Grigson 是其中一位，他因为经常在死刑案件中作证而被称为“死亡医生”，他在法庭上作证说 Barefoot 在未来实施暴力行为的可能性是百分之百。该意见被陪审团接纳，最终被判处死刑。

② Murray Levine, The Adversary Process and Social Science in the Courts: Barefoot v. Estelle, *Psychiatry & Law*, 1984, Vol. 12, No. 2, p. 174.

③ Mark R. Fondacaro & Christopher Slobogin, *Juveniles at Risk: A Plea for Preventive Justice*, Oxford University Press, 2011, p. 70.

能会丢失部分信息，而且临床判断所依据的信息未必与案件直接相关。

2. 精算方法

鉴于临床评估的不可靠性，社会科学尤其是司法心理学不断探索新的方法，开始引入精算方法来评估和预测罪犯的风险。精算方法的本质是通过运用数学和统计知识，通过群体特征的概率计算来取代对个体的道德或者临床描述。精算评估的优势在于它比人类临床判断更准确，且没有偏见，其可以同时处理多种信息，而且过程相对透明。它提供了一个一致、统一性的评估框架，可以促进实践的规范化和标准化。这也是一切应用技术的共同特征。美国学者 Gottfredson 和 Tonry 于 1987 年在其专著《刑事司法决策中的预测和分类》一书中，提出“基于科学的预测和分类，在研究和实际应用中都将随着机构的发展变得更加理性、高效和公正”。[①] 实际上，精算方法本身依托的数学和统计方法也在不断更新，从简单的加减，一元回归、多元回归，发展到最新的机器学习。

多元回归在目前风险评估统计方法中占据主导地位，是指在相关变量中将一个变量视为因变量，其他一个或多个变量视为自变量，建立多个变量之间线性或非线性数学模型数量关系式并利用样本数据进行分析的统计分析方法。[②]

机器学习是一种数据分析技术，简单地说就是让计算机具有像人一样的学习能力的技术，是从大数据中寻找出有用知识的挖掘技术。[③] 目前应用于风险评估的数据分析方法主要包括贝叶斯、自由树、随机森林等。机器学习是人工智能的一个分支。美国人工智能专家 Peter Flach 教授认为机器学习可以概括为使用正确的特征来构建正确的模型，以完成既定的任务。[④] 机器学习主要的算法包括：集成分类器、朴素贝叶斯、决策树、自由树、人工神经网络等。与多元回归相比，机器学习方法可以根据数据的特征进行自主学习，理论上具有较高的准确性。关于各种方法的优劣会在本书最后工具研发

---

① Mark R. Fondacaro & Christopher Slobogin, *Juveniles at Risk: A Plea for Preventive Justice*, Oxford University Press, 2011, p. 70.

② 参见刘严：《多元线性回归的数学模型》，载《沈阳工程学院学报（自然科学版）》2005 年第 2 期。

③ ［日］杉山将：《图解机器学习》，许永伟译，人民邮电出版社 2015 年版，第 2 页。

④ ［英］Peter Flach：《机器学习》，段菲译，人民邮电出版社 2016 年版，第 9 页。

部分详细展开。

（二）风险评估结果的扩展

风险评估的结果最初仅仅指向再犯（recidivism），但是随着研究的发展，人们对风险因素的认识不断深入，动态风险因素出现使得风险评估的结果在一定程度上进行了扩展。通过将动态可改变的风险因素与具体的处遇、矫正管理项目相关联，风险管理的概念也被纳入其中，与具体刑事司法中的案件管理相结合。这一过程主要是由以 Andrews 和 Bonta 为代表的加拿大学者推动。当然风险管理与再犯这一核心测量指标也密切相关，因为风险管理的目标是确定动态风险因素以减少再犯。风险管理的应用逻辑是如果动态的风险因素（犯罪性需求）被有效改善，则会减少再犯的风险。案例管理则与具有刑事司法中的具体个案相关联，以减少再犯为目标，进行案例管理过程中的程序和结果的控制。风险管理和案件管理的纳入，使得这些工具不再专注于预测再犯，而是根据司法系统所处的阶段对预测的结果进行调整，并与刑事司法系统本身要求的公平、正义、公共安全和资源分配等相适应。具体而言，这些不同的阶段及其结果包括：（1）取保候审，取保候审决策关注犯罪嫌疑人是否会按时出庭；（2）审前羁押，需要计算犯罪嫌疑人对公共安全存在的风险和再犯风险；（3）法官的量刑决策；（4）缓刑、假释和矫正。上述每个阶段都有其特定的预测结果，代表了刑事司法不同阶段的具体需求。但是风险管理可以发生在上述四个阶段的任一阶段，因为风险管理的目的是针对动态因素制定相应的犯罪干预计划，具有连续性，需要贯穿整个刑事司法过程。由此可以看出，风险管理的凸显对风险评估在刑事司法中的适用范围扩展起着重要的作用。

（三）风险评估工具的准确性

随着风险评估方法和内容的演进，风险评估工具的有效性也备受关注，因为工具的有效性是刑事司法系统是否采纳其结果的关键依据之一。风险评估工具的有效性是指风险评估工具产生的分数或估计值的准确性。国外学者往往采用元分析的方法对风险评估工具的有效性进行研究。风险评估工具的准确性主要通过 AUC 即 ROC 曲线下的面积[①]和相关系数 r 来表示。

传统上，风险评估的准确性是根据真阳性和真阴性及其对立面假阳性和假阴性来衡量的。[②] 比如，假阳性率是指没有再犯但被预测为再犯的比例，在实践中，假阳性率和敏感性率通常远远超过假阴性率，这是因为相对较低的再次犯罪基本率使真阳性比真阴性更难识别，也是因为评估者更倾向于在监禁而不是释放的方向上犯错。但是这种方法体现真阳性和假阴性之间的权衡和关系，比如任何通过提高增强或干预阈值来减少假阳性的尝试都有可能提高假阴性率，从而增加对公共安全的威胁。

然而，AUC 即 ROC 曲线下的面积弥补了这一缺点，该曲线绘出了真阳性率与假阳性率的关系。如果 AUC 值低于 0.5 意味着评估技术产生的结果比随机结果还要差，预测无效，如果 AUC 值为 1 则表示完全准确。AUC 为 0.75 意味着在该工具上得分较高的人比得分较低的人重新犯罪的可能性高 75%。一项对成人风险评估工具的元分析发现，非结构化临床风险评估与 0.67 左右的 AUC 值相关，而更结构化的风险评估技术产生的 AUC 值范围为 0.71 至 0.78。此外，还有一种测量准确性的方法是诊断优势比（DOR），即预测再次犯罪准确的优势与预测不准确的优势之比。

总而言之，不管采用何种描述准确性的方法都不是完美的，但是不能忽略的是，根据西方国家学者近年来的研究发现，现代风险评估工具的准确性即真阳性率基本上在 50% 至 85%，其中 70% 以上就满足了刑事司法中优势证据的要求。关于风险评估准确性对其在未成年人刑事司法应用的影响将在后文展开论述。此外，域外学者还将其准确性的研究扩展到工具的使用人方面，并提出需要注意风险评估的使用者是否接受过培训和评估时需要的时长等也会影响风险评估结果的准确性，比如未接受过相关培训的评估人员使用这些风险评估工具，可能会产生较高的假阳性率和较低的 AUC 值。[③] 这也为我国未成年人刑事司法风险评估的应用和研发提出了新的要求，在今后的研

---

① AUC 被定义为 ROC 曲线下与坐标轴围成的面积，显然这个面积的数值不会大于 1。又由于 ROC 曲线一般都处于 $y = x$ 这条直线的上方，所以 AUC 的取值范围在 0.5 和 1 之间。AUC 越接近 1，检测方法真实性越高；等于 0.5 时，真实性最低，无应用价值。

② 真阳性是指预测不会再次犯罪的人不会再犯，真阴性即预测会再次犯罪的人实际上会再次犯罪。假阳性、假阴性以此类推。

③ See Gina M. Vincent et al., Field Reliability of the SAVRY with Juvenile Probation Officers: Implications for Training, *L. & HUM. BEHAV*, 2012, Vol. 36, No. 3, p. 225 – 261.

发和应用的过程中也需要加强对直接适用人员的专业培训。

二、风险评估工具的代际更迭

从20世纪初期开始，刑事司法领域的风险评估工具发展已经历经近百年时间。首次对风险评估工具进行代际分类的是加拿大学者 James Bonta，1996年他将风险评估分为四代，第一代是结构化临床判断，第二代是以静态风险因素为主的精算工具，第三代纳入了动态或者犯因性需求因素，第四代进一步将风险评估与案件管理相结合。① 风险评估工具四代的分类也被我国学者广泛接受。但是近年来，结合大数据和人工智能的发展，美国学者 Faye S. Taxman 在2017年的《风险/需求评估手册》一书中，将现有的风险评估工具分为五代。②他在之前 Bonta 四代分类的基础上，提出将利用机器学习方法的风险评估工具称为第五代风险评估。第五代主要采用大数据、人工智能等技术来改进评估工具，也被称为算法风险评估。算法方法的引入还对刑事司法中风险概念产生了深远的影响，域外学者认为大数据的引入或许将开启风险概念新的时代内涵。基于此，本书采纳五代的代际分类的方法（表2-2）。

表2-2　风险评估工具的代际更迭③

五代风险评估	变量的类型	方法	决策点
第一代——主观评估	案卷信息	访谈和判断	传统司法决策
第二代——风险因素	关键变量与相关犯罪历史	赋分表和回归	假释、监管水平、审前羁押等
第三代——风险需求因素	关键变量与再犯或者没能出庭等相应的司法结果	赋分表和回归	假释、监管水平、审前羁押等

① See D. A. Andrews et al., The Recent Past and Near Future of Risk /Need Assessment, *Crime & Delinguency*, 2006, Vol. 52, No. 1, p. 7-27.

② Faye S. Taxman, *Handbook on risk and need assessment: Theoty and Practice*, London and New York: Routledge, 2017, p. 8.

③ Faye S. Taxman, *Handbook on risk and need assessment: Theoty and Practice*, London and New York: Routledge, 2017, p. 4.

续表

五代风险评估	变量的类型	方法	决策点
第四代——风险需求和个案管理	关键变量与再犯或者没能出庭等相应的司法结果；确定可以处遇的犯因性因素	赋分表和回归	个案管理假释、监管水平、审前羁押等
第五代——机器学习（人工智能）	大数据	自由树算法	假释、监管水平、审前羁押等

（一）第一代风险评估

第一代风险评估的方法主要依赖于临床和专业判断，没有明确和客观的评分规则。这种临床的风险评估在社区矫正机构以及社会调查（在域外更多采用量刑前报告 pre-sentence report）的实践中应用了几十年，直到今天还在被许多司法工作人员所采用。第一代评估主要依赖于非结构化或者半结构化访谈，评估取决于实践者自身的专业素质以及他们做决定时收集信息的能力。由于临床访谈具有很强的主观性，容易受到偏见和刻板印象的影响，不同的评估者结果可能大相径庭。这种评估是非结构性的、特殊的、不透明的，基本上是不可审查的。临床评估的缺点在后文我国的实证考察中体现得很明显。风险评估工具研发的初衷就是为了改变这种临床评估的随意性，改善决策机制。

（二）第二代风险评估

第二代风险评估开始引入了统计方法，是以犯罪历史和案卷信息为基础的结构化评估，具有简洁和高效的特点。第二代风险评估建立在风险预测基础上，开始具有精算的性质。这种评估方法需要首先通过研究确定相关因素与特定结果的关联性及其比重。特定的结果一般是指再犯可能性，在具体的环境下也可以指向再次被逮捕、再次被定罪或者再次被监禁。第二代风险评估工具的应用可以追溯到 20 世纪 20 年代，在假释领域，假释官员根据个人过去犯罪历史来帮助作出是否释放罪犯的决定。这是首次将精算工具应用于司法决策的尝试。自此，精算风险评估演变成了一种技术性工具，以帮助假释人员整理有关信息，并确定其与再犯或者监禁有关的因素。第二代风险评估工具关注的风险因素，以不可变的静态风险因素为主，比如典型的静态风险因素犯罪历史。

（三）第三代风险评估

在20世纪60年代，美国维拉（Vera）司法所的曼哈顿保释项目[①]对世界范围内审前程序都产生了重大影响，并首次将风险评估引入司法决策的早期阶段。该项目研究的保释风险评估工具扩展了以往风险评估没有涉及的因素，首次纳入了与社会以及社区稳定的相关的动态因素，比如住房、就业等因素。Vera研究所研究的保释风险评估工具中包含了动态风险因素，从而开启了第三代风险评估工具。第三代风险评估工具引入了一种更明确、基于实证的理论指导框架，其核心特征即引入了动态风险因素（也被称为犯因性需求因素[②]）以降低和改变风险。美国著名的威斯康星风险需求评估工具是20世纪70年代由缓刑和假释机构研发的，该工具使用了动态因素和静态因素并首次将风险评估的分数与惩教资源的分配决策相联系。风险分数首次与监管的类型和水平相联系，对高风险犯罪适用于高强度的监管。

（四）第四代风险评估

第四代风险评估超越了动态和静态风险评估，将评估和个案管理相结合。它提供了一种更系统的应对犯罪风险因素的方法，有助于确保在评估中识别的风险因素在具体的监督中得到处理。这一创新性的发展主要发生在加拿大。加拿大学者Andrews和他的同事提出了著名的风险需求响应的理论模

---

① 参见［美］吉姆·帕森斯等：《试点与改革：完善司法制度的实证研究方法》，郭志媛译，北京大学出版社2006年版，第2—5页。曼哈顿保释项目：1961年由维拉基金会与纽约大学法学院和司法管理研究所共同创立，为期三年，主要针对美国保释制度中，因无力支付保释金的被告人要在监狱待很长时间等待审判的不合理情况而展开的。维拉研究所设计出了一种方法，使法官可以迅速判断被告人与社区联系的紧密性，主要根据其住所和工作，并证实存在这些联系时无须保释而安心释放被告人，然后建议法官，只要被告人符合条件就释放。

② See D. A. Andrews et al., Classification for Effective Rehabilitation: Rediscovering Psychology, *Crim. Just. & Behavior*, Vol. 19, No. 1, p. 19 – 52. 犯因性需求因素是由加拿大犯罪学家Andrews和他的同事提出的概念。

型。在该模型中，他们提出了需求与个案管理的概念，个案管理不同于典型的再犯相关因素的预测，它的目的在于识别动态和可修正的风险因素，这些因素可以通过处遇、支持项目和控制有针对性地减少再犯。2006 年 Andrews、Bonta 和 Wormith 研发出了风险评估工具 The LSI，该工具包括了犯罪历史、药物滥用、住宿、态度和取向、就业、教育、同伴等因素。[①] 风险评估工具自此进入了第四代的发展。随着研究细化，开始出现不同类型的风险评估工具，有些甚至是针对特定的犯罪类型的，比如性犯罪、醉酒驾驶、女性、暴力犯罪等。

（五）第五代风险评估

风险评估最新的发展趋势是将机器学习的方法纳入其中，由此形成了第五代风险评估工具。第五代工具实际上是通过大数据和计算机算法来预测结果。机器学习模式并不依赖于回归模型的先验选择，而是依赖于决策树模型，通过数据挖掘检索与结果相关的数据，是一个自动化的过程，具有更强的学习能力。机器学习模式可以充分利用刑事司法系统掌握的各种数据信息，以摆脱个人偏见的影响，比回归方法具有更高的准确性。机器学习的技术与大数据的发展密切相关，是人工智能的一种表现形式。也有学者认为，以大数据为基础的机器学习方法给风险评估带来生机的同时，也面临着多重的挑战。机器学习技术路径的风险评估更多依赖于静态的风险评估，比如犯罪历史等，容易忽略动态因素的影响。但也有学者认为，大数据的生成路径可以为风险因素的收集带来便利，扩大样本群体的范围，随着数据信息的不断丰富，将更广泛的社会结构性因素纳入考量的范围。此外，机器学习方法导致的“黑箱算法”也会加剧风险评估对正当程序和公民权利的挑战。

三、涉罪未成年人风险评估工具的发展

专门的涉罪未成年人风险评估工具是在风险评估工具第三代的发展中出现的。虽然涉罪未成年人风险评估工具起步相比成人较晚，但是由于动态风险因素和风险管理与未成年人刑事司法的目标更加契合，涉罪未成年人风险

① D. A. Andrews et al., The Recent Past and Near Futureof Risk and/or Need Assessment, *Crime & Delinquency*, 2006, Vol. 52, No. 1, p. 7 – 27.

评估在实践中的应用范围比成年风险评估要广。

（一）涉罪未成年人风险评估工具的概况

目前世界范围内的风险评估工具的种类繁多，其中加拿大和美国走在工具研发的前列，近年来欧洲国家也开始加入。涉罪未成年人风险评估工具在未成年人刑事司法中的应用也是从第三代开始的。以美国为例，1967 年美国学者 Gottfredson 向总统执法委员会和司法部提交了有关青少年越轨和犯罪的报告——《在犯罪和越轨领域的评估和预测方法》，开启了科学评估方法在未成年司法领域的应用。根据学者统计，1990 年美国少年法庭只有 33% 在使用正式的风险评估，到 2008 年这一比例已经达到 85%。[①] 美国学者 Singh 在 2011 年的专著《预测性分析》一书中对美国当前的少年司法风险评估工具进行统计，涉罪未成年人风险评估工具已经达到 120 多种。目前风险评估在美国少年法庭的使用已经很普遍，而且美国各州已经开始在全州范围内推行统一的风险评估工具。美国少年司法委员会 2013 年首次对 50 个州及哥伦比亚特区缓刑中的风险评估进行调查，调查发现有 33 个州在全州范围内推行统一的风险评估工具，2017 年这一数字已经达到 38 个。[②]

根据西方学者对风险评估工具有效性的研究，整体而言，涉罪未成年人风险评估工具的预测效率略低于成年人风险评估工具。涉罪未成年人风险评估工具 AUC 值在 0. 532 到 0. 780 之间，而涉罪成年人风险评估工具的 AUC 值最高可以达到 0. 8 以上。目前预测效度较高的涉罪未成年人风险评估工具有：青少年服务水平/案件管理监督（Youth Level of Service/Case Management Inventory，简称 YLS/CMI）、精神病筛查青少年版本（Psychopathy Checklist-Youth Version，简称 PCL – YV）和青少年结构化暴力风险评估（Structured Assessment of Violence Risk in Youth，简称 SAVRY）。由于不同学者研究结果不同，最常被引用的预测效度是学者 Cohen 的研究，YLS/CMI 的 r = 0. 32，AUC = 0. 66；PCL – YV 的 r = 0. 28，AUC = 0. 79；SAVRY 的 r = 0. 32，AUC = 0. 74，后两者的预测效度更高。

---

① Christopher Slobogin, Risk assessment and risk management in juvenile justice, *Criminal Justice*, 2013, Vol. 27, No. 4, p. 11.

② See Juvenile justice services: http: //www. jjgps. org/juvenile-justice-services, [2020 – 10 – 10].

（二）涉罪未成年人风险评估工具的基础因素

美国麦克阿瑟基金少年司法的变革模式的风险评估指南将风险因素分为三类：风险性因素、保护性因素和响应性因素。其中，风险因素会增加犯罪风险，保护性因素会降低风险，响应性因素则与干预管理相关。

风险性因素是指可能引发暴力和犯罪行为的相关因素，与涉罪人的行为、思想、性格和生活环境有关。20 世纪 90 年代以来，心理学和犯罪学对未成年人暴力犯罪的长期研究使得预测犯罪的风险因素日臻成熟。风险因素具体可以分为静态风险因素和动态风险因素。静态风险因素是指不能通过干预进行改变的因素，比如第一次犯罪时的年龄、早期开始的暴力行为等，这些因素都是静态的，不会随着时间的推移而发生变化。动态风险因素是会随着时间推移而变化的因素，比如缺乏社会关系、不良家庭教养、反社会态度、注意力问题、学校不端行为等。这些因素一方面可以预测再次犯罪，另一方面也有助于帮助制订干预计划。[①] 动态因素也被称为犯因性需求因素，犯因性需求因素可以揭示未成年人犯罪的原因，帮助制订相应的干预计划。不同的犯罪少年的犯因性需求可能不同，比如吸毒和药物滥用。除此之外，还有非犯因性因素，比如低自尊、抑郁症等，这些因素对再犯没有明显的影响，但是对于治疗和干预有着重要的影响。非犯罪性需求因素一般不应包括在风险评估的考量因素之中，但是对于最终的干预方案却至关重要，需要专业人员结合专业自由裁量权进行权衡。

保护性因素是保护涉罪人员免受各种风险因素的影响，从而防止他们发展或者继续出现越轨行为的因素。保护性因素是与风险因素相互作用的变量，可以帮助降低风险因素潜在的有害影响。保护性因素的存在也解释了为什么同样处于危险因素环境，但是有一些少年没有犯罪。比如生活在抢劫多发的社区环境是风险因素，但是由于身边有高度支持的父母，可以抵消环境的负面影响，减少少年再犯的风险。保护性因素可以增加风险评估的增值，对于未成年人风险评估至关重要。研究表明，亲社会参与、强烈的社会支持、强烈的依恋和纽带、积极的干预态度和权威、强烈的对学校的承诺、适

---

① Eva Mulder et al., A classification of risk factors in serious juvenile offenders and the relation between patterns of risk factors and recidivism, *Crim Behav & Mental Health*, 2010, Vol. 20, No. 1, p. 23 – 38.

应性人格特质等保护性因素对于再犯预测具有显著的效果。① 需要注意的是，保护性因素并不是危险因素的对立面，例如，在学校里表现差是一个风险因素，但在学校表现好并不能自动成为一个保护因素。但是研究发现，未成年人的保护性因素越多，现有的危险因素就越不可能影响他或她的行为，因此他或她再次犯罪的可能性就越小。②

响应性因素是近年来随着风险评估工具的发展，出现的一些附加影响因素。响应性因素是指未成年人及其所处环境的个人特征，可增加或减少未成年人从特定干预措施中改进的能力和动机，包括认知功能、焦虑水平、治疗动机等。响应性因素往往是非犯罪因素，一般不会出现在风险评估工具的风险评分序列。但是在具体的干预计划中，响应性的因素对于制订最终的干预计划很重要。在结构化的风险评估工具中，需要工具使用人员结合专业技能和经验，结合响应性因素调整或者覆盖风险评估的结果。响应性因素对于未成年人风险管理具有重要的作用。以美国少年司法循证实践的循证项目认知行为疗法为例，一个文盲或阅读能力较低的未成年人往往不会被分配到此类项目，因为该项目通常需要涉罪的未成年人具备一定的自主阅读能力，否则涉罪未成年人无法从该类项目中获益。

（三）涉罪未成年人风险评估工具的范例

由于域外涉罪未成年人风险评估工具众多，笔者很难完成对每种风险评估工具的内容、方法、优势和局限性的全面审查，所以仅从理论和准确性两个角度进行详细介绍，以期对我国涉罪未成年人风险评估工具的研发有所启发。一个是以风险需求响应模型为核心的 YLS/CMI，一个是以风险因素研究理论为基础的英国少年司法委员会的 AssetPlus。

1. 青少年服务等级与个案管理量表——YLS/CMI

青少年服务等级与个案管理量表，是由加拿大的 Andrews 和 Bonta 博士于 2002 年研发的，是根据成年人服务等级/个案管理量表发展而来的。青少年服务等级与个案管理量表适用于 12—17 岁的涉罪未成年人，包括未成年

---

① Charlotte E. Rennie & Mairead C. Dolan, The significance of protective factors in the assessment of risk, *Crim. Behav. & Mental Health*, 2010, Vol. 20, No. 1, p. 13.

② Gina M. Vincent et al. , *Risk Assessment in Juvenile Justice: A Guidebook for Implementation*, 2012 - 11 - 06, http: //www. modelsforchange. net/publications/346 [2020 - 11 - 24].

人的风险评估以及基于需求评估的个案管理部分。该量表有两个核心目标：一是对未成年人进行风险评估，二是根据风险评估的结果设计个案的风险管理计划。量表包括八类核心风险因素，其中七类是上文提到的动态的犯因性需求因素，一类是静态的犯罪历史，每一类一共42个项目。[①] 严格来说该风险评估量表是一个结构化专业评估，量表的设计者鼓励优先通过访谈收集基础数据，使用者首先会通过半结构化的访谈，对量表中涉及的42个项目进行评分，总分的分值范围是0—42分。根据最终得分对涉罪未成年人的风险水平进行低、中、较高、高的四级评价。域外大量研究对青少年服务等级与个案管理量表的预测效度进行了验证，总体上它的曲线下面积（AUC）在60—70。[②] 该工具在域外未成年人司法中应用很广泛，不仅应用于缓刑、假释等领域，而且扩展到未成年人司法的全过程。该工具也被引入我国未成年人风险评估理论研究和实践探索。崔海英博士在其博士论文中对该工具在我国的应用进行了初步的实测研究，风险评估结果主要分为三个层次：低度风险、中度风险和高度风险，其中，中度风险等级的占比最大（79%）。研究的基础数据与北美和日本等国家的相关基础数据差异不大，而且与管教民警的管理印象进行了匹配，具有一定的一致性。所以，崔海英博士认为该工具可以用于中国违法未成年人群体的风险评估，但是根据具体数据的差异，应当对青少年服务等级和个案管理量表的药物滥用、先前犯罪情况、教育/就业，以及家庭教养等维度的具体项目进行修订，以适应中国未成年人的特殊性。譬如由于青少年服务等级与个案管理量表中药物滥用维度下的各个条目的门槛太高，导致研究中大多数未成年人在该维度没有得分，为提高该项目的预测效度，崔海英建议降低滥用药物具体的门槛，比如将“偶尔吸毒”改为“任何吸食毒品的尝试”。[③]

---

① 参见崔海英：《人身危险性评估——以违法未成年人为样本》，中国人民公安大学2016年博士学位论文，第168页。

② 参见崔海英：《人身危险性评估——以违法未成年人为样本》，中国人民公安大学博士学位论文，第161页。

③ 参见崔海英：《人身危险性评估——以违法未成年人为样本》，中国人民公安大学博士学位论文，第170页。

表 2-3 YLS/CM 八大核心风险因素

八类核心要素		
静态风险因素	先前的犯罪历史/现在犯罪处置情况	例如有过几次前科、是否被判缓刑、是否被拘留羁押过等
动态犯因性风险因素	家庭环境/父母教养方式	例如监管情况，亲子关系的情况等
	教育情况/就业情况	例如在学校是否有违法行为，是否逃学，与老师、同学的关系等
	朋辈关系	是否有越轨的朋友或者熟人，积极向上的朋友的情况等
	药物滥用	例如偶尔或者长期吸毒、长期饮酒等
	娱乐休闲时间安排	是否参加有组织的活动，如何利用业余时间等
	人格/行为	例如冲动、易发脾气、注意力不集中、缺乏罪责感、具有身体攻击性等
	生活态度/倾向性	例如反社会态度、蔑视权威、不寻求帮助、对他人冷漠不关心等

2. 英国少年司法委员会——AssetPlus

英国少年司法委员会委托牛津大学犯罪学中心的缓刑研究小组研发了结构化评估工具 Asset，经过实践的检验，该工具已经升级到 AssetPlus，主要应用于对 10—17 岁进入青少年司法系统的青少年进行风险评估。该工具是通过评估、测量青少年生活不同领域的风险水平，为制订青少年发展和干预计划提供信息。Asset 开发的目的是提供一种实用的、标准化的、基于证据的针对性干预方法。

该工具的最初研发主要是以发展性风险因素理论为指导，尤其是法林顿主导的剑桥研究、索恩伯里 Thornberry 互动理论、Sampson Laub 生命历程理论。Asset 由问卷形式组成，主要围绕风险因素、保护性因素、未成年人的易受伤害性以及伤害他人的可能性展开。由青少年犯罪小组在与涉罪未成年人访谈之后，就表 5 中的 12 个动态风险因素进行评价。12 项因素每项最大分值为 4 分，总共 12 ×4 =48 分，该分数决定了被评估少年在未来 12 个月内的风险等级，风险等级分为低、中、高三级。①

表 2－4　Asset 的 12 个测量维度

测量维度	测量内容
居住环境	例如与犯过罪的人一起生活、居住环境混乱等
家庭及个人关系	例如家庭成员参与犯罪、吸毒、监管不一致、曾遭受虐待、目睹暴力、丧失亲人等
教育、培训和就业	例如经常旷课、成绩不佳、识字困难、受欺负、与教师关系差、缺乏依恋、没有就业技能、对培训和就业消极态度
社区环境	例如毒品交易和使用现象、种族紧张关系
生活方式	例如与不良行为的同龄人交往、缺乏无犯罪行为的朋友、缺乏对休闲实践的建设性应用、有危险行为
药物使用	例如是否具有毒品、酒精等药物滥用行为
生理健康	例如身体不成熟、发育迟缓
情绪和心理健康	例如对未来担忧、精神疾病、情绪困扰、自残、自杀
对自我和对他人的感知	例如自我认同困难、自卑、不信任他人、对他人缺乏同理心、歧视态度
思维和行动	例如冲动、好斗、无法抵抗同辈压力
对违法行为的态度	例如不愿意承担责任，不了解对受害人、家庭的影响，缺乏忏悔
改变的动机	例如处理问题的愿望、停止罪错行为的愿望

Asset 是该工具的初级版本，在应用过程中受到较多批评。批判者认为青少年司法委员会对发展性风险因素理论的解读是不完整的，虽然标榜不能以个体偏好的理论为基础，但是青少年司法委员会研发的工具主要是基于剑桥研究、犯罪生涯模型、生命历程理论、索恩伯里的互动理论，风险因素理

① Stephen Case & Kevin Haines., *Understanding youth offending*, Cullompton: Willan, 2009, p. 124.

论的其他分支，比如建构主义、整合理论、生态理论等则被边缘化或者被忽略，比如没有考虑更广泛的社会背景因素，青少年自己的声音也被忽略了，评估过程根本就没有询问他们自己对风险的理解和建构等。

在接受批评的基础上，英国青少年司法委员会对 Asset 进行了改进升级，形成了新的版本 AssetPlus，相比之前的版本，新版本的核心评估框架由四个部分组成：个人、家庭和社会因素，罪错和反社会行为，改变的基础，自我评估。①

第一，个人、家庭和社会因素。该模块评估重点是确定涉罪青少年的需求和风险，主要评估青少年的家庭和环境因素，例如家庭背景、住房、社区环境、重大生活事件等，父母教养方式以及青少年的发展状况，如精神、情感、教育、就业、药物滥用等。

第二，罪错和反社会行为。该模块主要是描述问题行为的特征、模式以及风险评估的结果，包括当前和以前的犯罪行为的细节、犯罪的模式、对犯罪的态度，此外，还包括其他可以预测未来罪错可能性的行为。

第三，改变的基础。该模块主要探讨青少年生活中促进行为改变的方面，如抗逆力、目标、态度、投入（engagement）和参与（participation）。该部分旨在鼓励评估人员探索积极因素和青少年参与改变干预计划的意愿，以积极的路径帮助涉罪青少年远离犯罪的道路。

第四，自我评估。该模块主要是由青少年和他们的父母或者主要抚养者来完成，目的是鼓励他们参与评估和干预过程，对他们的行为进行批判性反思，表达对未来的期望，以促进停止（desistance）和积极的结果。

与之前的 Asset 版本相比，AssetPlus 改进了原本对青少年复杂生活还原论的简化定量评估，改变了以往以成人为中心的评估，更加重视在评估和干预过程中青少年自己的声音、观点、经验和愿望。通过上述四个方面信息的收集，评估者对未成年人犯罪行为进行解释和评估，给出最终的再犯可能性的总结预测，分为低、中、高三级。AssetPlus 框架显著改善了评估和干预计划的质量，评估整体上并不是传统的以犯罪行为为中心，而是儿童第一（Children-first）的思维模式来应对青少年犯罪。新的评估框架纳入了有关儿

① AssetPlus Model Document, https://assets.publishing.service.gov.uk/government/uploads/system/uploads/attachment_data/file/364092/AssetPlus_Model_Document_1_1_October_2014.pdf, [2021-04-04].

童被性侵、恢复性司法等关键领域的新的政策，整合了诸如抗逆力理论（desistance theory）和美好生活模型（Good Lives Model）的最新理论成果，允许从业人员对支持和阻碍青少年抗逆性的因素进行评分，并在评估框架中保留了从业人员利用整体信息进行判断决策的权利，以便提供更切合青少年的干预措施。新的评估框架重新定义风险概念，纳入重新定罪量表以及涉罪青少年伤害自己和伤害他人的可能性，使从业者可以考虑与年轻人的安全和福祉相关的风险。①

第四节 涉罪未成年人风险评估工具的实践应用

即使工具视角的风险评估促进了现有的司法决策的规范性和客观性，但是在具体的刑事司法实践中，未成年人刑事司法中风险评估的现实状况与理想还是有一定的出入。本书对域外相关的实证研究进行了梳理，以探求域外风险评估工具的实践应用。总体上，实务工作者对风险评估背后的理论逻辑以及风险评估的结果并不是全盘接受，而是存在一定的抵触或者在一定程度上对其背后的精算逻辑进行了变通。

一、刑事司法中风险评估的实证研究

笔者筛选了10个与风险评估相关的实证研究（如表2－5所示），从中可以发现欧美国家未成年人刑事司法或多或少都受到了精算司法理论的影响，但是总的来说，精算话语并不是完全取代了传统的刑罚福利话语，二者不管是在正式层面还是非正式层面都呈现出一种相互的融合状态。同时，风险评估工具为司法者和缓刑官等决策提供了必要的信息，但是司法者和缓刑官出于各种原因，并不是完全接受这种精算的逻辑，而是更加倾向于相信自己的经验或者专业判断。总体上，域外围绕未成年人刑事司法中有关风险评估的实证研究具有以下几个特点：第一，从理论的角度，主要围绕精算司法理论对刑罚实际的影响展开。第二，考察往往围绕量刑前报告展开，因为风

---

① AssetPlus: briefing notes, 2016－07－21, https://www.gov.uk/government/publications/assetplus－briefing－notes[2021－04－04].

险评估的结果往往附于量刑前报告中。第三，在研究方法上，主要采用质性的研究方法。第四，研究的对象以缓刑官和法官为主，辅之以检察官、律师等。

表 2－5 有关风险评估的实证研究

国家	研究者	研究内容	研究方法	研究方案	研究结论
丹麦	Rasmus H. Wandall (2010)①	丹麦是否受到后现代犯罪和刑罚策略转变的影响，即风险评估是否对丹麦量刑前报告以及量刑产生影响	半结构化访谈参与式观察	从三个层面描述量刑前报告的产生和使用：1. 报告的准备过程 2. 正式使用和交流 3. 非正式使用和交流	虽然官方正式层面抵制风险评估和精算话语，但在非正式层面体现精算的理念，符合刑罚的国际发展趋势
英国	Jo Phoenix (2010)②	风险思维是否影响或塑造了英国青少年法庭的权威决策	半结构化访谈	对 13 名地方治安法官进行半结构化访谈，探讨治安法官如何看待及利用由 YOT 提供的社会调查报告中的风险评估结果	地方治安法官对未成年人风险水平的判断不是由正式的风险评估决定的，而是基于 YOT 和律师提供给他们的信息并结合自身的阅历和经验
英国	Pamela Ugwudike (2011)③	以风险为核心的刑罚政策对缓刑官的影响	半结构化访谈参与式观察	采用扎根理论研究方法，对 19 名缓刑官以及 25 名缓刑人员进行访谈，并参与 15 个案件的互动观察和案卷记录	研究发现，缓刑官对英国当前以风险为中心的政策议程存在一定程度的抵触，一线的缓刑官还是坚持一种刑罚福利主义的思路

① Rasmus H. Wandall, Resisting risk assessment? Pre-sentence reports and individualized sentencing in Denmark, *Punishment & Society*, 2010, Vol. 12, Issue 3, p. 329－347.

② Jo Phoenix, Pre-sentence reports, magisterial discourse and agency in the Youth Courts in England and Wales, *Punishment & Society*, 2010, Vol. 12, Issue 3, p. 348－366.

③ Pamela Ugwudike, Mapping the interface between contemporary risk-focused policy and frontline enforcement practice, *Criminology & Criminal Justice*, 2011, Vol. 11, Issue 3, p. 242－258.

续表

国家	研究者	研究内容	研究方法	研究方案	研究结论
美国	Gina M. Vincent er al. (2012)①	风险评估工具的使用是否会改变司法人员的决策方式，具体审查SAVRY对路易斯安那州Caddo教区青少年缓刑的影响	实验研究	通过实施前和实施后的实验设计，对采纳和未采纳SAVRA工具对司法决策的影响	SAVRA的使用使得整体的监禁率减少了50%，最高监管水平的使用减少了近30%，即风险评估的使用对法官的决策产生了实际的影响，倾向于更少的监禁
美国	Rachael T. Perrault M. A. et al. (2012)②	风险评估对青少年缓刑官决策的影响	半结构化访谈和问卷调查	选取6个地区的64名缓刑官，前后两次进行半结构化访谈和问卷	缓刑官倾向于高估再犯的可能性，而风险评估工具更准确
瑞典	Anders Persson & Kerstin Svensson, (2012)③	风险评估对瑞典量刑前报告以及量刑决策的影响	半结构化访谈	基于对1320份判刑前报告的分析，以及对缓刑官的18次个别访谈和6次焦点小组访谈	大多数缓刑官还是基于社会福利的犯罪观关注需求和社会福利，而不是一种面向风险的精算方法

① Gina M. Vincent et al., Does Risk Assessment Make a Difference? Results of Implementing the SAVRY in Juvenile Probation, *Behavioral Sciences & the Law*, 2018, Vol. 38, Issue 4, p. 384 –405.

② Rachael T. Perrault M. A. et al. Probation Officers' Perceptions of Youths' Risk of Reoffending and Use of Risk Assessment in Case Management, *Behavioral Sciences & the Law*, 2012, Vol. 30, Issue4, p. 487 –505.

③ Anders Persson & Kerstin Svensson, Shades of professionalism: Risk assessment in pre-sentence reports in Sweden, European Journal of Criminology, 2012, Vol . 9, Issue 2, p. 176 –190.

续表

国家	研究者	研究内容	研究方法	研究方案	研究结论
荷兰	Sigrid van Wingerden et al. (2014)①	风险评估对量刑前报告的影响	准实验研究	将包含风险评估和未包含风险评估的报告共 6118 份进行比较评分，并与相应的刑罚相匹配	在荷兰虽然官方引入风险策略，但是传统的刑罚福利主义在刑罚决策中仍然普遍存在
加拿大	Kelly Hannah-Moffat, Paula Maurutto (2010)②	风险策略对量刑前报告的影响	实验研究	将包含风险评估的量刑前报告和不包含风险评估的土著 *Gladue* Report 报告进行对比	纳入风险评估的报告与土著 *Gladue* Report 相比，虽然规范程度高，但是并不适合土著群体
意大利英国	Stewart Field & David Nelken, (2010)③	风险策略对两国少年法庭法官的影响	半结构化访谈	选取意大利和英国两个地区少年法庭对法官进行半结构化访谈	英国采纳了风险策略，而意大利完全没有受其影响
美国	John Monahan et al. (2019)④	风险评估的应用对检察官、法官决策的影响	问卷调查	检察官、法官、律师群体进行两次大规模的问卷调查，并针对风险评估对辩诉交易的影响进行调查	法官、检察官对风险评估接受度较高，但坚持必要的限制，辩论律师相对较低

---

① Sigrid van Wingerden et al., Pre-sentence reports and punishment: A quasi - experiment assessing the effects of risk-based pre-sentence reports on sentencing, *European Journal of Criminology*, 2014, Vol. 11, Issue 6, p. 723 - 744.

② Kelly Hannah-Moffat & Paula Maurutto, Re-contextualizing pre-sentence reports, *Punishment & Society*, 2010, Vol. 12, Issue 3, p. 262 - 286.

③ Stewart Andrew & David, Reading and writing youth justice in Italy and (England and) Wales, *Punishment and Society*, 2010, Vol. 12, No. 3, p. 287 - 308.

④ John Monahan et al., Risk assessment in sentencing and plea bargaining: The roles of prosecutors and defense attorneys, *Behavioral Sciences & the Law*, 2020, Vol. 38, No. 1, p. 1 - 11.

二、司法者对涉罪未成年人风险评估工具的态度

总的来说，即使客观上风险政策的导向和风险评估的使用会对司法者的自由裁量权进行一定的限缩，但是在具体的实践层面，司法者自己的决策逻辑并没有完全受制于风险评估，他们还是会质疑报告者的专业性和客观性，选择性地使用和提取报告中的信息，然后结合自己的经验和知识，用自己的故事来解释青少年犯罪的原因。

英国学者 Jo Phoenix 选择英格兰一个半乡村地区的青少年治安法庭，对该法庭的 13 名治安法官进行了半结构化的访谈。研究者重点考察青少年治安法院的法官如何阅读、理解和使用量刑前报告，并验证政策和法律主导的风险治理策略、技术和话语是否对基层法官的量刑决策产生影响。更具体地说就是考察青少年法官对风险评估的看法，探讨风险评估是否会影响他们最终的量刑决策。研究表明青少年法官的决策并不是由青少年犯罪小组提供的正式风险评估决定的，而受其自身经验的影响，风险评估仅仅是法官最终决策的一部分。首先，英国青少年治安法庭的法官认为自己在量刑中没有自由裁量权，只是按照量刑的指南和程序，“没有真正的决策要做”，相比之前，法官的自由裁量范围缩小，这也从侧面证明了风险评估的使用确实是限缩了司法者的自由裁量权。其次，在决策的过程中，法官往往将自己视为“knowing outsiders”，更强调亲历性，相信那些他们自己亲自看到和验证的信息。决策还受到他们自身生活经历和案例经验的影响。青少年法官会优先选择自己需要的信息，将青少年的背景和环境信息拼凑在一起，形成自己对青少年犯罪的“民间解释”。最后，青少年治安法官对风险评估信息的质疑还有一部分源自对报告提供者是否客观的疑虑。他们认为青少年犯罪工作小组出于工作需要，必须通过共情、尊重等与涉罪青少年建立亲密且信任的关系，法官群体普遍认为这会影响他们的专业判断。所以，法官对于报告的信息不会全然相信，会通过自己的判断和报告中的信息进行印证。①

2017—2018 年美国著名的风险评估专家 John Monahan 带领团队针对弗吉尼亚州 14 个司法巡回法庭的法官、检察官、辩护律师开展了大型的实证

① Jo Phoenix, Pre-sentence reports, magisterial discourse and agency in the Youth Courts in England and Wales, *Punishment & Society* , 2010, Vol. 12, No. 3, p. 348 – 366.

调查，重点考察了风险评估对司法者量刑和相关决策的影响。① 针对法官群体的研究发现该州大多数法官支持在量刑中考虑罪犯未来犯罪的风险，能够在审判中熟练使用该州研发的统一风险评估工具。但是法官群体坚持风险评估应当用于减少而不是增加监禁，且认为风险评估仅是一种循证工具，它对审判有帮助但不会取代司法裁判。绝大多数法官认为，在他们的社区中，对符合条件的毒品和财产犯罪分子提供的替代干预措施是不够的，他们认为如果有足够的替代干预措施将改变他们的量刑做法。大多数法官认为如果采取一项政策要求有书面理由拒绝对得分低的合格罪犯实施替代干预，将增加实施此类判决的可能性。② 除了法官群体，研究团队还专门针对量刑和辩诉交易中，检察官和辩护律师对风险评估的看法和态度进行了考察。研究发现，大多数检察官和辩护律师有时会在量刑听证会和辩诉谈判中明确使用精算风险估算。然而，与检察官相比，辩护律师更倾向于反对使用风险评估来处理任何形式的案件。③

三、司法社工对涉罪未成年人风险评估工具的态度

刑事司法中的社会工作者往往从事一线的司法公共服务工作，他们也是社会调查报告的主要提供者，且在一定范围内具有比较大的专业裁量权，比如他们对未成年人犯罪风险的判断。尽管在不同国家刑事司法中角色设定有所不同，比如缓刑官、青少年犯罪小组，但是社会工作者是构成他们的主体，而且是风险评估工具的直接使用者和风险逻辑的直接实践者。

尽管英国在整个刑事司法确立了以风险为中心的刑罚实践模式，并推广应用了统一标准化的风险评估工具，但是研究发现，在英国缓刑从业者更加

---

① 研究对象分为法官、检察官、辩护律师等，研究的案件范围局限在了药物滥用和财产型犯罪，研究主要采用问卷调查的方法辅之以半结构化的个别访谈。

② John Monahan et al., Judicial appraisals of risk assessment in sentencing, *Behavioral Sciences & the Law*, 2018, Vol. 36, No. 4, p. 568 – 570.

③ John Monahan et al., Risk assessment in sentencing and plea bargaining: The roles of prosecutors and defense attorneys, *Behavioral Sciences & the Law*, 2020, Vol. 38, No. 6, p. 9 – 10.

倾向于依赖以服从和福利为导向的实践模式。[①] 其中有学者专门研究青少年犯罪小组对青少年司法委员会研发的 Asset 的态度，其实在工具推广的初期，青少年犯罪小组中的从业人员也对工具的使用有抵触。有从业者质疑评估工作无法满足个性需求，会使得专业人员的自由裁量被工具替代，将专业知识商品化。[②] 福利的理念和目标是他们工作中的主导价值。

虽然瑞典官方政策倡导使用标准化的风险评估工具，但是研究发现[③]量刑前报告中主要是中性的描述，而且是建立在临床评估的基础上。从报告内容的论证中可以看出，犯罪和风险之间的关联也没有被清楚地论述，调查和最终量刑建议之间也存在着模糊关系。由于瑞典缓刑官大多是社会工作教育背景出身，他们总是倾向于寻找犯罪背后的社会问题，且更多地将其理解为罪犯的"需要"，而不是"风险"。这种对"需要"的关注深深根植于社会福利的理念之中，缓刑官坚持的是一种福利的犯罪观。总的来说，瑞典的量刑前报告更多是一项社会调查，评估的是社会环境，更关注社会情况和需求，而不是犯罪因素和再次犯罪的风险，他们的话语体系中并没有学术意义上的风险概念。大多数缓刑官所坚持的专业性形式更多地是一种基于社会福利的刑罚观，而不是一种面向风险的精算方法。

综上所述，涉罪未成年人风险评估工具及其背后的理论逻辑对域外未成年人刑事司法产生了深远的影响，但在实践层面并未占据完全的主导地位，即使是在典型代表国家——英国也越来越向综合的方向发展。正如英国青少年司法专家 Barry Goldson 所说，现阶段青少年司法开始进入一种温和的务实

---

① Pamela Ugwudike, Mapping the interface between contemporary riskfocused policy and frontline enforcement practice, *Criminology & Criminal Justice*, 2011, Vol. 11, No. 1, p. 243 - 244.

② Kerry Baker, Assessment in Youth Justice: Professional Discretion and the Use of Asset, *Youth Justice*, 2005, Vol. 5, No. 2, p. 106 - 122.

③ 瑞典研究者在瑞典 35 个区中选择了 6 个区，每个区选择 3 名缓刑官进行一次焦点小组访谈和 3 次单独的访谈，共形成 18 次个别访谈和 6 个焦点小组访谈资料。此外，还收集了 2008 年至 2010 年制作的所有量刑前报告，共有 1320 份。通过文本分析和质性访谈重点考察瑞典的量刑前报告中风险评估是如何被组织和评价的，具体而言，分为三个方面，其一，缓刑官如何看待"风险"和"需求"概念；其二，缓刑官如何评估罪犯再犯罪的风险，评估的依据是什么；其三，缓刑官如何在量刑前报告中陈述他们的观点，如何组织量刑前报告。

阶段，是福利、司法、权利、责任的混合体。福利性的保护和刑事司法虽然分属不同的世界，但是未成年人这一特殊群体使得两者产生交汇点。涉罪的未成年人既是需要被照顾和保护的脆弱受害者，也是需要控制和纠正的早熟威胁者。因此，未成年人司法的任务就是协调和平衡包括福利、司法、权利和责任在内的相互竞争的重要因素。风险评估的应用需要与现阶段务实温和的理念相匹配，对定量为主的风险评估进行必要的调整，为不同的理念在少年司法中的栖息提供成长的土壤，既包括对传统责任理念的修正，也包括吸纳最近欧洲少年司法委员会所倡导的儿童友好、儿童优先的积极少年司法理念。

第三章　规范层面未成年人刑事司法风险评估的改革发展

工具层面未成年人风险评估的发展，对规范层面下的未成年人刑事司法风险评估产生了全方位的影响。对风险和风险评估的关注促进了未成年人刑事司法模式的转变，也给传统未成年人刑事司法的理念、基础理论带来了新的挑战，实现了从以罪责为中心的报应、以福利为核心的复归转换为以风险为核心的预防模式。该模式将未成年人刑罚的重点从惩罚转向功利的预防。未成年人刑事司法将预防未成年人犯罪作为核心目标，处置的依据不仅仅是罪责，还包含了对涉罪未成年人风险的考虑，评估的目的也不是单纯惩罚，而是以风险因素和风险评估为基础建立起一种风险管理制度。以风险评估和风险管理为切入点，对未成年人刑事司法的处遇制度进行形塑，为未成年人司法提供了一条折中的实用主义道路，并主导了近年来西方国家未成年人司法改革。此外，风险评估与循证实践的理念高度契合，引领了世界范围内的未成年人刑事司法的循证实践改革。

第一节　未成年人刑事司法的模式转换

未成年人刑事司法一直在司法和福利之间徘徊，西方国家未成年人刑事司法基本历经了报应模式（强调司法）或福利模式（强调福利）。近年来，风险评估的应用，通过风险概念在中间做了一定的调和，开启了折中的第三条道路。不同于强调严惩的司法模式，也不同于强调保护的福利模式，以风险为核心的预防模式综合了两者的理念，更加强调犯罪的预防，走出了一条关注实效的实用主义路径。通过风险因素的识别，对未成年人犯罪进行评估和分级，在符合传统刑事司法的罪责刑相适应原则的前提下，对于高风险的未成年人加强风险控制，对低风险的未成年人则尽量转移出刑事司法系统或采用福利保护的方式进行教育挽救。[①] 未成年人刑事司法模式的转变本质上也体现了刑罚理念的转变，在传统的一般预防和特殊预防之外，风险管控的理念开始出现，并对一般预防和特殊预防进行了一定的修正。

一、以罪责为核心的报应模式

传统的刑法理论秉持的是“犯罪行为施以符合其罪责的刑罚以报应其恶害”的报应理论，这是刑事司法体系得以建立的基础。未成年人刑事司法最初也是建立在以罪责为核心的报应模式基础上。美国刑事司法学者 Slobogin 认为未成年人刑事司法的报应模式有两种；一种是将未成年人视为“小大人”的完全成人式的报应模式；一种是考量未成年人的特殊性，在成人罪责基础上的减轻罪责模式。报应模式认为未成年人要为他们的行为负责，因此应该因其罪行受到惩罚，尽管在减少报应模式下刑罚可以减轻。随着对未成年人保护的加深，前者已经被各国刑事司法所抛弃，后者则被保留下来，是目前未成年人刑事司法中的主导模式。

（一）罪责主导下的“小大人”的僵化

在刑事古典学派的犯罪理论中自由意志起着核心作用，认为人是在意志自由的情况下有意识地实施犯罪行为，因而应当承担其行为带来的谴责性和惩罚性后果即罪责自负，而且“罪有应得”（Just Deserts）的报应理念占据主导地位，认为惩罚应该与侵害对等，即罪刑均衡。基于理性假设的报应惩罚理念，认为未成年人具有形成犯罪意图的能力，应该像对待成年人一样惩罚未成年人。刑事司法体系关注的是未成年人的“犯罪行为”，即做出决定的依据是罪错未成年人的犯罪行为性质、严重程度以及其是否有前科，而非关注未成年“涉罪人”本身，几乎不考虑未成年人的个体需求。因此，早期各国的刑事司法往往将未成年人看作“小大人”，对涉罪的未成年人，主要关注其犯罪行为，追求罪责刑相适应，主要目的是揭示案件事实真相，合理分配刑事责任，惩罚和矫正犯罪的未成年人。正如早期美国一位检察官所言：“未成年人犯罪仅仅是指年龄还小的罪犯，而不是碰巧犯罪的未成年人。

---

① 参见何挺、张丽霞：《未成年人司法社会支持体系之思考：基于风险控制理论范式的视角》，载《中国应用法学》2020 年第 2 期。

未成年人应该和成年罪犯一样，为他的行为负同样的代价。"[①] 这一模式下只注重对未成年人罪责的考量和惩罚，将刑罚视为解决任何违法犯罪问题的"灵丹妙药"，而完全忽略了未成年人本身生理和心理发展的特殊性。虽然未成年人可以形成犯罪意图，但是未成年人对犯罪认知的控制能力与成年人不对等，正如前文所述，未成年人的大脑认知控制发育不成熟，容易受到情绪和同伴等的影响。此外，研究还证实，对于涉罪未成年人的监禁会增加其犯罪的可能性，而且随着未成年人的生长发育，未成年人往往会在成年以后自动停止犯罪。因此，未成年人不是成年人的缩影，他们有着本质的不同，将成人刑事司法全部应用于未成年人显然不妥当。事实上，完全的成人式的罪责模式目前已经被各国未成年人刑事司法所抛弃，各国普遍开始接纳未成年人的特殊性，并在已有的成人刑事司法范围内做了相应的调整。

（二）减轻罪责模式下"小儿酌减"的缺陷

相比以罪责主导的成人刑事司法模式，减轻罪责模式虽然承认了未成年人的特殊性，并在考量未成年人不成熟的基础上，提出减轻其刑事责任，在具体的量刑上予以减轻，但是这一模式的缺陷在于它还是没有从根本上对未成年人和成年人进行区分。减少责任模式过多地将减轻效果归因于青少年的不成熟，比如与成年人相比，未成年人往往不能做出经过深思熟虑之后的决策，而且容易受到同伴的影响。[②] 在这一模式下，未成年人还是由成年法庭审判，裁判的依据依旧是其犯罪行为的严重程度以及与其相适应的刑罚责任。换言之，裁判的基础仍然是罪责，只是在原有的基础上减轻，然后再分流到不同的处置体系。美国学者 Elizabeth S. Scott 和 Laurence Steinberg 是支持该模式的代表，他们在《重新思考少年司法》一书中详细论证了该模式的理论基础和特征。[③] 在有关罪责的裁判过程中，相称性原则发挥着重要的作用。美国联邦法官在罗珀诉西蒙斯案中的论述，正是基于相称性原则认为未成年人是决策能力受到损害的行为者，类似于传统刑法理论中因精神疾病或

---

① Christopher Slobogin et al. , A Prevention Model of Juvenile Justice: The Promise of Kansas v. Hendricks for Children, *Wis. L. Rev*, 1999, Vol. 4, p. 185 – 226.

② Elizabeth S. Scott & Laurence Steinberg, *Rethinking juvenile justice*, Cambridge, Mass: Harvard University Press, 2008, p. 124.

③ Elizabeth S. Scott & Laurence Steinberg. *Rethinking juvenile justice*, Cambridge, Mass: Harvard University Press, 2008, p. 127.

智力迟钝而受到损害的行为者，因此相比成年人罪犯缺乏可责性。[①]

此外，数据显示，15 岁、16 岁和 17 岁是青少年犯罪最多的年龄，在传统的犯罪衡量标准上，他们比青春期前的青少年更接近成年人。从这一点上来说，减少惩罚模式是对罪责模式的一种合理妥协。减轻罪责模式的倡导者是美国著名的少年司法专家巴里·菲尔德，该模式是目前美国少年法院的主导模式。但是该模式也有其缺陷，它过于关注行为，而忽略了行为人的再犯可能性，因此结果上可能导致高风险的罪犯被释放，也有可能导致对低风险的未成年人过度监禁。在该模式中，法庭重视对未成年人过去的行为罪责进行评价的向后导向，而忽略了向前看的预防性处置的潜在优势。

二、以福利为核心的复归模式

对未成年人福利保护的关注，往往将未成年人看作无辜的，强调教育和挽救，司法处置的目标是帮助涉罪的未成年人顺利复归社会。在这一模式下国家亲权和儿童最大利益原则发挥着重要的作用。国家亲权强调国家承担对未成年人的福利责任，需要国家在涉罪未成年人的监督和管理方面代替父母承担更多责任。儿童最大利益则强调对儿童的特殊保护，一切干预需要最有利于儿童。这二者对于未成年人司法的发展至关重要，催生了世界上第一个少年法院的诞生，推动了未成年人司法和程序的福利化。但也正是基于这二者对福利的过分强调扩张了未成年司法的适用范围，从而挤压了一般刑事司法中责任追究的空间，削弱了刑罚的威慑力，[②] 导致该模式在现实运行中陷入过度“保护”的泥沼。北欧国家是这一模式的代表。

（一）刑罚福利理念下的国家过度干预

国家亲权在未成年人司法中的盛行是刑罚福利主义在刑事司法中的体现之一，本质是由国家代替父母履行少年的福利责任，通过福利国家的介入来帮助其重新回归社会。基于国家亲权理论，未成年人司法通过国家公权力的

---

① Elizabeth S. Scott, Adolescence and the Regulation of Youth Crime, *TEMP. L. REV*, 2006, Vol. 79, p. 339.

② 参见李川：《观护责任论视野下我国少年司法机制的反思与形塑》，载《甘肃政法学院学报》2018 年第 6 期。

行使，帮助罪错青少年脱离不利其成长的环境，并为其提供相应的干预和矫正。日本学者川出敏裕认为，“由于对实施了违法行为的少年所进行的家庭监护教育不能起到良好的作用，所以国家代替双亲行使亲权，为了少年的利益而采取本来应由双亲实施的一定措施。”[①] 现代少年司法制度本质上以维护少年的福利为动因，并不在于惩罚少年的过错，西方国家正是通过少年法院的设立，将保护和实现少年的福利纳入国家的责任范围，使得国家社会功能在少年司法中得以制度化地发挥。[②] 实际上，福利型的未成年人司法也是福利国家的产物。西方福利国家通过少年法院的设立，将维护未成年人的福利纳入自己的责任范围，在未成年人的司法制度中发挥国家的社会功能。这样做的结果是未成年人犯罪的范围进行了扩展，“身份犯”“虞犯”等概念开始出现。少年法官所享有的自由裁量权被无限扩大，且完全抛弃了成人刑事司法中对罪责的考量和对程序的严格要求，比如美国少年司法早期法官自誉为“问题儿童和矫正机构之间的法律桥梁”[③]，可以代替父母行使管教的职责，将年轻的罪犯带离他们的家庭，并将其拘留在“感化院”，高尔特案即是对以爱之名福利模式的著名抗争。此外，国家的过度干预也损害了刑事司法正当程序的基本要求，引起了新一轮未成年人刑事司法正当程序的改革。

（二）最有利于未成年人原则下的过度福利保护

儿童利益最大化是未成年人权利保护的一项国际通行原则。联合国《儿童权利公约》第 3 条第 1 款明确规定：“关于儿童的一切行为，不论是由公私社会福利机构、法院、行政当局或立法机构执行，均应以儿童最佳利益为一种首要考虑。”作为国际社会处理儿童事宜的首要准则，“儿童最佳利益”已经成为世界上诸多国家少年司法的根本指导原则和基本出发点。[④] 虽然儿童利益最大化对未成年人司法至关重要，但是在未成年人刑事司法中，过于

---

① 参见谭堃：《校园暴力问题的风险治理与少年司法模式》，载《青年探索》2017 年第 2 期。

② 参见谭堃：《校园暴力问题的风险治理与少年司法模式》，载《青年探索》2017 年第 2 期。

③ Christopher Slobogin & Mark R. Fondacaro, “Juvenile Justice: The Fourth Option,” *Iowa L. Rev.*, 2009, Vol. 95, No. 1, p. 9 – 29.

④ 参见肖姗姗：《儿童最佳利益原则——兼论对我国少年法的启示》，载《学习与实践》2019 年第 9 期。

强调儿童利益最大化，可能弱化了刑事司法的威慑和预防功能。采用该模式的国家往往采用具有福利色彩的行政模式，处置的目标是避免惩罚性的监禁，帮助未成年人成为更好的人。但是过于宽缓的处置体系可能会放任未成年人的罪错行为，有可能造成更严重的后果。而且过度的保护有可能会损害儿童个体的权利实现。早期美国少年法庭就以实现儿童最大利益的目标，排除使用程序性的保障，认为程序会阻碍提供个性化干预和治疗所需的灵活性。法官往往被视为“儿童的救助者”，我国现今的刑事司法中也可以看到“法官妈妈”“检察官妈妈”一类的称呼开始出现。从最有利于儿童出发，这样的做法无可厚非，但是需要警惕的是过度的保护，如果对涉罪的未成年人不加以区分一概以保护论之，结果是大量的儿童因为爱的名义被过度干预。比如美国早期的少年法院，少年儿童被各种理由纳入少年法庭的管辖，很多因为轻微的违法行为，长期关在各类处遇机构中，不仅没有得到很好的治疗和照顾，反而由于不加区分地保护增加了相互之间感染的可能性。对儿童最佳利益的福利强调，实际上扩大了未成年司法干预在实践中的覆盖面，虽然保有善意和热心的干预，却往往导致边界模糊。例如，在英国，20 世纪 70 年代，被逐出家庭和社区，关进观护所或拘留所的儿童数量大幅度增加。[①] 在我国依托于成人刑事司法的未成年人司法中强调最有利于未成年人的原则有现实的必要性，也可以弥补我国未成年人刑事司法在福利保护方面的欠缺，但是一定要注意不能矫枉过正，最有利于未成年人的前提不是放弃司法的完全的福利。

三、以风险为核心的预防模式

以风险为核心的预防模式与前两者模式有很大的不同，罪责不再是处置的唯一依据，在罪责之外，还需要考虑未成年人的风险水平。该模式要求根据风险因素和风险评估对未成年人进行干预，干预的重点是最小化风险因素，增加保护性因素，防止再犯。该模式的核心目标是预防犯罪，在福利和司法之间开创了一种折中的实用主义路径，而且该模式吸收了精算司法中管

---

① The role of social work in Juvenile justice: International experience, https://www.oijj.org/centro-documental/docs/informes/role-social-work-juvenile-justice-international-experience[2021-04-04].

理主义的理念，赋予精算司法理论积极的意义。英国的英格兰和威尔士地区是该模式的典范。

（一）将犯罪预防作为核心目标

该模式侧重于预防而非惩罚犯罪，它的前提假设是未成年人罪犯不应因其以往的行为而受到惩罚，而是强调以未来为导向的预防，通过干预得到最好的处置。这些干预措施的目标是预防犯罪行为，其范围比在复归模式之下干预的范围要小得多。该模式实际上以公共卫生与健康领域的疾病风险防控模式为范本。在疾病风险防控模式中，通过识别风险因素和保护性因素，划定风险等级，来制订相应的干预计划防控疾病。疾病预防的干预以社区为基础，通过个人、家庭、社区各部门等进行分层级合作，具有普遍预防和前端预防的特征。[①]

以风险为核心的预防模式对未成年人刑事的影响，首先体现在整体理念的调整方面。未成年人刑事司法突破了以往福利保护和司法惩罚的两难抉择，而是从预防犯罪的角度将两者的核心理念进行了综合，将预防未成年人犯罪作为未成年人刑事司法的整体目标。例如英国 1998 年《犯罪和社会失序法》（Crime and Disorder Act 1998）在第 37 条明确规定了将预防儿童和青少年犯罪作为整个青少年司法体系的核心目标，并要求在青少年司法体系中履行职责的个人和机构除了承担其他责任之外，都要考虑这一核心目标。[②]加拿大 2003 年《青少年刑事司法法》（Youth Criminal Justice Act）在序言明确指出，社区、家庭、父母和其他与未成年人发展有关的人和机构应通过多学科的方法，采取合理的步骤，通过解决未成年人犯罪的根本原因来预防犯罪，回应未成年人的需求，向有犯罪风险的未成年人提供指导和支持。[③] 该法还在指导原则中明确表明，要求通过将青年转介到社区方案或组织，消除

---

① 参见何挺、张丽霞：《未成年人司法社会支持体系之思考：基于风险控制理论范式的视角》，载《中国应用法学》2020 年第 2 期。

② Sec37、Sec38 of Crime and Disorder Act 1998, Legislation. gov. uk, http://www. legislation. gov. uk/ukpga/1998/37/part/III/crossheading/youth - justice[2020 - 02 - 24].

③ 参见何挺、张丽霞：《未成年人司法社会支持体系之思考：基于风险控制理论范式的视角》，载《中国应用法学》2020 年第 2 期。

青少年犯罪的根本原因，为预防犯罪作出贡献。①

（二）兼顾福利保护和司法惩罚

一方面，以风险为核心的预防模式并没有完全否定传统的罪责模式，而是在原有罪责模式的基础上纳入了面向未来的行为人因素的考量；另一方面，该模式也吸收了福利理念中的保护因素。风险评估中犯因性需求的提出使得风险概念分化为风险和需求两个层面，而这两个层面就是在福利和司法之间平衡的关键。但需要注意的是，该模式没有采纳传统的福利和司法的论证逻辑，比如福利主要从保护和儿童利益出发，司法主要考量罪责的相称性，风险预防模式则是从风险因素出发，关注对风险因素的预防。这一模式为福利和司法调和提供了一个基点，专注于解释实际的青少年犯罪问题，所以该模式的应用被西方学者称为少年司法实用主义的发展阶段。在这一模式中，福利、司法、权利和责任都被纳入其中，正如英国学者 Barry Goldson 教授所言，少年司法系统本身就不是一成不变的；相反，它是由持续变动的福利、正义、权利和责任所组成的动态系统。②

（三）具有系统管理的社会化属性

该模式吸收了精算司法理论的管理主义的理念，强调从整体上对未成年人刑事司法进行系统的管理，超越了传统的向后看、个人对抗的模式，转向更具系统前瞻性的管理模式。虽然精算司法理论自诞生以来备受质疑，随着精算理论的不断完善，针对个人的教育矫正与整体的预防管理目标进行了内在的整合，产生了精算司法理论积极的一面，并对西方国家刑事司法产生了深远的影响。根据学者的观察，在未成年人刑事司法领域，精算司法理论的影响也在不断扩大，比如预防性拘留、私营机构的增长、社区服务的专业

---

① Declaration of Principle of Youth Criminal Justice Act 2003, Justice Laws Website, https://laws-lois.justice.gc.ca/fra/lois/Y-1.5/page-1.html#h-459037[2020-02-24].

② The role of social work in Juvenile justice: International experience, https://www.oijj.org/centro-documental/docs/informes/role-social-work-juvenile-justice-international-experience[2021-04-04].

化、基于风险分类对未成年人进行处置选择和分配等。[①] 精算司法的系统管理属性关注成本效益和管理效率，主要体现犯罪控制的社会化。本质上，该模式具有行政管理的属性，强调个人风险管理计划和多机构合作的风险管理。该模式需要广泛的社会支持体系，主张由不同领域的专家进行决策，例如学校、家庭、社区、社会福利、医疗卫生和成人刑事司法系统。这一特点在未成年人刑事司法中表现得更为明显。因为未成年人犯罪问题本质上也是一个重要社会治理问题，未成年人司法不是“一家之言”，而是需要其他社会力量的共同参与。

第二节　未成年人刑事司法的理论挑战

从未成年人风险预防模式出发，风险评估的应用对传统的未成年人刑事司法理论产生了深远的影响。一方面风险评估的应用对传统的刑事责任理论、处遇理论都进行了一定的修正，另一方面也对传统的程序正义和证据提出了新的挑战。

一、风险评估对刑事实体理论的挑战

风险评估的应用对未成年人刑事实体理论的挑战，主要体现在两个方面，一是对传统刑事责任理论的修正。以风险为核心的预防模式并不是否定传统的责任理论，而是对其进行了一定的修正，将防卫社会责任和福利纳入其中。二是对传统刑事处遇体系的影响。由于风险的预防属性，使得处遇在未成年人刑事司法中的地位凸显，引入风险评估和风险管理，整个体系更加注重预防犯罪和复归社会的目标，使得处遇体系呈现前置化、多元化和阶梯化的特征。

① Kimberly Kempf-leonard & Elicka S. L. Peterson, Expanding Realms of the New Penology The Advent of Actuarial Justice for Juveniles, *Punishment and Society*, 2000, Vol. 2, No. 1, p. 66 –97.

（一）对传统刑事责任理论的修正

以风险为核心的预防模式并没有抛弃责任的概念，而是对传统的责任理论进行了修正，增加社会防卫和福利的属性。传统刑事司法中的责任一般是指对犯罪行为的一种追究或者负担，可以概括为违反行为的义务或者违反价值行为的非难。[①] 但是学者们都主张对未成年人责任理论进行一定的修正。之所以修正与未成年人风险内涵的发展密切相关。随着风险概念内涵的进一步发展，涉罪未成年人的风险不仅要考虑客观主义路径的行为，还要考虑主观路径的行为人，从而产生了风险—需求的二元性，既要考虑以风险为核心的社会防卫责任，又要考虑以需求为核心的福利型责任。我国学者李川教授也有相关的观点，他认为现有刑事责任理论不符合未成年人发展的特殊性，个体刑事责任能力不是突然产生的，与个体的成长规律有关，即使没有达到法定的刑事责任年龄也能具有一定的责任能力，可以形成对特定行为负责任的反应，由此提出了综合的社会责任和福利目标的观护责任。[②] 其中作者提出的观护责任是在少年福利保护目标前提下，以责任意识培养和责任能力促进为目标的对少年越轨行为的前置型责任追究，是具有教育保护目标。[③] 学者赵俊也提出未成年人责任依据应该采纳社会的责任论，即从防卫社会的立场来非难行为人而产生的责任。[④] 史立梅教授将其进一步解释为兼顾福利理念和犯罪预防的社会责任。[⑤]

不管如何解释责任的不同内涵，都不能脱离对未成年本身这一责任主体的深入研究。现有的以行为为核心的责任体系显然不能为前述责任的追究提供理论的基础，但是以行为人为核心的风险概念则是这一责任内涵的根本来源。英国学者肯绍尔在《解读刑事司法中的风险》一文中提出风险的内涵演变，从危险性犯罪人发展成风险性犯罪人，凸显风险个体的责任。也就是说

① 参见赵俊：《少年刑法比较总论》，法律出版社 2012 年版，第 115 页。

② 参见李川：《观护责任论视野下我国少年司法机制的反思与形塑》，载《甘肃政法学院学报》2018 年第 6 期。

③ 参见李川：《观护责任论视野下我国少年司法机制的反思与形塑》，载《甘肃政法学院学报》2018 年第 6 期。

④ 参见赵俊：《少年刑法比较总论》，法律出版社 2012 年版，第 120 页。

⑤ 参见史立梅：《涉罪未成年人机构化处遇问题思考》，载《检察日报》2020 年 12 月 10 日，第 7 版。

犯罪个体需要就其个人风险可能对社会造成的损害承担责任。[①] 笔者认为 Kemshall 所称风险的个体责任实际上就是防卫社会的责任。此外，随着风险和风险评估的进一步发展，风险概念中的需求内涵也为它与福利理念的对接提供了可能，因为犯因性需求中的需求与福利理念中的需求有一致性，从而产生了福利型的责任，即李川教授提出的对未成年人责任意识培养和责任能力促进的观护责任。

（二）对传统司法处遇体系的影响

风险评估的应用对处遇体系也产生了重要的影响，主要体现在三个方面：处遇的前置化、阶梯化和多元化。“处遇”[②] 一词源于刑事实证学派，他们认为犯罪是一种疾病，应该像对待普通病人一样，对犯罪人进行治疗。最初仅指监狱中的受刑人的处遇，后来扩展到刑事司法全过程。我国学者认为完整意义的犯罪人处遇是指国家和社会为防止犯罪、以犯罪人的社会复归为目的，对犯罪人涉罪人采取的各种处置和待遇的总称。[③] 总体上，“处遇”与“刑罚”相对，但是偏中性，且内涵不同，外延也比较广泛，包括司法处遇、机构化处遇和非机构化处遇。本书探讨的主要是司法处遇，即从立案到裁判的整个刑事司法程序中的警察、检察及裁判阶段的处遇，包括制裁措施的适用和制裁变更以及与制裁执行机关执行处遇方面的争议解决措施。[④] 司法处遇主要围绕刑事诉讼展开，既包括实体性处遇也包括程序性处遇。风险评估的应用对未成年人处遇体系的影响主要体现在促进了处遇过程的重心前置、处遇内容的阶梯化和处遇措施的多元化三个方面。我国学者认为世界各国少年处遇的措施按照性质分为少年刑罚、保安处分、保护处分，其中保护处分优先，刑罚是最后手段。[⑤] 从带有福利性质的保护处分到司法惩罚的刑罚，这实际上也反映了未成年人处遇的阶梯化。风险评估的应用一方面使得

---

① 参见［英］海泽尔·肯绍尔：《解读刑事司法中的风险》，李明琪等译，中国人民公安大学出版社 2009 年版，第 62—63 页。

② “处遇”主要是针对未成年人司法所言，美国学者往往使用“disposition”一词，我国台湾地区的少年法采用“处遇”一词，本质都是想要强调未成年人刑罚与成年人刑罚的不同。

③ 参见周国强、鲁宽：《犯罪人处遇研究》，中国检察出版社 2013 年版，第 12 页。

④ 参见周国强、鲁宽：《犯罪人处遇研究》，中国检察出版社 2013 年版，第 14 页。

⑤ 参见赵俊：《少年刑法比较总论》，法律出版社 2012 年版，第 234 页。

这种阶梯化的处置更加明显，另一方面将整个处遇过程的重心向前端推进，更加关注保护处分和保安处分。此外，随着风险评估发展，也促进了不同处遇措施之间的互动和转换，并进一步促进处遇措施的多元化。

第一，处遇的前置化主要体现为对未成年人的处遇从刑罚向保安处分和保护处分扩展。在前文论述的社会责任和福利理念的基础上，纳入以风险考量为核心的保安处分和保护处分，主要表现为促进非犯罪化和非刑罚化的发展。将未成年人刑事司法的程序向前端推进，促进转处和分流。例如英国未成年人刑事司法程序中设置了庭外处置程序，作为正式刑事程序的前置程序进行司法转处和分流。

第二，处遇的阶梯化主要体现在风险评估的应用方面，域外未成年人刑事司法中，往往将风险评估和分级干预相匹配。但是这里的分级与我国所提倡的分级干预的概念还不一样，我国未成年人的分级干预更多是以行为为中心，而域外未成年人刑事司法中的分级干预的基础是风险评估。

第三，风险评估的应用使得未成年人的处遇体系出现多元化的趋势。处遇的种类不断增多，由身体刑为中心向以自由刑为中心转变，由注重过去向注重未来转变。非监禁的处遇措施日趋复杂、层次结构化。

二、风险评估对刑事程序理论的挑战

美国刑事司法学者 Slobogin 认为即使研发出了法律上让人满意的风险评估工具，风险评估机制也只有在法庭设计出一种考虑其结果的适当程序时才是合法的。[①] 风险评估工具的应用势必对未成年人刑事程序提出新的挑战，这主要体现在两个方面，一方面是对未成年人刑事司法正当程序内涵的反思，另一方面是风险评估本身能否作为证据进入刑事诉讼程序的标准考量。

（一）对未成年人刑事司法正当程序的反思

正当法律程序源于美国宪法中的正当程序条款，“未经正当法律程序，不得剥夺任何人的生命、自由或财产”是其核心表达。未成年人刑事司法的程序正当性，也需要遵循这一核心表述，这一点是无可置疑的，但是未成年

---

① Christopher Slobogin, Introduction to the Special Issue on implementing Post-Conviction Risk Assessment, *Behav. Sci. Law*, 2020, Vol. 38, No. 3, p. 187 – 192.

人刑事司法的正当程序不是完全照搬成人对抗式的刑事诉讼程序，而是需要结合整个未成年人刑事司法体系的核心目标以及未成年人的特殊性做适当的调整。美国学者 Slobogin 提出未成年人司法的正当程序并不需要照搬成人的对抗程序，建议采纳行政正当程序中较为灵活的公平、准确和效率的利益均衡标准。这一观点与我国刑诉学者陈瑞华协商性程序正义理论观点有内在一致性。陈瑞华教授通过我国现行的认罪认罚制度的出现提出了协商性程序正义理论。他认为传统程序正义理论本质上是一种“对抗性的程序正义理论”，主要适用于对抗式的司法裁判程序，而对于行政程序以及刑事审判前程序缺乏解释力。[①] 以上两者虽然侧重点不同，但都认为对抗性的程序正义理论并不一定适用于非对抗的程序。

一方面，未成年人刑事司法需要贯彻正当程序原则。未成年人刑事司法同样具有查明事实的需求，正当程序所要求的反对强迫自我归罪、合法搜查扣押、辩护、对质、证人出庭、非法证据排除等对于未成年人刑事司法也是有必要的。因为如果没有正当程序的保障，可能损害保护未成年人的核心目标。美国少年司法在成立初期对福利极为推崇，认为正当程序会阻碍福利目的实现。早期的少年法庭根植于国家亲权理念，法庭的目标是以最有利于儿童的原则来对待涉罪未成年人。少年法院的支持者认为，程序上的“非正式”最符合法院的处遇个别化的实质性目标。因此，半个多世纪以来，少年司法系统在很大程度上是在没有成人法庭的程序规则的情况下运作的，并且超出了正常司法系统的监督和审查。但是由于过于强调福利，没有正当程序的保障也引起了新的社会问题。少年法院在福利的名义下，将罪错少年长期关押在各种矫治机构，但没有证据显示这种方式真正能够发挥恢复性作用。直到 20 世纪 60 年代早期，最高法院才开始认真考虑在办理未成年人案件时适用成年人的刑事正当程序。1967 年 Gault 案，最高法院裁定，宪法第五修正案对犯罪嫌疑人和被告人的保护同样适用于未成年人。此后的 In re Winship[②] 等案件在未成年人犯罪诉讼程序中确立了诸如不能自证其罪，对指控

① 参见陈瑞华：《论协商性的程序正义》，载《比较法研究》2021 年第 1 期。

② 397 U. S. 358 (1970)。在 Winship 案中，最高法院采用了与高尔特案相同的混合模式。如同在高尔特案中一样，法院将成人和少年标准等同起来，但该决定的基础是正当程序条款。最高法院还强调，它对未成年人的判决不会“对事实调查进行的听证会的非正式性、灵活性或速度产生任何影响”，也不会影响听证会前的非正式性或未成年人程序的处置阶段。

有知情权，提供和质问证人的权利，以及获得律师帮助等基本正当程序权利。经过 Kent 案和 Gault 案，美国开始了少年司法的正当程序改革，未成年被告人获得了与成年人相同的程序保障。

另一方面，未成年人刑事司法的正当程序需要有所变通。未成年人刑事司法的正当程序不能照搬成年的刑事诉讼程序，而是需要采用灵活的标准，考虑未成年人的特殊性，兼顾公平、准确和效率。与美国一样，20 世纪后半期英国少年司法也开始强调正当程序，国家资助的少年司法法律援助快速增长。法律援助的介入使得少年司法的法庭程序不断完善，但随之而来的是程序的烦琐和诉讼的拖延，且花费巨大。1996 年国家犯罪统计委员会的报告显示，一个犯罪少年从被起诉至法庭审判的平均出庭次数是 4 次，每次出庭至少需要 5 名公共资金资助的法律援助和支持人员。报告建议将少年司法系统公共基金的重点从关注程序转移到如何对犯罪少年采取更有效的矫正行动。新工党政府也得出同样的结论，认为过分强调正当程序造成诉讼拖延，少年法庭的程序趋于形式化和表演化，称为“少年法庭程序剧场”（theatre of the court processes）。[①] 不管是少年司法的起源国还是其他域外国家，未成年人司法都曾经历或者正在经历正当程序改革，我国也不例外。我国 2012 年刑事诉讼法修改确定了未成年人刑事程序专章，对未成年人参与刑事诉讼的各项权利予以保障，包括获得法律援助、非羁押措施、合适成年人在场等。越来越多的程序性保障使得未成年人刑事诉讼程序越来越复杂，成本也越来越高。社会调查、合适成年人在场的形式化[②]等使得我国未成年人程序改革也可能成为一种表演式“程序剧场”。

美国刑事司法学者认为未成年人正当程序条款源于美国宪法第六修正案，但并不包括成人刑事诉讼中的陪审团审判等内容，并建议借鉴行政正当程序改革，以灵活的方式来实现正当程序的目的。[③] 笔者也赞同这一观点，未成年人刑事司法的正当程序并不需要照搬成人的对抗模式，而应考虑未成年人的特殊性，在公平、准确和效率之间取得最佳平衡。

---

① Anthony Bottoms & James Dignan, Youth Justice in Great Britain, Crime and Justice: A Review of Research, *Crime & Just*, 2004, Vol. 31, p. 35.

② 参见何挺：《合适成年人讯问时在场：形式化背后的“无用论”反思》，载《环球法律评论》2019 年第 6 期。

③ Christopher Slobogin & Tricia Cross, Reconceptualizing Due Process in Juvenile Justice: Contributions from Law and Social Science, *Hastings LJ*, 2005, Vol. 57, No. 5, p. 955.

以公平、准确和效率为三要素的衡量标准也被称为利益衡量标准，是1976年美国联邦最高法院在“马修斯诉埃尔德里奇案”（Mathews v. Eldridge）中确立的。在马修斯案中，联邦法官认为判断是否符合正当程序一般需要考虑三个不同的因素：第一，可能受到行政行为影响的个人利益；第二，因为现有程序而使相关利益遭到错误剥夺的风险，以及附加的或替代性程序保障所可能具有的价值；第三，政府利益，包括所涉及的行政职责、采用附加的或替代性程序所造成的财政及行政成本。① 这三个要素被提炼为公平、准确和效率，即程序的构建应促进个人和公众对公平、准确决策和有效利用可用资源的理解，从而优化公平和准确性。

在以风险为核心的预防模式中，未成年人刑事司法体系的核心目标是预防犯罪。预防的目标淡化了惩罚的报应理念，往往可以通过更加灵活的方式来实现正当程序的要求，但是这些方式必须有助于实现系统的核心目标。研究表明，侧重于促进尊严和友好的程序更有助于减少再犯，比如沉默权可能会抑制涉罪未成年人复归社会的可能性，因为面对不熟悉的辩护律师或者其他法律援助人员，可能会限制未成年人讲述自己故事的能力。此外，未成年人案件的处置往往涉及多个利益相关方，严格的对抗程序并不能实现对未成年人利益的保护。事实上，我国未成年人刑事司法已经开始探索灵活的方式来实现未成年人刑事程序的正当性，比如目前附条件不起诉的圆桌会议方式。

（二）对风险评估能否作为证据的理论探讨

从证据角度探讨风险评估，有两个核心问题，其一，风险评估能否作为证据使用；其二，如果可以作为证据使用需要具备什么条件。在回答两个核心问题之前，需要对风险评估本身进行深入理解。

从本质上来说风险评估使用的是概率性的术语，是对涉罪人危险性的预测。预测的准确性与风险评估的方法密切相关。前文在论及不同的风险评估的类型时已经对临床风险评估、精算风险评估和结构化风险评估的准确性进行了排序。风险评估的准确性测量指标包括真阳性、真阴性或者假阳性和假阴性。判断风险评估准确性往往依据曲线下的面积（AUC），该曲线是通过

① 参见石肖雪：《正当程序的衡量标准——马休斯诉埃尔德里奇案》，载《苏州大学学报（法学版）》2017年第3期。

绘制真阳性率与假阳性率的关系而得到的。如果得到的曲线遵循左垂直轴，然后是上水平轴（像一个非大写的“r”），曲线下的面积（AUC）将是1.0，表明仪器是100%准确的。相反，如果曲线以从图的左下角到右上角的45度对角线结束，AUC为0.5，这表明风险评估工具在区分真阳性和真阴性方面并不比随机准确。例如VRAG[①]的典型AUC值为0.75，表明在VRAG再次成为受害者的人比没有再次成为受害者的人获得更高分数的可能性为75%。[②] 早期在成人背景下的风险评估准确性的假阳性大于50%，近年来假阳性已经降低到了15%—5%。虽然测量准确性的方法不完美，但比抛硬币更准确，现代风险评估工具的真阳率在50%—85%。此外，使用人员是否接受培训也会影响其准确性。[③]

1. 风险评估的证据属性

从风险评估的概率本质出发，风险评估报告可以被视为证据。“所有的证据都有盖然性，并不存在形而上的确定性”这一观点被英美法系证据学界普遍认同，故而不能仅仅因为使用概率性术语而将此类证据排除在外。我国学者文姬也认为风险评估属于一种基率证据。[④] 她通过推论模型和概率模型证明了风险评估的证据资格。美国最高法院在Barefoot v. Estelle（1983）判例中驳回了对风险评估正当性的质疑，支持在法庭的裁判中使用预测证据，法官的理由是对抗式程序有助于查明预测证据的真伪。[⑤] 然而，正如前文论述少年司法程序对抗性比较弱，则需要对于风险评估的准确性提出更高的要求。美国学者Slobogin的观点是将其视为量刑证据，他的观点是在量刑阶段

---

① 暴力风险评估指南（VRAG），在加拿大和几个美国司法管辖区被广泛使用。它依赖于12个风险因素，包括个人在精神病清单上的分数（一种考虑犯罪历史的精神病衡量标准）；小学不当行为；诊断（人格障碍与风险正相关，精神分裂症与风险负相关）；指数犯罪的年龄；16岁前父母在家；有条件释放时的表现（如有）；非暴力犯罪；婚姻状况；受害者伤害；受害者性别；酗酒史。

② Christopher Slobogin, Principles of Risk Assessment: Sentencing and Policing, *Ohio St. J. Crim. L.*, 2018, Vol. 15, p. 587 – 588.

③ Christopher Slobogin, Risk Assessment and Risk Management in Juvenile Justice, *Crim. Just.*, 2013, Vol. 27, No. 1, p. 10.

④ 基率是指具有某种属性的个体在总体中的百分比。

⑤ Christopher Slobogin & Tricia Cross, Reconceptualizing Due Process in Juvenile Justice: Contributions from Law and Social Science, *Hastings LJ*, 2005, Vol. 57, No. 5, p. 955.

可以不受证据规则的限制。关于风险评估属于专家证据还是品格证据，有不同的看法。学者文姬的观点是两者皆可，认为品格证据和专家证据是不同维度的划分，可以根据具体情况来进行判断。[①] 笔者认为，风险评估不宜被当作品格证据。主要基于两点考虑：第一，从风险评估的早期形式可以看出，它是由临床医生作为专家在法庭所提供的证词，属于专家证言，但是随着风险评估技术的发展，从单个的临床经验开始上升到群体智慧的专业评估工具，自然不能将其视为单个专家的证言。第二，风险评估不能等同于品格证据。虽然风险评估报告在内容上与品格证据类似，但是两者表达的核心内容是有差异的。有学者认为品格证据是指实施或者不实施某种行为的意向或者倾向。[②] 从倾向性出发两者具有一定的相似之处，但是品格证据更加侧重一个人的品行，或者说是对一个人人格特征的评价。而风险评估中的风险不仅仅是对人格的评价，随着风险评估的发展和工具的演变，风险还扩展到了更广泛的社会背景、情境因素以及与刑事司法体系的互动等，这些内容都不是人格可以涵盖的。关于风险评估证据种类的探讨还会在后文结合我国未成年人司法的具体制度详细展开论述。

2. 风险评估需满足的三个基本原则

虽然风险评估报告可以当作证据，但是其在司法裁判中的应用需要遵循三个基本原则，即适当性、有效性和公平原则。该原则由美国学者 Slobogin 提出，他认为这三个原则是研究人员和使用风险评估工具的人员需要理解和遵守的。

首先，适当原则源自美国联邦最高法院在 1993 年的 Daubert v. Merrell Dow Pharmaceuticals 案的意见。在该案中法官认为风险评估应该要解决案件争议中的确切的法律问题。尽管心理学家在研发和设计风险评估方面做得很好，但是他们往往并不知道法律关注的是什么。适当性原则至少应满足 4 个层面的要求：第一，风险评估应该能够提供具体的概率估计。现有的风险评估往往采用中、高、低的等级划分。关于风险评估结果的表达方式问题，学者们在 2020 年美国举办的定罪后风险评估的研讨会上有不同的意见。有学

① 参见文姬：《再犯危险性评估的应用》，载《法学论坛》2014 年第 1 期。

② 参见蔡巍：《美国联邦品格证据规则及其诉讼理念》，载《法学杂志》2003 年第 4 期。

者认为风险评估结果的非量化表达不利于法庭的规范性裁判。[①] 报告风险评估结果的未量化方法不适当地模糊了正在做出的规范性判决。即主张没有具体的概率估计，法庭就不能依据风险做出剥夺自由的决定。根据得克萨斯州的死刑方案，只有当州政府能够毫无疑问地证明死罪谋杀犯“有可能”再次犯罪时，危险的加重因素才得到证明。从技术上讲，这意味着州政府需要证明该人再次犯罪的可能性为 51%—95%。[②] 第二，风险评估工具应该具有适当的结果度量的衡量标准。因为剥夺自由事关重大，所以轻微犯罪行为的风险即使很高，也不应该影响关于监禁的决定。基于这一假设，对这些工具的研究应该将“严重的暴力”作为结果的衡量标准。第三，需要注意风险评估的时间期间与法律要求相匹配。比如两年内再犯还是七年内再犯对于法律的裁判决定影响很大。第四，风险评估应向法律决策者提供关于预防性替代措施的信息。风险评估的研究不仅应该帮助法院评估风险水平，还应该评估替代性措施能够实现预防目标。换句话说，风险工具应该解决风险评估和风险管理的问题。

其次，有效性原则是指风险评估的可靠性。从证据证明标准来看，学者们认为风险评估的准确率应该在 75% 以上。这一数字不是凭空而来的，75% 以上在优势证据和排除合理怀疑之间。这个数字不是任意选择的。在阿丁顿诉得克萨斯州一案中，美国联邦最高法院认为，精神疾病患者不得以危险为由被拘留，除非有明确和令人信服的证据，这种证据通常被量化为 75% 的确定性。此外，有效性还要求风险评估的目标群体是一致的。比如上文提到的 VRAG 最初是加拿大研发的，用于预测性犯罪者再犯的工具。但如果将其推广到普通未成年人群体则需要经过严格的验证。

最后，公平性原则对风险评估提出了更高的要求，是指风险评估不能导致歧视和不平等，还应该促进保护性因素的风险管理。相比前两者，该原则更难达到。威斯康星州最高法院在威斯康星州诉卢米斯（State v. Loomis）（2016）一案中的意见对风险评估的歧视问题给出了指导性意见。在该案中

---

① Daniel A. Krauss et al. , Rik assessment communication difficulties: An empirical examination of the effects of categorical versusprobabilistic risk communication in sexually violent predator decisions, *Behav Sci Law*, 2018, Vol. 36, No. 5, p. 532.

② Christopher Slobogin, Principles of risk assessment for researchers andpractitioners, *Behav Sci Law*, 2018, Vol. 36, No. 5, p. 529.

法院指出如果不对男女性别进行区分，将导致对两性进行错误的分类，而纳入性别因素有助于提高准确性，且符合机构和被告的利益，不构成歧视的目的。① 风险评估应尽可能基于动态或者是犯因性需求因素，如药物滥用或冲动性，因为该类因素是可以通过干预改变的风险因素。公平性原则的这一方面与适当性原则的第四个层面的要求相吻合，即风险评估应该注重提供与风险管理相关的内容。因此，研究人员应该努力在他们的算法中包括降低风险的保护性因素，通过干预来降低他们的风险水平。此外，尽管研发人员认为风险评估的源代码和算法分析是其专有产品，不便公开，但是从公平原则出发，风险评估的研发者和使用者必须做好解释和审查算法的相关工作。

第三节　未成年人刑事司法的制度形塑

以风险为核心的预防模式，对未成年人刑事的具体制度也产生了影响。制度的形塑主要体现在两个方面，一是以预防犯罪为核心的处遇体系，二是以管理主义为核心的社会支持和保障机制。在这两方面的制度建设中风险评估都起着重要的作用。一方面，在以预防犯罪为核心的处遇体系中，风险和风险评估在替代性刑罚和处遇的多元化方面发挥重要作用；另一方面，在以管理主义为核心的社会支持和保障机制中也是围绕风险和风险评估，进行多机构合作的机构改革，以适应风险评估和风险管理的现实需求。其中最为典型的范例是英国青少年司法的制度改革，下文主要以英国为例来说明风险评估对未成年人刑事司法制度的形塑。

一、以预防犯罪为核心的处遇体系

英国青少年司法是以预防犯罪为核心建立的。新工党政府上台以后，为有效应对日益严重的青少年犯罪问题，政府认识到一项成功的刑事司法政策有赖于制定一项包容性的社会政策，开始致力于为“有犯罪危险的年轻人提

---

① Christopher Slobogin, Principles of risk assessment for researchers andpractitioners, *Behav Sci Law*, 2018, Vol. 36, No. 5, p. 531.

供适当的帮助和支持”。[①] 依据 1998 年的《犯罪与社会失序法》，英国的青少年司法围绕犯罪预防进行了一系列的制度改革，形成以风险和风险评估为核心的处遇体系。

（一）未成年人司法处遇的特点

以风险和风险评估为核心的处遇，既不是对涉罪未成人的报应式的惩罚，也不是过于福利的保护和关爱，而是以犯罪预防为核心，将司法惩罚和福利的保护进行有效的平衡。全程纳入风险评估，以涉罪青少年为中心，通过非刑罚化和多元化的处遇制度改革，以实现未成年人利益的最大化。英国青少年司法处遇体系从程序上可以分为庭外处置、起诉、法庭裁判和处置程序，[②] 其中庭外处置和法庭审判是整个处遇体系的重心。庭外处置程序尽量通过警察警告、附条件警告措施将大量轻微犯罪行为及时转出刑事程序，实现非犯罪化。法庭裁判则尽量促进非监禁的判决，促进非机构化、非监禁措施的适用实现犯罪非刑罚化。英格兰和威尔士地区青少年司法处遇流程如图 2 所示。

（二）未成年人司法处遇过程的前置化

未成年人司法处遇过程的前置化体现在庭外处置体系中，主要表现为未成年人的转处措施。在英国青少年司法体系中，专门设置了庭外处置程序，作为正式刑事程序的前置程序进行司法转处。针对少年的法定庭外处置的具体措施包括：青少年警告和青少年附条件警告，此外，还包括一种非法定的选择，通常称为庭外决议。庭外处置制度主要适用于罪行轻微的青少年案件，其目的是使青少年今后不再参与刑事司法系统，避免其与刑事司法的深度关联。庭外处置会产生四种结果：不采取进一步行动、社区决议、青少年警告和青少年附条件的警告。当少年犯罪被警察发现或者逮捕，如果经调查

---

① Christina Stahlkopf, Political, Structural, and Cultural Influences on England’s Youth Offending Team Practices, *International Criminal Justice Review*, 2008, Vol. 18, No. 4, p. 456.

② 英格兰的少年刑事司法体系中的少年案件是指年龄在 10—17 岁的青少年犯罪案件。在整个刑事司法流程中涉及警察、青少年犯罪小组、皇家检控署、少年法庭、刑事法院以及各类少年安置机构，不同的机构各司其职，相互配合，共同致力于预防少年再犯，保护少年利益。

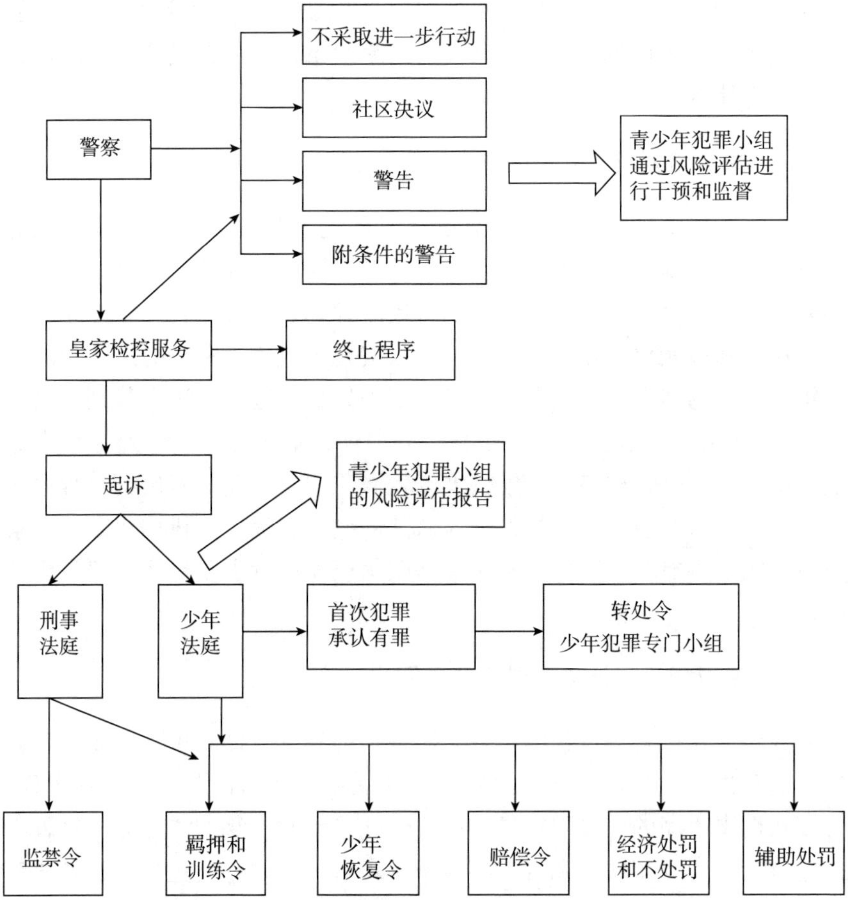

图3－1　英格兰和威尔士地区青少年司法处遇流程①

没有实质性犯罪行为或者少年不认罪且没有足够的证据提起诉讼，警察会释放该少年，不采取进一步行动。如果少年承认犯罪，但是初次犯罪且罪行轻微，在考虑受害者意见的前提下，警察可以选择社区决议，即在犯罪少年、受害人以及相关利益方达成非正式的协议，也被称为“街头恢复性司法”。②

---

① 少年犯罪专门小组也称为转处专门小组（Youth offending penal team）。

② See Out-of-court disposal work in youth offending teams, https://www.justiceinspectorates.gov.uk/cjji/wp-content/uploads/sites/2/2018/03/Out-of-court-disposal-work-in-youth-offending-teams-reportb.pdf[2021－04－11].

社区决议记录会保存在当地警察系统，但不构成犯罪记录，警察可以通知青少年犯罪小组协助该协议的执行。

依托专门的青少年犯罪小组，风险评估在整个庭外处置制度中发挥着重要的作用。在庭外处置程序中，青少年犯罪小组基于风险评估和社会调查对是否起诉、是否保释，以及做出何种处置给出建议，并负责警告和附条件警告处置的监督和后续跟进。[①] 根据2013年实施的《法律帮助、审判和惩罚犯罪行为法令》，警察和青少年犯罪小组必须有效合作，确保法庭外的处置体系有效运行。当做出一个青少年警告，警察必须告知青少年犯罪小组，如果是以前有过犯罪经历，警察则需要根据青少年犯罪小组的风险评估，由警方和青少年犯罪小组联合做出决定。可以看出，在英国的庭外处置制度中甚至赋予了青少年犯罪小组一定的裁量权，跟警察一起做出联合的决定。

（三）未成年人司法处遇内容的多元化

除了庭外的处置，未成年人司法处遇的内容在审判阶段也逐渐多元化。英国的少年法庭可能做出罚款、转处令、赔偿令[②]、恢复令、训练和监禁令[③]、亲职令[④]等裁判。其中转处令、恢复令是以风险为核心干预的重心。转处令是一项特殊的法庭判决，首次在少年刑事司法领域纳入社区因素，最

---

① See Youth Out-of-Court Disposals Guide for Police and Youth Offending Services, https: //assets. publishing. service. gov. uk/government/uploads/system/uploads/attachment _ data/file/438139/out - court - disposal - guide. pdf[2021 - 04 - 11] .

② 对于罪行轻微的少年犯罪，少年法庭可以做出赔偿令（raprationorder），赔偿令要求犯罪少年向被害人或者社区进行补偿，旨在让犯罪少年承担犯罪行为的后果，对被害者做出实际的补偿。

③ 少年法庭还可以做出羁押和训练令，也被称为无缝判决，该处置的前半部分在羁押设施中服刑，后半段则在社区的监督下服刑。这样的羁押安排使少年罪犯能够“无缝地”从羁押场所转移到社区，其重点是明确的“判决计划”，以确保羁押时间得到建设性的利用，并在释放后得到有效的监督和支持。Anthony Bottoms & James Dignan, Youth Justice in Great Britain, Crime and Justice: A Review of Research, *Crime & Just.*, 2004, Vol. 31, p. 89.

④ 亲职令包括两种情况：第一种情况要求父母参加咨询或者指导会议，最长期限3个月；第二种情况要求父母或者监护人对少年进行某种程度的控制，比如确保少年上学或者确保其避开特定的人和地方。该命令也是由青少年犯罪小组负责执行，如果父母不遵守相关命令则可能构成刑事犯罪，最高可罚款1000英镑。

早由1999年的《少年司法与刑事证据法》提出，现在规定于2000年《刑事法院审判权力法案》。英国学者认为转处令的创设实际上是以苏格兰儿童听证程序为基石、以福利原则为指导，其基本的理念是恢复、赔偿和帮助少年重新融入社会，其目的是改善少年犯罪行为，防止少年再犯。如果是初次犯罪，少年法庭可以做出转处令（referral order），将少年转移给青少年转处专门小组（Youth offender panel），青少年转处小组负责召集犯罪少年及其父母以及受害人等就改进少年犯罪行为达成具体协议，协议的内容可以包括赔偿、宵禁、和解或者参加特定的教育培训等。青少年犯罪小组必须在法庭做出转处令20天内招募培训社区志愿者建立转处专门小组，并向转处专门小组提供转介报告。转介报告不能提出任何有关协议的建议，主要是提醒专门小组考虑法庭量刑关注的重点以及受害者可能接受的赔偿方式。转处专门小组包括一名青少年犯罪小组成员和两名经过资格认证的社区工作人员，其中青少年犯罪小组成员担任顾问和监督的角色，负责向社区工作人员提供少年背景信息和建议并监督少年行为，社区工作人员是转介小组的决策者。犯罪少年及其家长必须参加该协商会议，如果被害人同意，被害者被要求尽量参加。转介期与犯罪行为的严重程度相适应，三个月至十二个月不等。如果达成了协议，转处专门小组将负责监控该协议，并在少年遵守协议的前提下，解除转介令。如果不能达成行为协议，或者少年违反协议条件，少年罪犯则会被送回法庭，以原罪判刑。①

2008年《刑事司法和移民法案》创立了少年恢复令，该法令重新建构了少年法庭的裁判框架，取代了1998年《犯罪和社会失序法案》确立的9种社区处置，包括行动计划令、监管令、缓刑令、社区服务令等，简化了法庭裁判程序，提高了干预措施的灵活性，被英国学者称为“点菜式的判决”“自助餐厅式的司法”。少年恢复令需要与少年犯罪严重程度相匹配，需要根据少年犯罪特点选择相应附加条件，最长期限是三年。其理论基础上对犯罪的干预需要与少年犯因性需求和风险因素相匹配。少年恢复令提供了一揽子的附加要求，根据少年司法委员会的指导，少年恢复令可以附加18项具体要求，比如禁止具体活动要求规定特定的时间禁止做某事、宵禁要求、电子

---

① See Referral Order Guidance October 2018, https://assets.publishing.service.gov.uk/government/uploads/system/uploads/attachment_data/file/746365/referral-order-guidance-9-october-2018.pdf[2021-04-11].

监控要求、毒品测试要求等。少年恢复令需要基于精算风险评估的结果，根据罪行严重程度选择相应的社区干预计划，最长期限是三年。对于附加要求的数量没有限制，但是附加要求必须与少年犯罪严重程度相适应。

总的来说，英格兰少年刑事司法体系的显著特征即明确以预防儿童和青少年犯罪为核心目标。如前文所述，英格兰少年司法体系是当代精算司法理论的产物，顺应了当今社会应对少年犯罪问题的新趋势，其整个少年司法体系关注的重点从犯罪个体及原因转向关注整体系统性管理和控制，预防犯罪和减少再犯成为评价少年司法体系的核心指标。1988 年的《犯罪与社会失序法》将预防儿童和青少年犯罪确立为整个未成年人司法体系的核心目标，因此依据该法建立起来的少年司法体系不管从实体上还是从程序上都有效贯彻了该原则，前者比如通过规定反社会行为令、性犯罪令，对于尚未构成犯罪但对社会和公众具有危害性的行为予以早期介入和制止；后者比如通过警察警告、附条件警告措施将大量轻微犯罪行为及时转出刑事程序，以及通过法院对转介令、恢复令、赔偿令等非机构化、非监禁措施的适用实现轻微犯罪的非刑罚化。这些实体和程序上的措施对于预防未成年人犯罪和再犯罪具有非常重要的意义。根据英格兰少年司法委员会发布的年度工作报告①，英国青少年司法在预防和减少少年犯罪方面取得了显著的成绩。近年来首次进入少年刑事司法体系的人数、再犯人数、监禁人数都在不断下降。以 2018—2019 年度报告数据为例，截至 2018 年 3 月，首次进入少年刑事司法系统的平均年龄是 15.2 岁，总人数是 14373 人，总人数与 2017 年 3 月相比下降了 14%；截至 2017 年 3 月，再犯率是 40.9%，相比 2016 年同期下降 13%，达到近十年来的最大降幅。②

二、以管理主义为核心的机构保障

随着精算司法理论的提出，西方国家的刑事司法体系从 20 世纪后期开

---

① 英格兰和威尔士少年司法委员会在少年司法委员会官网发布年度工作报告，收集和分析首次进入刑事司法系统的儿童人数、再犯儿童人数以及被监禁儿童人数等数据，并汇报该组织的最新角色及年度账目。

② See Youth Justice Board Annual Report and Accounts, 2018 to 2019, https://assets.publishing.service.gov.uk/government/uploads/system/uploads/attachment_data/file/820763/YJB_Annual_Report_and_Accounts_2018-19_pages_web.pdf[2020-12-10].

始更加强调系统的理性和管理主义。通过风险评估的应用，关注风险的识别和分类，进而从整体上对犯罪进行理性的预防和管理。围绕风险评估对未成年人的管理和保障制度也进行了一定的改革。以英国为例，工党政府在改革初期就确定采用多机构合作的管理主义路径来应对少年犯罪问题，其具体实践路径即在少年司法改革中创新性地建立了多机构合作的组织机构体系，将社会工作、警察、精神卫生、教育、法庭、缓刑等不同部门纳入其中，采用统一的风险评估框架来进行少年司法支持服务工作，并使之与已经存在的刑事司法系统有机衔接。多机构合作的组织机构体系集中体现在两个机构的设置上，即青少年犯罪小组和少年司法委员会。青少年司法委员会在整体上负责指导和监督整个青少年司法体系的运行，研发统一的风险评估工具。青少年犯罪小组则通过调查和风险评估向警察、皇家检控等提供风险评估结果，将风险评估与青少年的复归计划和干预措施相联系。

在英国的青少年犯罪小组和青少年司法委员会的组织结构中体现出了明显的管理主义的色彩，而且在这两个机构设置中充分体现了多机构合作的理念。比如英国近年来对青少年司法委员会进行改革，在其内部成立了一个青少年司法顾问专门小组来整理收集各方关于青少年司法的观点和建议，并建立少年司法体系监督小组（Youth Justice System Oversight Group），将不同部门的高级政府官员集合在一起面对青少年司法系统的挑战。多机构合作的青少年犯罪小组则为涉罪少年提供了一个联合处遇机会，跨专业领域的合作在于确保将不同专业技能集合来应对未成年人的犯罪、社会需求和教育等，克服少年司法服务中存在的结构性分离，避免不同机构之间重复的工作。在该小组中有来自不同机构、不同文化、不同专业领域的专家，他们需要相互尊重理解各自在少年司法系统中发挥的作用，进行跨专业的实践活动，满足其个性化综合的需求，为犯罪少年提供整体的服务。

第四节　未成年人刑事司法的实践改革

工具视角风险评估的发展对未成年人刑事司法的具体实践产生了重大的影响。风险评估为未成年人刑事司法实践提供了循证的基础，与循证实践的理念高度契合。风险评估工具的纳入也开启了世界范围内未成年人刑事司法循证实践改革。循证实践改革主要集中于未成年人矫正领域。以上文所述的处遇改革为基础，未成年人循证实践改革也开始扩展到未成年人刑事司法的全过程。其中最为典型的是美国未成年人刑事司法的循证实践改革，我国学者也指出“从风险确定、动态预警到依据证据进行精准干预，智能化再犯风险评估在美国循证实践的改革中起到了不可或缺的作用”[①]。下文主要以美国为例来阐释以风险评估为核心的未成年人刑事司法的循证实践改革。

一、循证实践改革的基本内涵

未成年人刑事司法循证实践的改革与前文提到的刑事司法理念和模式的转变是同步进行的，从“什么都没有用”到“有一些有用”，学者们改变了对未成年人司法的消极态度，开始采用更加积极和科学的态度对待涉罪未成年人。这一过程与风险评估的发展和应用也密切相关。正是风险评估的发展和应用催生了未成年人司法新的实践方式，风险评估也成为未成年人刑事司法循证实践的核心原则和核心技术。

（一）未成年人刑事司法循证实践的缘起

美国未成年人刑事司法循证实践改革主要由麦克阿瑟基金会“Model of Change”项目推动未成年人刑事司法循证实践，强调风险评估和循证干预，以再犯、成本和效益为实践改革的核心指标。循证实践的概念最初来源于医学领域，是指在某一个特定的领域内，利用科学原则评估项目有效性，发展最佳实践的过程。循证实践的过程体现了科学、公平、效率的价值，对管理学、教育、犯罪等领域也产生了深远的影响。1974 年马丁森教授通过元分析对 1945—1967 年的犯罪矫正项目进行评估，发现这些项目都是无效的。马丁森教授的研究使得学界和司法实践都对未成年人司法抱有消极的态度，也促进了整个未成年人司法进一步走向严惩模式。各州对未成年人犯罪采取严惩的态度，大量未成年人被关进监狱或者大型的惩教设施，监狱人满为患，引发严重的财政和社会危机。20 世纪 90 年代，一种乐观的心态开始出现，关于项目有效性的问题研究者们达成了一些共识，即有些项目在少年司法实践过程中确定有效。1996 年马里兰大学受国会和司法部的委托对全美 500 多

---

① 参见狄小华：《智能化再犯风险评估司法应用的法律风险及其防范》，载《学术界》2020 年第 5 期。

个犯罪预防和犯罪矫正项目进行有效性评估，以协助州和地方执法部门以及社区预防犯罪，最终形成了“马里兰报告”。报告发现，一些预防项目有效，一些无效，一些有希望，还有一些没有得到充分的研究检验。随着犯罪学循证实践的发展，采用随机对照实验和试验的方式对各类犯罪预防项目进行评估，并引入经济学领域荟萃分析，有效识别有效项目和无效项目的特征，提出了基于项目有效因素的最佳实践项目，开始关注“what works?”，支持用科学原则来解决犯罪相关的问题。一些研究机构通过严格的实验研究和荟萃分析开发了一些经过实验验证的、有前景的项目列表，帮助决策者和实践者选择有效的项目，推行最佳的实践。在未成年人司法领域，循证实践是指经过严格评估并被证实有效的预防少年犯罪和减少少年再犯的项目、实践和政策。本书主要侧重于广义的未成年人司法循证政策和循证实践本身。① 最早将循证实践的概念引入未成年人司法领域并进行界定的是美国学者 Peter W. Greenwood，他认为循证实践改变了预防和控制未成年人犯罪的方式。未成年人司法循证实践的目标有两个，其一是预防犯罪，防止少年成为越轨少年；其二是预防再犯，即减少少年成为成人罪犯的可能。②

（二）未成年人刑事司法循证实践的核心

未成年人司法循证实践的核心是风险评估。正如循证医生需要针对病人的情况对症下药，未成年人司法也需要针对少年的犯因性特点和少年需求来决定将未成年人分到特定的项目。我国学者也认为“尽管是目前矫正领域最为前沿的矫正理念，也是最为科学的矫正方法，但如果没有智能化再犯风险评估的技术支撑，它只能是一种理念而难以成为矫正实践。”③ 风险评估为循证实践理念的实现提供了技术和理论的支持，其中风险评估工具的运用是重要的环节。风险、需求和责任原则也是指导实践的核心原则。根据风险原则，少年司法循证实践应该主要针对高风险的少年。根据需求性原则，循证

---

① Butts, Jeffrey A., What's the Evidence for Evidence-Based Practice? *Research and Evaluation Data Bits*, 2012 – 10, https://johnjayrec.nyc/2012/10/05/databit201210/ [2020 – 12 – 10].

② Peter W. Greenwood & Brandon C. Welsh, Promoting Evidence-Based Practice in Delinquency Prevention at the State Level: Principles, Progress, and Policy Directions, *Criminology & Pub. Pol'y*, 2012, Vol. 11, No. 3, p. 493 – 513.

③ 参见狄小华：《人身危险性视野下的中国再犯问题检视》，载《中国监狱学刊》2020 年第 4 期。

实践要求未成年人司法干预项目针对犯因性需求，不包括与此无关的其他需求，比如只是为了接受心理治疗或者其他治疗而留在少年司法系统中的少年。需求性原则是为了避免使得少年受到正规司法系统处理的负面影响，它关注的是少年的犯罪需求，与再次犯罪的风险没有直接关联。最后是响应原则，即如何处理，反应性原则是将少年的个人特点与项目特征相匹配。行为和认知行为技能培养技术通常被认为是最有效的项目选择。① 根据国家少年司法研究中心 2013 年的统计数据，目前 38 个州在州一级采用单一的风险评估工具，42 个州通过州法令或缓刑机构政策支持风险评估。此外，4 个州有州机构建议在未成年人缓刑中采用风险评估。②

（三）未成年人刑事司法循证实践的特征

第一，循证实践以研究为导向。循证实践项目与传统少年司法项目的最大不同是在研究和实践之间搭建了桥梁，纳入研究机构对项目的推进进行指导。利用研究机构对各类项目的有效性进行评估，指导实践选择最佳的项目。在美国，有些研究机构已经建立了循证项目的资源库，为美国循证实践的改革提供支持和指导。例如预防暴力犯罪蓝图计划（Blueprints for Violence Prevention）③、Mark Lipsey 进行的 meta 项目分析、华盛顿公共政策研究所④、

---

① See Edward J. Latessa & Christopher Lowenkamp, What Works in Reducing Recidivism? University of ST. Thomas Law Journal J, 2006, Vol. 3, No. 3, pp. 521 – 535.

② See Juvenile justice services: http://www.jjgps.org/juvenile-justice-services[2020 – 12 – 10].

③ 蓝图清单是前文提到的 1992 年由科罗拉多大学预防暴力研究中心的 Delbert Elliott 领导的一个研究项目。Center for the Study and Prevention of Violence 致力于通过决策者和行动者建立合作，将高质量的研究纳入预防暴力的实践。根据 Center for the Study and Prevention of Violence 蓝图项目网站目前有 89 个项目，其中列出了 3 个模范加项目（Model Plsus）、14 个模范项目（Model）项目和 72 个有前景的项目（Promosing）。See The Blueprints for Healthy Youth Development，https：//www.blueprintsprograms.org/program – search/［2020 – 12 – 10］.

④ 华盛顿州立公共政策研究所使用元分析方法对项目进行评估，考虑项目对纳税人和犯罪受害者的成本，项目和策略没有排名，但对累犯的影响进行了测量。

坎贝尔国际合作组织及其犯罪和司法小组的电子系统评论图书馆[①]。此外，司法项目办公室的犯罪解决方案、少年司法和预防犯罪示范项目指南办公室、联邦政府青年项目跨部门工作组也公布了少年司法项目指南。《示范项目指南》是少年司法和预防犯罪办公室建立的循证实践的大型项目数据库，涵盖少年司法服务的各个方面。内容涉及哪些项目有效，哪些项目有希望，哪些项目在少年司法、预防犯罪以及儿童保护和安全方面无效。循证实践项目的内容更聚焦更高效。被证实有效的循证项目主要分为三类：品牌项目、一般项目和一些原则。品牌项目是指通过研究机构验证有效，并且在联邦拨款的支持下被广泛推广的项目，包括功能性家庭治疗（Functional Family Therapy）、多系统治疗（Multisystemic Therapy）、多维治疗寄养（Multidimensional Treatment Foster Care）、护士—家庭伙伴关系（Nurse-Family Partnership）。一般项目是指心理咨询、行为矫正、团体治疗等通用策略项目。

第二，循证实践的实施需要政府发挥核心领导作用。传统的政府购买的少年司法项目由市场竞争自发形成。项目的运营方式是自下而上，由社会组织、私人团体发起，政府购买其服务，政府只提供场所，或者完全由民营企业主导，政府不介入项目运营。比如由民营企业提供的新兵训练营等非监禁服务项目。[②] 但是循证项目的运营要求政府发挥更加积极的作用，因为循证项目的运营往往需要协调少年警察、少年法庭、缓刑、教育、福利等少年司法相关机构，需要少年法官、检察官、辩护人以及政府、社会组织、社区、家庭等多方参与。在推进少年司法循证实践的过程中美国各州政府都发挥了重要作用。根据少年司法研究中心的统计，目前有 18 个州在法律上支持在少年司法领域推行以循证为基础的项目和实践。28 个州的行政法规要求在某种程度上实施循证实践。其中 13 个州建立了一个支持中心或协作中心，致力于协调有关青少年司法中实施、评估和维持基于证据的程序和实践的活动。

第三，循证实践的推广是动态可持续发展的。循证实践项目的实施是一

---

① Campbell Collaboration 成立于 2000 年，以有影响力的实验心理学家 Donald Campbell 的名字命名。合作的目的是通过元分析对教育、社会工作和福利、犯罪和司法等领域的高质量研究证据进行系统的审查，促进循证为基础的政策和实践。

② 参见张鸿巍：《少年司法通论》，人民教育出版社 2011 年版，第 496 页。

个复杂的过程，一般需要2—4年时间完成，具体包括项目探索、项目融入、项目初步实施、项目全面实施、项目创新以及项目可持续发展六个阶段，各个阶段不是彼此孤立的，而是相互影响。[①] 最佳的实践总是处于一个动态的发展过程，现在正在进行的项目可能不是有效的，但是它的实施为最佳实践的开发提供了研究证据，促进了最佳实践的发展。在推行项目的过程中，不断扩展新的循证项目，且不断补充新的数据促进循证实践往更优更深入的方向发展。除了上文提到的四个品牌项目，各州也都在研发新的循证项目，进行项目创新，促进项目可持续发展。

二、循证实践改革的典型范例

未成年人循证实践改变了以往未成年人刑事司法体系运作的方式，需要政府、法庭、检察院、缓刑部门以及社会组织等相关利益方积极参与和配合。未成年人循证项目早期主要是在私人基金会的支持下在地方一级开展。但是随着循证实践项目的不断发展的需求，由于基金会等社会团体的基金、协调能力有限，无法完成循证项目大范围的复制传播，迫切需要各州在少年司法循证实践中发挥越来越重要的作用。以下从项目和州政府两个角度来展开美国少年司法循证实践的现实样态。

（一）项目范例：安娜基金会的审前羁押替代项目（JDAI项目）

美国少年司法与预防犯罪办公室通过对被监禁少年进行调查发现，许多少年因为非暴力犯罪被羁押，羁押对少年的福祉、教育和就业前景产生了负面影响。自2010年以来，少年司法与预防犯罪办公室和安妮·凯西（Annie E. Casey）基金会合作，旨在全国范围内推行羁押替代措施。少年司法与预防犯罪办公室20世纪90年代初发起了少年羁押替代倡议，旨在帮助在刑事司法系统的少年远离监狱，减少各辖区的被监禁少年数量。审前羁押替代倡议主张改变既定做法、程序与政策，具体动议包括：减低对设防羁押之依赖、改善公共安全、减少种族差异与偏见、节省纳税人之负担与推动少年司

① See Fixsen et al., Core implementation components, *Research on Social Work Practice*, 2009, Vol. 19, No. 5, p. 531 –540.

法之整体改革。[1] 根据 2011 年统计的数据，实施审前羁押替代项目的被羁押青年人数比实施改革前减少 41%，该项目是全美最有效且影响广泛的少年司法循证实践之一。[2] 截至 2013 年，项目覆盖全美共有 39 个州 200 多个县的 900 多万 10—17 岁的少年。早期的试点项目主要在县一级推行，并取得了显著的成功。2003 年新泽西州政府引入该项目，开始在全州范围内推广，取得巨大成功，并被评为示范点，其他各州开始纷纷效仿。

新泽西州审前羁押替代项目推广可以分为三个阶段：项目筹备试点阶段、复制扩展阶段和巩固阶段。首先，成立了州一级 JDAI 领导委员会，支持和指导全州开展少年审前羁押改革。领导委员会由少年法官、检察官、辩护人、少年司法委员会、少年服务机构代表等少年司法相关机构代表组成，是新泽西州推广身前羁押替代项目的核心决策机构。该委员会由州司法机构和少年司法委员会共同监督，其服务宗旨是从逮捕、审判到处置系统审查新泽西州少年司法，推广审前羁押替代项目核心战略，改善少年羁押现状。其次，选择 5 个试点县，成立地方指导委员会，试点推行 JDAI 项目。聘请刑事司法专家，组建专家团队帮助和指导试点领导委员建立数据驱动的羁押改革方案。试点取得成果之后，开始在其他县复制推广审前羁押替代项目的模式。最后，为了巩固改革的结果，将羁押改革项目纳入少年司法体系。进一步扩大州审前羁押替代项目指导委员会在项目推行中的核心作用，从技术、文化和资金三个方面巩固项目推广的成果。在技术方面，领导团队组建风险评估小组开发全州范围内的风险评估工具。在文化方面，州政府每年召开一次全州范围内的审前羁押替代项目的主题会议，定期颁发奖励，表彰优秀领导，推进各地改革进程。在资金方面，州政府设立专项资金保障项目的持续发展。随着项目的不断推广，除了凯西基金会、联邦拨款，州政府也投入专项基金保障项目的发展。

总的来说，新泽西州 JDAI 项目的成功不是偶然的，除了州政府的大力支持，围绕项目的配套保障建设也至关重要。具体包括以下几个方面：第一，资金保障。新泽西州 JDAI 项目的资金来源主要是凯西基金会、州政府

---

① 参见张鸿巍：《未成年人审前拘留刍议》，载《比较法研究》2012 年第 6 期。

② See The Annie E. Casey Foundation, Juvenile Detention Alternatives Initiative 2011 Annual Results Report, https://www.aecf.org/resources/juvenile-detention-alternatives-initiative-2011-annual-results-report/[2020-12-10].

专项拨款、联邦少年司法专项拨款。第二，领导团队。核心领导团队在新泽西州少年羁押改革中的作用不可忽视。领导团队集合了少年司法相关的主要领导人，是跨部门、跨学科的合作团队。第三，专家团队。聘请刑事司法专家是 JDAI 项目的一个创新举措，专家团队的加入使得 JDAI 项目的推广更具科学性。第四，技术支持。技术的支持体现在两个方面，一方面是在专家团队指导下开发统一的数据系统，通过数据收集和分析，为改革提出科学建议。另一方面是研发全州统一的风险评估工具。该工具的研发使得全州少年在少年羁押改革中得到法律上的平等机会和对待。第五，制度建设。该项目确定了一个标准化的申请推广程序，对该项目感兴趣的地方可以按照固定的流程，申请推广，复制试点经验，组建领导团队，开发数据系统，聘请专家团队指导实施。第六，文化建设。由州政府主导每年召开一次 JDAI 年度会议，汇集全州 JDAI 项目工作人员共同探讨项目推广经验教训，并建立下一阶段目标，使得 JDAI 少年羁押改革成为全州少年司法从业人员的共识，促进项目更进一步发展。

（二）州改革范例：康涅狄格州未成年人司法循证实践改革

2014 年美国学者 Peter W. Greenwood 对美国 13 个州少年司法的循证实践状况进行了调查。他指出在过去的 15 年里，少年司法的循证实践从一个概念变成成熟的实践模式，基于研究的循证实践原则和项目重组了各州的少年司法处遇系统，在减少再犯的同时还节省了资金，取得了良好的成效。[①] 由于各州少年司法体系本身各不相同，原有的基础和面临的问题亦不同，在促进少年司法循证实践的发展过程中，各州采取了不同的路径。笔者仅选取其中一个做简单的介绍。

康涅狄格州是美国少年司法循证实践的先导。自 20 世纪 90 年代初以来，康涅狄格州的少年司法系统经历了漫长而系统的改革和转型，从自诩的“存在严重缺陷”的少年司法系统，转变为新实践和研究成果的“早期采纳者”之一。康涅狄格州的领导者和社会组织积极合作，吸收最新青少年发展和犯罪学知识，将之前低效、惩罚性的少年司法转变成改革的典范。康涅狄格州的改革有效改善了少年羁押基础设置，扩大了少年司法循证项目的投

① Peter Greenwood, *Evidence-Based Practice in Juvenile Justice: Progress, Challenges, and Opportunities*, Springer, 2014, p. 12.

资，为羁押、法庭分流以及问题少年建立了一系列有针对性的、高质量的循证实践服务项目。[①] 康涅狄格州少年司法改革成功的关键包括全州范围的战略规划、强有力的司法领导、立法支持、跨系统的协调以及对循证项目的研究和实践探索和支持。

首先，建立以法庭支持服务部门为核心的强有力的司法领导。在少年司法的改革中，法庭支持服务部门逐渐发展成为核心力量，主导少年司法的支持服务体系。[②] 在康涅狄格州，司法部门和行政部门对违法犯罪行为负有不同的责任：法庭支持服务部门（Court Support Services Division）属于司法体系，提供审前及审后服务，包括羁押及感化监督。儿童和家庭部位于行政部门，负责管理青少年矫正和善后辅导服务。1999 年为推动循证实践项目发展，成立最佳实践中心（Center for Best practices），该部门后来被法庭支持服务部门吸收，纳入少年司法支持服务体系。

其次，促进跨系统的协调，加强对循证项目的研究和实践探索。法庭支持服务部门在政府、社会组织，以及司法部门之间发挥着重要的协调作用。在推进循证实践的过程中，确定循证项目的清单。关于循证项目的标准，不仅包括经过随机实验研究确定的品牌项目，比如 MST 等，还包括基于准实验或非实验设计的较低证据标准的有希望的服务项目。例如，儿童和青少年家庭支持中心的两个项目模型。[③] 法庭支持部门通过数据导向的购买程序和严格的监管流程来确保少年司法循证项目的推进。

最后，成立了研究、项目分析和质量改进中心，旨在为法庭服务部门内部各单位以及其他机构和项目供应商提供相关信息，加强彼此联系。开发案

---

① See Juvenile Justice Reform in Connecticut: How Collaboration and Commitment Have Improved Public Safety and Outcomes for Youth, http://www.justicepolicy.org/uploads/justicepolicy/documents/jpi_juvenile_justice_reform_in_ct.pdf [2021-04-11].

② See Juvenile Justice Reform in Connecticut: How Collaboration and Commitment Have Improved Public Safety and Outcomes for Youth, http://www.justicepolicy.org/uploads/justicepolicy/documents/jpi_juvenile_justice_reform_in_ct.pdf [2021-04-11].

③ 儿童、青少年和家庭支持中心是康涅狄格州为青年提供的一种新的服务模式，它包括两个项目：一个是为 12—17 岁的青少年提供全面的青少年和家庭需要评估，并提供一系列干预措施，包括技能建设团体、教育宣传、职业和生活技能发展、家长支持、家庭调解、个案管理和转诊服务。另一个是为涉及法院的青少年提供服务，也为那些因旷课、逃跑或其他违抗行为而被转到法院寻求家庭和服务的人提供服务。

例管理信息系统，为少年司法管理决策提供信息。该系统包含少年人口信息、家庭背景信息、社会历史、逮捕、犯罪历史、风险/需求评估结果等内容。该系统是法庭支持服务部门在数据驱动下实施的改革措施，数据驱动的举措加强了青年社会组织和少年司法系统之间的对话，通过基于明确数据的政策、实践可以使得各方更好地沟通和推进循证实践的发展。

第四章　我国未成年人刑事司法风险评估的实证考察

在社会转型的大背景下，我国未成年人刑事司法风险评估的现实生长模式是何种样态，是否受到了国际范围内以风险为核心的预防理论的影响，抑或在传统法律框架的桎梏中闯出了自己的内生模式，这都需要回归我国未成年人刑事司法实践本身去寻找答案。本章将以涉罪未成年人的社会调查报告为基础，通过与未成年人刑事司法相关从业人员的质性访谈来对我国未成年人刑事司法风险评估的现实样态进行实证考察，以揭示我国目前未成年人刑事司法风险评估的现状及存在的问题，以期为我国未成年人刑事司法风险评估的完善寻找合适的路径。

第一节　实证考察的方案

本土实证考察仍然围绕最初确定的两个层面展开。其一，规范层面的风险评估，即在整个刑事司法的法律规范中如何看待涉罪未成年人风险和风险评估，司法从业人员在具体的实践中是如何践行对涉罪未成年人风险的裁量。揭示我国未成年人刑事司法规范层面风险评估的现实状况以及存在的问题。其二，工具层面的风险评估，即风险评估的直接评估者（主要是社工）是如何看待涉罪未成年人的风险以及对涉罪未成年人进行风险评估的，他们是否使用了专业的风险评估工具，风险评估工具能否满足理论和实践的要求。

一、实证考察的内容

（一）实证考察的对象

本书实证考察对象主要包括两类，一类是司法者，以检察官和法官为主；一类是第三方社会组织，以社会工作者为主。主要出于以下几点考虑：首先，规范视角的风险评估主要涉及司法人员对涉罪未成年人社会危险性的判断，主要体现为检察官、法官在审前和审判中做关键决策时对风险的衡量，所以检察官和法官是访谈的主要对象。其次，2019 年最高人民检察院进行内设机构改革，专门设立了负责未成年人案件的未成年人检察厅。未成年人检察官在未成年人案件的办理中居于重要地位，近年来由于附条件不起诉等制度的实施，罪行较轻微的未成年人刑事案件均在审查起诉阶段由检察官介入干预，到审判阶段往往是罪行较重需要判处监禁的情况，案件量下降，所以本书考察的对象中检察官居多。最后，从工具视角风险评估出发，我国涉罪未成年人风险评估主要由第三方社会组织中的工作人员进行。

（二）实证考察的地点

鉴于未成年人风险评估是我国司法实践中的新生事物，严格的抽样调查难以获得研究所需要的资料，所以本着就近和最接近真实样态的原则，本研究主要选择了我国在未成年人刑事司法方面走在创新前列的 B 市、S 市、Y 省等具有代表性的地区。选取这三个代表地区是基于研究者（本人）从新闻报道以及相关学术研讨会获取的信息，这三个地区均有代表性的未成年检察部门明确在实践中使用了风险评估。为了尽可能获取信息，并以便利为原则，在这三个地区中以 B 市为主，考察基本覆盖了 B 市所有的基层人民检察院和基层人民法院，具体包括 H 区、C 区、X 区、F 区、S 区、F 区。此外，为了保障实证研究的相对完整性，考察地区也扩展至 T 市、H 省、Z 省等地区。①

---

① 其他地区的选取以便利为原则，即本人能力范围内可以联系到的区域，因为涉及社会调查报告内容等多方信息的获取，所以从研究者本人所能获取的资料和信息为限，虽然不一定能代表除了创新地区之外的普遍群体，但是说明本研究的问题已经足够。

二、实证考察的方法

总的来说，本研究采取了质性的研究方法，主要通过与司法社工、办理未成年人刑事案件的检察官、法官的半结构化访谈来进行，并辅之相应社会调查报告及附属材料的文本阅读。“深度访谈的优势在于可以随时调整问题和回应，不断逼近被访问者对自己行动的意义理解，帮助研究者解释性理解社会行动者的意义世界。”① 本研究正是希望从实践一线的司法社工、检察官、法官的真实互动中，去了解他们对涉罪未成年人风险评估的真实建构。

（一）半结构化访谈

半结构化访谈主要围绕未成年人刑事司法中的司法社工、检察官、法官展开，访谈内容因对象而异。司法社工的访谈主要围绕社会调查报告的资料收集和撰写展开，了解司法社工对社会调查报告以及风险评估的看法；检察官的访谈主要围绕检察官在做出对涉罪未成年人是否逮捕、是否起诉过程中如何对涉罪未成年人的社会危险性进行裁量，如何考量社会调查报告提供的信息；法官的访谈则围绕社会调查报告在未成年被告人缓刑和假释中的运用以及法官如何衡量涉罪未成年人的社会危险性。具体的访谈提纲详见附录。

访谈在充分尊重被访谈者的前提下在每一位访谈者方便的时间通过电话进行，其中包括一个面对面小型的有 3 位检察官的焦点小组访谈。所有的访谈均由笔者本人进行。

最终访谈 15 位检察官、2 位法官，8 位司法社工。每位访谈者的平均访谈时间为 50 分钟，时长在 30 到 95 分钟不等。经过对访谈录音的整理形成访谈文本材料 40 页，共计 10 万余字。

---

① 参见程猛、康永久：《从农家走进精英大学的年轻人：“懂事”及其命运》，载《中国青年研究》2018 年第 5 期。

表 4 – 1　访谈对象简介

编码	职业	性别	工作地点	工作年限
J – B – F – 1	员额检察官	女	B 市 F 区	10
J – B – H – 2	员额检察官	女	B 市 H 区	11
J – B – D – 3	检察官助理	男	B 市 D 区	5
J – B – H – 4	检察官助理	女	B 市 H 区	5
J – J – P – 5	员额检察官	女	J 市 P 县	10
J – B – S – 6	员额检察官	女	B 市 S 区	11
J – B – C – 7	员额检察官	女	B 市 C 区	9
J – T – B – 8	员额检察官	男	T 市 B 区	13
J – T – B – 9	员额检察官	男	T 市 B 区	6
J – N – 10	员额检察官	女	N 市	10
J – S – G – 11	员额检察官	男	S 市 G 区	12
J – B – F – 12	员额检察官	女	B 市 F 区	9
J – B – F – 13	员额检察官	女	B 市 F 区	8
J – B – C – 14	检察官助理	女	B 市 C 区	2
F – B – F – 15	员额法官	女	B 市 F 区	13
F – B – H – 16	员额法官	女	B 市 H 区	10
S – B – C – 17	专职社工	女	B 市 C 所	6
S – B – C – 18	专职社工	女	B 市 C 所	6
S – B – X – 19	专职社工	男	B 市 X 所	3
S – B – G – 19	专职社工	男	B 市 G 所	2
S – B – Z – 21	专职社工	女	B 市 Z 所	2
S – B – Z – 22	专职社工	男	B 市 Z 所	1
S – S – F – 23	专职社工	女	S 市 F 所	4
S – J – P – 24	专职社工	女	B 市 Z 所	1

（二）文本分析

文本主要包括三类：社会调查报告、刑事判决书和最高检发布的有关未成年人的指导性案例，其中以社会调查报告为主。

本研究重点收集阅读了B市H区、C区、F区，[①] 2017—2020年涉罪未成年人的社会调查报告及附属材料126份。其中H区66份、C区30份、F区30份；2017年35份，2018年25份，2019年32份，2020年34份。每份社会调查报告平均5页，共计约630页文本。笔者对这些报告进行了详尽的阅读。

三、实证考察的局限

首先，样本地区的选择。实证考察所选取的样本地区并不是经过严格的抽样，而是在研究者所能联系到的区域进行。由于风险评估作为新生事物，主要是在发达地区或者是在局部的试点推动，所以本次研究所选取的B市、T市、S市、K市在一定程度上可以反映风险评估在我国当前未成年人刑事司法中的应用情况。

其次，访谈对象的选择。在质性研究中个案代表一直是一个老生常谈又难以回避的问题，我国学者认为定量研究意义上的“信度”概念不符合质的研究的实际工作情况，对质的研究没有实用价值，“质的研究主要是通过认同而达到推广”[②]。本书研究的目的是揭示我国未成年人刑事司法中风险评估的现实样态，并不一定要全方位地展示，且本研究已经尽可能选取有代表性的地区来进行访谈。此外，理论上访谈对象还应该包括涉罪未成年人本身，但是调研期间正值疫情，与涉罪未成年人的访谈很难实现，这也是本文实证研究的遗憾。

最后，研究对象的数量。关于研究对象的数量，往往是困扰质性研究的研究者的问题。理论上，质性研究的研究对象数量并不是越多越好，因为它

---

① 由于B市H区、S区、M区等均有同一家社工实务所提供社会调查报告，所以选择的三个地区的社会调查报告基本可以反映B市整体未成年人社会调查的情况。

② 参见陈向明：《旅居者和外国人——留美中国学生跨文化人际交往研究》，教育科学出版社2004年版，第42页。

本质并不是对一个群体的总体特征进行的定量统计研究，而是针对某一特殊问题意义建构的研究，原则上以资料的饱和为限，如果增加访谈对象已经不能获取新的信息则可以停止访谈。本研究对法官群体的访谈数量还有欠缺，希望后期可以补充，以进一步增加研究的深度。

第二节　我国未成年人刑事司法风险评估的现实样态

鉴于未成年人风险评估对我国刑事司法是相对较新的概念，所以首先要对现有法律体系中有关风险评估的法律法规进行梳理，在此基础上围绕规范和工具两个层面，通过访谈和社会调查报告的阅读，来呈现我国司法实践中未成年人刑事司法风险评估的现状。

一、规范层面风险评估的现实状况

规范层面风险评估的现实状况受制于现有的法律规定，总体上呈现出分散性和经验性的特点。司法者对风险相关术语保持谨慎，更倾向于使用法律范围内明确规定的术语，比如社会危险性和再犯可能性。虽然基于未成年人特殊刑事政策对教育保护的强调，刑事诉讼法也规定了社会调查、附条件不起诉等一系列特殊程序，使得对涉罪未成年人风险的裁量空间相对扩大，但是在以罪行为核心的成人罪责体系的大背景下，我国未成年人刑事司法对风险的裁量仍处于边缘地位。对于涉罪未成年人风险的裁量采用反推模式，即根据结果反推，需要时才会去评估。在评估的过程中，司法者并不依赖于第三方提供的结果，而是更加强调作为裁判者的独立性和亲历性，往往根据既有的办案经验形成对涉罪未成年人风险的判断。

（一）风险评估相关的法律规定

在我国现有的法律体系中有关未成年人风险评估的规定比较分散，既包括一般性的法律法规，也包括有关未成年人的特殊法律法规。基于本书第一章对我国本土“危险性”相关概念的分析，从内容上来说，主要围绕涉罪未成年人的人身危险性、社会危险性和社会危害性展开。[①]

1. 一般性的法律法规

在我国刑事法律体系中，有关风险评估的一般性的法律法规主要体现在《中华人民共和国刑法》和《中华人民共和国刑事诉讼法》以及相关司法解释中。这些规定既适用于未成年人也适用于成年人。

在实体法领域，刑事司法风险评估主要体现在出罪、量刑以及缓刑、假释等方面。第一，有关出罪的规定。从我国刑法和刑诉中有关出罪的规定可以看出“情节显著轻微，危害不大”是核心的判断标准。比如《刑法》第13条和《刑事诉讼法》第16条的规定。这两条都是现有刑事司法中有关出罪的规定，我国学者将其称为基于情节的非犯罪化处理。[②] 第二，有关量刑的规定。虽然我们国家没有独立的量刑程序，但是在《刑法》第61条[③]规定了量刑的事实根据与法律依据，其中需要参考犯罪人对社会的危害程度。基于我国刑罚理论对于社会危害程度的裁量主要是针对行为的社会危害性和行为人的社会危险性（人身危险性）。第三，有关缓刑的规定。我国《刑法》第72条明确规定了缓刑的适用条件[④]，其中“没有再犯罪的危险”是由法律明确规定的对社会危险性的评估（再犯可能性）。《最高人民法院关于审理未成年人刑事案件具体应用法律若干问题的解释》又进一步对未成年人适用缓刑做出解释，并对未成年人可以宣告缓刑、应当宣告缓刑的条件进行了明确界定，包括初犯、积极退赃或赔偿、具备监护与帮教条件，以及适

① 本书的主张是采纳社会危险性的概念，在文中采用统一的表述，并在括号中注明现行司法体系通用的术语。

② 参见王贞会：《罪错未成年人司法处遇制度完善》，载《国家检察官学院学报》2020年第4期。

③ 《刑法》第61条规定：“对于犯罪分子决定刑罚的时候，应当根据犯罪的事实、犯罪的性质、情节和对于社会的危害程度，依照本法的有关规定判处。”

④ 《刑法》第72条第1款规定：“对于被判处拘役、三年以下有期徒刑的犯罪分子，同时符合下列条件的，可以宣告缓刑，对其中不满十八周岁的人、怀孕的妇女和已满七十五周岁的人，应当宣告缓刑：（一）犯罪情节较轻；（二）有悔罪表现；（三）没有再犯罪的危险；（四）宣告缓刑对所居住社区没有重大不良影响。”

用缓刑确实不致再危害社会。第四，有关假释的规定。《刑法》第 81 条[①]在假释的适用条件中也明确说明需要犯罪人“没有再犯罪的危险”，即再犯可能性评估。

在程序法领域，刑事司法风险评估主要体现在取保候审、逮捕、强制医疗程序的具体规定中。第一，取保候审的条件。我国《刑事诉讼法》第 67 条[②]规定了取保候审的 4 个条件，其中第 2 个明确要求“可能判处有期徒刑以上刑罚，采取取保候审不致发生社会危险性”。第二，逮捕的条件，《刑事诉讼法》第 81 条[③]列举了审查逮捕需考虑的社会危险性条件，是法律首次以立法的方式对社会危险性评估的具体内容进行规范。2021 年出台了《最高人民法院关于适用〈中华人民共和国刑事诉讼法〉的解释》，其中第 350 条[④]重申了将认罪认罚作为社会危险性的重要考虑因素。第三，强制医疗程

---

① 《刑法》第 81 条第 1 款规定：“被判处有期徒刑的犯罪分子，执行原判刑期二分之一以上，被判处无期徒刑的犯罪分子，实际执行十三年以上，如果认真遵守监规，接受教育改造，确有悔改表现，没有再犯罪的危险的，可以假释。如果有特殊情况，经最高人民法院核准，可以不受上述执行刑期的限制。”

② 《刑事诉讼法》第 67 条规定：“人民法院、人民检察院和公安机关对有下列情形之一的犯罪嫌疑人、被告人，可以取保候审：（一）可能判处管制、拘役或者独立适用附加刑的；（二）可能判处有期徒刑以上刑罚，采取取保候审不致发生社会危险性的；（三）患有严重疾病、生活不能自理，怀孕或者正在哺乳自己婴儿的妇女，采取取保候审不致发生社会危险性的；（四）羁押期限届满，案件尚未办结，需要采取取保候审的。取保候审由公安机关执行。”

③ 《刑事诉讼法》第 81 条第 1 款、第 2 款规定：“对有证据证明有犯罪事实，可能判处徒刑以上刑罚的犯罪嫌疑人、被告人，采取取保候审尚不足以防止发生下列社会危险性的，应当予以逮捕：（一）可能实施新的犯罪的；（二）有危害国家安全、公共安全或者社会秩序的现实危险的；（三）可能毁灭、伪造证据，干扰证人作证或者串供的；（四）可能对被害人、举报人、控告人实施打击报复的；（五）企图自杀或者逃跑的。批准或者决定逮捕，应当将犯罪嫌疑人、被告人涉嫌犯罪的性质、情节，认罪认罚等情况，作为是否可能发生社会危险性的考虑因素。”

④ 《最高人民法院关于适用〈中华人民共和国刑事诉讼法〉的解释》第 350 条规定：“人民法院应当将被告人认罪认罚作为其是否具有社会危险性的重要考虑因素。被告人罪行较轻，采用非羁押性强制措施足以防止发生社会危险性的，应当依法适用非羁押性强制措施。”

序中，《刑事诉讼法》第302条[①]规定了可以强制医疗的被确定为精神病人的条件为“有继续危害社会可能的”。

此外，2019年修订的《中华人民共和国社区矫正法》第18条明确规定了对于判处管制、宣告缓刑、决定暂予监外执行的，可委托社区矫正机构或者有关社会组织对被告人和罪犯的社会危险性和对所居住社区的影响进行调查评估，提出意见，供社区矫正时参考。这是我国从立法的角度明确采用“社会危险性”评估，与本书对风险相关术语的观点相一致。

2. 有关未成年人的特殊规定

在我国现有的刑事法律体系中，有关未成年人风险评估的内容主要集中于《中华人民共和国刑事诉讼法》未成年人刑事案件诉讼程序专章和《中华人民共和国未成年人保护法》《中华人民共和国预防未成年人犯罪法》以及相关的部门规定，比如《人民检察院办理未成年人刑事案件的规定》、《未成年人刑事检察工作指引（试行）》（以下简称《工作指引》）中。根据这些规定，我国未成年人刑事司法已经形成了与风险评估有关的相关制度。

第一，审查逮捕中对社会危险性的衡量。《人民检察院办理未成年人刑事案件的规定》第13条规定：“人民检察院办理未成年犯罪嫌疑人审查逮捕案件，应当根据未成年犯罪嫌疑人涉嫌犯罪的事实、主观恶性、有无监护与社会帮教条件等，综合衡量其社会危险性，严格限制适用逮捕措施，可捕可不捕的不捕。”这一规定实际上给出了在办理未成年人刑事案件中审查社会危险性的具体指标，比如犯罪事实、主观恶性、有无监护与社会帮教条件。《工作指引》第160条[②]规定了无社会危险性不捕，第161条对无社会危险性不捕的说理进一步提出了具体要求。[③]

---

① 《刑事诉讼法》第302条规定：“实施暴力行为，危害公共安全或者严重危害公民人身安全，经法定程序鉴定依法不负刑事责任的精神病人，有继续危害社会可能的，可以予以强制医疗。”

② 《未成年人刑事检察工作指引（试行）》第160条第1款规定：“对于未成年犯罪嫌疑人可能被判处三年有期徒刑以下刑罚，具备有效监护条件或者社会帮教措施，不逮捕不致再危害社会和妨害诉讼正常进行的，人民检察院一般应当不批准逮捕。”

③ 《未成年人刑事检察工作指引（试行）》第161条第2款第3项规定：“社会危险性不捕案件。重点围绕涉嫌犯罪的性质、社会危害程度、认罪悔罪表现、法定从轻或者减轻、免除处罚情节，以及具备取保候审、监视居住条件、不羁押不致危害社会或者妨碍诉讼、存在不适宜羁押情形等进行说理。”

第二，社会调查报告对社会危险性的评价。《刑事诉讼法》第 279 条[①]规定了社会调查制度，要求对涉罪未成年人的成长经历、犯罪原因、监护教育等情况进行调查。《工作指引》第 38 条关于社会调查报告的内容中，专门在综合评价部分提出“对未成年犯罪嫌疑人的身心健康、认知、解决问题能力、可信度、自主性、与他人相处能力以及社会危险性、再犯可能性等情况的综合分析”；此外，《工作指引》还专门就涉罪未成年人的社会危险性审查提供了具体的方法，第 155 条明确了人民检察院审查社会危险性的具体内容[②]。

第三，酌定不起诉和附条件不起诉的相关规定。《刑事诉讼法》第 177 条[③]对于酌定不起诉适用条件的规定与未成年人的社会危险性密切相关。第 282 条[④]规定的附条件不起诉是专门为帮助未成年人复归社会而设立的，其中对于有“悔罪表现”的把握需要结合未成年人的身心特点和司法人员的办案经验，本质上也需要对未成年人的风险进行评估。附带的条件和考察帮教的内容实际上也与风险评估密切相关。

第四，有关判处缓刑、宣告缓刑等的量刑建议。《人民检察院办理未成

---

① 《刑事诉讼法》第 279 条规定：“公安机关、人民检察院、人民法院办理未成年人刑事案件，根据情况可以对未成年犯罪嫌疑人、被告人的成长经历、犯罪原因、监护教育等情况进行调查。”

② 《未成年人刑事检察工作指引（试行）》第 155 条规定：“人民检察院应当从以下方面审查未成年犯罪嫌疑人的社会危险性：（一）审查公安机关提供的社会危险性证明材料，包括被害人、被害单位或者案发地社区出具的相关意见，未成年犯罪嫌疑人认罪、悔罪表现等。公安机关没有提供社会危险性证明材料，或者提供的材料不充分的，人民检察院应当要求公安机关提供或者补充；（二）审查社会调查报告；（三）审查未成年犯罪嫌疑人实施犯罪行为的情节、严重程度、犯罪次数等；（四）审查其他证明未成年犯罪嫌疑人具有社会危险性的材料。”

③ 《刑事诉讼法》第 177 条第 1 款、第 2 款规定：“犯罪嫌疑人没有犯罪事实，或者有本法第十六条规定的情形之一的，人民检察院应当作出不起诉决定。对于犯罪情节轻微，依照刑法规定不需要判处刑罚或者免除刑罚的，人民检察院可以作出不起诉决定。”

④ 《刑事诉讼法》第 282 条第 1 款规定：“对未成年人涉嫌刑法分则第四章、第五章、第六章规定的犯罪，可能判处一年有期徒刑以下刑罚，符合起诉条件，但有悔罪表现的，人民检察院可以作出附条件不起诉的决定。人民检察院在作出附条件不起诉的决定以前，应当听取公安机关、被害人的意见。”

年人刑事案件的规定》第574条规定，控辩双方提出对未成年被告人判处管制、宣告缓刑等量刑建议的，应当向法庭提供有关未成年被告人能够获得监护、帮教以及对所居住社区无重大不良影响的书面材料。该条规定实际上也要求考虑涉罪未成年人的社会危险性。

总的来说，在我国现有的未成年人刑事司法制度体系中，未成年人风险评估并不突出。首先，现有法律对风险评估没有统一的认识。实体法上倾向于使用“社会危害性”和“再犯罪的危险”，而程序法则更倾向于使用“社会危险性”，其中针对社会危险性，还采用了列举的方式来规范对“社会危险性”的评价。人身危险性作为一个学理概念在现有的法律体系并没有出现，而是使用其基本内涵“再犯可能性”。这一点在具体的实证考察中也有体现，笔者将在下文展开。其次，现有法律中的风险评估主要体现在程序法领域，比如审前羁押程序中对社会危险性的判断，社会调查中对再犯可能性的判断、附条件不起诉对再犯可能性的判断，实体法领域则体现在量刑、缓刑和假释中。最后，需要注意的是，《工作指引》第23条[①]所称的“风险评估”与本文所研究的风险评估并不是同一个概念。工作指引中的风险评估是指办案的风险，强调的是未成年人刑事案件的社会影响问题。

（二）风险评估处于裁判的边缘地位

在未成年人刑事司法中，基于涉罪未成年人特殊性的风险裁量本应具有“得天独厚”的优势，但是由于我国未成年人刑事司法依附于成人刑事司法，受到成人罪责框架的限制，总体上，对涉罪未成年人风险评估处于边缘地位，而且在评估的过程中呈现一种反推模式，即根据裁判结果，需要的时候再来评估。

司法人员对涉罪人员风险的裁量主要存在于是否逮捕、是否适用缓刑等的裁量过程中，因为现有的法律体系在逮捕和缓刑中明确规定了对社会危险性的评估。访谈发现，检察官或者法官在办理未成年人刑事案件的过程中，首先会根据涉罪未成年人的罪行条件对案件进行定性，比如做出不捕，或者附条件不起诉、缓刑等决定，才会倒回来关注其风险的状况。检察官、法官

---

① 《未成年人刑事检察工作指引（试行）》第23条规定：“人民检察院办理未成年人刑事案件，应当加强办案风险评估预警工作，主动采取适当措施，积极回应和引导社会舆论，有效防范执法办案风险。”

往往是在需要的时候才会去社会调查报告或者风险评估量表中寻找可以支持自己判断的佐证资料，再进一步补充或者修正之前的判断。

老实说，我会先对案件进行定性，比如根据罪行条件，肯定要逮捕他，我就不会再考虑社会危险性了，或者说这个案子可能不捕，我就要去找能够证明他没有社会危险性的材料。

就我个人来说，会把再犯可能性放在最后考虑，因为再犯可能性毕竟是一个评估的东西，我可能更愿意考虑目前为止现实的情况，包括他过去是个什么样的状况，考虑已经成为事实的东西，或者是现在根据他的实际条件判断社会危险性到底有多大。(J－B－F－1)

与国外不同，风险评估在我国量刑过程中几乎没有体现。其实严格来说，量刑的过程需要考虑预防的目的，风险的裁量应该起着重要的作用。我国学者张明楷认为预防刑的裁量是刑罚个别化的过程，所以，不能追求量刑平衡。在任何犯罪中表明被告人再犯罪危险性小的情节都应当受到重视。现有的对预防刑的裁量除了法律明确规定的法定情况，还需要综合考虑犯罪人的情况。① 但是通过访谈发现，在司法实务层面，这最后一层的考虑几乎被抛弃了，因为它相比法定的情况不够明确，所以实务工作者将其忽略。

在量刑过程中，我们还是针对现在犯罪情况来判断，不可能说因为他风险性比较高，我们量刑幅度就会提高，这个是不现实的。(降低有没有可能)这还要看咱们国家现在的法律规定，比如是不是自首等，如果说没有这样的规定，我们没办法给他从量刑上减轻。(J－B－D－3)

(三) 风险评估主要依赖于办案经验

我国司法者对涉罪未成年人的风险评估，并不是直接采纳被委托主体提供的风险评估结果，而是主要依赖于办案经验，评估的过程中强调亲历性。但是经验性的判断容易以个别风险因素为依据，机械评估风险，可能导致结果的失准。

---

① 参见张明楷：《论预防刑的裁量》，载《现代法学》2015 年第 1 期。

1. 保留司法者的独立判断

访谈发现司法者总体上对涉罪未成年人的风险评估持一种有限的信任。在符合法律规定的范围内他们会关注由第三方提供的风险评估结果，但是对于这个结果仍持一定的怀疑态度。司法者认为司法社工过于强调福利和保护而忽视司法的公正。社会工作者为了更好地获取基础信息需要与涉罪未成年人及其家人建立相互信任的关系，这种关系会在一定程度上使得他们的判断带有偏向性。这在本质上反映的还是福利和惩罚两者的矛盾关系。司法者和社会工作者的立场有着根本的区别，这是造成他们关注点不同的根源。

我会参考，但是我可能更看重他报告里提供的各项内容，对于他们提供的风险水平的评价，比如高度、中度、低度，我也不是不关心，只是我不会因为结果是高度风险就肯定不放，或者因为是低度风险，我肯定就放。(J－B－F－1)

法官或者检察官对第三方提供的风险评估量表往往没有理论的认识，他们主要以现有法律规范中出现的概念为主。他们不会关心具体量表中分数的实际意义。有些检察官甚至不知道那些量表的作用。与风险评估相关的术语，比如“风险因素、风险、需求”等在他们访谈中也几乎不会出现。

我们不用那些量表，通过经验的法则我会有一个判断……比如通过他的一些客观的行为能够反映，主观和客观都是相互印证的，能够反映出来他平时的这种主观恶性也好或者什么也好。(F－B－F－15)

如果涉及想给定罪量刑作为参考依据的话，它（风险评估）应该是一个很严谨的东西。比如说是一个测谎，能不能做证据目前还在讨论，对我个人而言，如果我对这个了解不多，我可能会更加慎重。(F－B－F－15)

2. 依赖以往办案经验

居中做出独立专业的判断是对司法者的基本要求，司法者本身对涉罪未成年人的风险状况也有一定的把握，会结合自己所掌握的材料，包括犯罪的具体情况对其风险做出判断。法学教授苏力经过研究发现，司法人员的判断从来都不是首先在制定法的指导下完成的，而是依据其从社会生活或职业训练中获得的直觉作出的一个基本的案件归类和判断，然后才去发现他认为是比较适当的思维，进而对自己的直觉进行考察和修正。[①] 司法者对风险的裁量也基本上遵循这样一个思维逻辑，他们会在以往办案经验的基础上，先对案件做基本的归类和判断，然后再根据具体的案件情况进行验证。

总体上来说，我们自己评估的话还是分类型，比如说财物型的犯罪，这几年虽然比较少了，但是前几年还是有很多盗窃的案例。涉嫌盗窃的一般都是属于再犯可能性比较高的。然后像是偶尔涉及的比如聚众斗殴这种打架类型的，都是情绪一激动造成的，这种情况一般再犯可能性都不高。(J－B－F－1)

除了针对案件类型的分类判断，访谈发现司法者往往形成由办案经验生成的自身评估模型。比如我国实务工作者曾针对逮捕审查条件中的社会危险性判断进行了理论模型的建构，提取出影响社会危险性判断的因素并将其外化。[②] 在办理未成年人案件中，检察官往往会关注基于办案经验的因素信息，比如家庭监护条件、住所条件、帮教条件等。

首先会看是不是初犯、是不是未成年人，是不是认罪，再看是否具有监护帮教条件、是不是在校生，在学校的表现如何，我们会比较重视老师的评语，比如在学校是不是遵守规则，是不是一时冲动以及他们本身对规则的认识，是不是有承认错误，或者具体的赔偿道歉。(J－N－10)

事实上制约司法者做出预防性裁判结果的因素不是风险评估的具体结果（风险的高、中、低程度），而是是否具有可能降低这种风险的具体可能和支持力量。检察官在访谈中多次谈及，很多时候对涉罪未成年人做出不逮捕、不起诉或者附条件不起诉决定的关键影响因素是看其是否具有监护和帮教条件。简单地说，如果有人员或者组织能够承担得起涉罪未成年人的监护和帮教，那就可以考虑尽量减少司法程序对未成年人的负面影响。

如果不诉的话，我会考虑他现在的表现，就是案发之后一直到现在的表

① 转引自朱孝清：《司法的亲历性》，载《中外法学》2015 年第 4 期。

② 参见杨秀莉、关振海：《逮捕条件中社会危险性评估模式之构建》，载《中国刑事法杂志》2014 年第 1 期。

现，悔罪的态度，家庭监管的条件，以及他现在的情况。比如，已经步入正轨，有稳定的工作或者已经在继续学习，而且学得还不错，也没有什么前科劣迹，而且经过调查，他周边不良的社会关系基本上也消除了。(J－B－S－6)

我们主要看学校和家庭的情况，因为这些孩子很多都是因为打架到我们这里，我们要看后续的帮教跟不跟得上，我们这里没有专门的观护基地，没有专门的人员，主要靠学校和家长来负责监管。(J－T－B－8)

此外，访谈发现司法者已经采纳了风险因素预防模式的逻辑，检察官在具体的办案过程中会有意识地关注可能导致未成年人犯罪的风险因素，并试图将风险因素的干预纳入最终的裁判过程中。这种朴素的风险因素预防逻辑在附条件不起诉的裁量中表现得最为明显。检察官和法官会有针对性地寻找可以支持他们做出不诉或者缓刑处理的可改变的风险因素，比如，通过良好的监护条件或者帮教，涉罪未成年人就能真正悔过或者改掉诱发犯罪的不良习惯，那司法者会更倾向于做出有利于帮助其回归社会的处置。

如果他不会再犯了，本身不但不会再犯，而且不良的因素基本上也消除了，内心也认罪悔罪，这个是不起诉的。或者说他基本就没有再犯的风险。因为我之所以给他不诉，是因为我觉得这个行为本身挺轻，而且他不会再犯了，所以我会秉持宽容的态度……如果是附条件不起诉，我主要就是关注他们有没有帮教条件，因为附条件不起诉期间需要进行帮教，帮教条件关键看监护人具备不具备条件、自己的内心意愿是不是有。(J－B－S－6)

3. 强调司法的亲历性

司法亲历性是司法工作的重要原则，因此在司法人员进行评估的过程中，需要经过亲历性心证过程。本质上，司法者是将风险评估的结果当作一个“准证据”进行审查，通过亲历对由风险评估结果而形成的初步心证进行验证。亲历性的强调在审查起诉和审判阶段都有体现，不管是检察官还是法官都强调通过亲自跟涉罪未成年人的接触，来对从各方获取的信息进行一个心证的验证。

我们其实更多地强调亲历性，尤其我们检察官这边，如果涉罪的是未成年人就一定要去提讯，通过见到他本人和通过询问笔录来了解，还是很不一

样的，因为这个孩子他的状态就是一种情绪，一看就知道他是个什么情况。(J－B－H－2)

如果我还没有庭审，我怎么给他量刑？如果只看书面的，没有当面开庭，就不了解相应的情况，没有直接跟被告人接触，就不能去判断这个人是否真的认罪悔罪。(F－B－F－15)

此外，访谈中有司法实务工作者提到，很多时候被委托方是根据他们对罪行情况的判断再对风险情况作出判断。但是这里面会有隐含的问题，即司法人员在对风险进行判断时，容易将已然的罪行判断和未然的风险判断混合进行二次判断。对涉罪未成年人风险的判断应是面向未来的，如果基于其过去的犯罪行为和事实就不太适当，比如很多实务工作者将涉罪未成年人的主观恶性视为其风险的表现。我国刑法学者张明楷教授就曾明确指出，以主观恶性来评价涉罪人员的风险，属于对现有罪行的二次评价，因为在定罪阶段已经对其已然的罪行情况进行了评价，在涉及风险的判断时主要是为了考虑预防刑罚的正当性，就不应再对罪行情况进行判断，而是分为现有法律规定的—具体量刑情节—风险性判断。[①]司法人员针对涉罪人的风险进行的经验性判断，也是对风险评估的一种误解，机械地以个别因素的组合来评估风险，会导致结论的严重失准。

（四）基于风险评估的创新性探索

1. 两种尝试

G区是我国未成年人精准帮教的示范典型。该区的检察人员以办理未成年人刑事案件的法律流程为时间轴，联合司法社工等领域专家，运用多学科知识，对涉罪未成年人进行风险评估，找准精准帮教焦点，结合未成年人回归社会需求列出精准帮教计划，开展个性化针对性帮教。[②] 该模式的重点是依靠一套动态全流程的风险评估，通过风险评估找准“矫治点”和“感化点”，进行有针对性精准的矫治干预和正向培养。该区自主研发了精准帮教办案系统，联合社工，利用专业的评估，来推进未成年人案件的管理，并在

① 参见张明楷：《论预防刑的裁量》，载《现代法学》2015年第1期。

② 参见张寒玉：《精准帮教涉罪未成年人制度的发展——以宁波、深圳两地实践探索为基础》，载《检察日报》2020年10月15日，第7版。

结案后跟踪回访，评估帮教效果。数据显示该模式下的分流转处率达到60%，5年的再犯率低于3%，实现了法律效果和社会效果的统一。[①]

K市是我国对重罪未成年人尝试采用风险评估进行干预的先行者。囿于目前法律规定，我国大部分地区的帮教资源往往集中于轻罪未成年人。但是K市未成年人刑事案件中重罪案件占到近1/4，所以K市检察机关率先开启了对重罪未成年人基于风险评估的分级干预模式。其主要依托某大学的研究理论，引进了域外先进的风险评估量表，通过对涉罪未成年人的风险评估，将未成年人分类进行干预。

2. 本土风险概念的生成

虽然在我国未成年人刑事司法实践中，司法者对风险话语保持“疏离”，但是在实践探索中，本土化的风险概念已经悄然生成。司法者已经开始有意识的根据实际需求，在现有法律概念的基础上，建构本土化的风险概念。虽然与域外风险话语的发生逻辑不同，但是与笔者在本章第一节中有关风险概念的分析一致。“人身危险性”一词已经很少被实务工作者使用，“社会危险性”则在社会转型和迎合实践需求的过程中凸显了其生命力，并进一步在未成年人刑事司法环境中促生了本土的风险概念。以笔者调研的G区为例，在该区探索的精准帮教模式中，“风险可控性”是其核心概念，也是精准帮教的主线。“风险可控性”是本土风险概念的一个典型，它本质上是司法者对长期实践探索的经验总结，且依托的是现有刑事司法中“社会危险性”的概念，在未成年人刑事司法中强调对涉罪未成年人犯罪原因中的风险因素进行控制，核心目的是预防涉罪未成年人再犯罪。

> “风险可控”的概念是从我们办案中衍生出来的，因为审查逮捕的过程中就有一个社会危险性的评估，其实这个概念基本是从那个概念里衍生出来，因为一般的案件都有一个社会危险性的评估的要求，对未成年案件的社会风险性评估其实还是围绕法律概念上面衍生出来的，就是再犯的预防。更进一步说即个体犯罪的原因、动机、根源到底是什么？然后针对他的犯罪根源，由于犯罪原因很复杂，往往涉及多个因素，我们就去查找在排序靠前的那几个点，这实际上就是我们社会危险性评估要素的构成。（J－S－G－11）

---

① 参见龚江：《少年司法保护福田模式研讨会综述》，载《青少年犯罪问题》2018年第4期。

此外，司法者对“风险可控性”的内涵也进行了本土化的解释和演绎。“风险可控性”可以分为风险点和感化点两个层面，风险点是指引起未成年人犯罪的原因，感化点对应的是回归社会的可能性。这样的内涵演绎与国际范围内“风险”与“需求”概念有着异曲同工之妙。当然二者也有一些本质的差异，比如实务工作者理解的感化点更多偏向福利，与风险内涵中的“犯因性需求”仍存在较大差别。

我们的系统中每一个步骤都是围绕着社会危险性评估这条主线，始终让社工关注到涉罪未成年人犯罪的风险，针对具体的风险点应该采取什么样的措施。但另外一条主线就是我们所说的社会风险性评估，实际上它就是一个风险的量化，因为我们要做一个0—5分、6—7分、8—10分的量化的指标，所以我们把它改成了“风险可控性”。(J-S-G-11)

3. 朴素的风险因素预防模型

在笔者调研的G区和K市两地都将风险与具体的司法处置做出高度的关联，或者说整个未成年人刑事司法的运行都是以风险的裁量为核心的。与笔者前文论述未成年人刑事司法中风险主导的预防模式相似，风险和风险评估在未成年人司法处置的各个阶段扮演着重要的角色。这一模式有以下三个核心要点：

首先，重视风险因素和风险评估。司法者会关注涉罪未成年人的风险因素（风险点），对其风险水平进行量化打分。这本质上就是一个风险评估的过程。本土司法者往往根据自身办案经验对涉罪未成年人的风险水平进行量化评分，将其归入不同的风险等级。

实际上就是我们所说的风险点，其实跟我们的精准帮教点有对应的关系在里面。(J-S-G-11)

其次，将涉罪未成年人风险评估的结果与具体的司法处置做高度的关联。G区和K市对涉罪未成年人的处置和帮教都是建立在风险评估分级的结果上的。

对高度关联它（司法处置）的风险评估，我们在帮教系统里面会自动匹配。当社工风险评估是5分及以下的时候就要走法律程序。假如你把人放了，那这个风险就由检察院来承担，社工他不承担，但是如果他达到了6分及以上，检察人员当然有最终的处置权，如果你没有去释放，那你就要解释为什么达到了6分你不放人。（J-S-G-11）

最后，将司法干预向前端和后端扩展，贯穿整个涉罪未成年人办案全过程。风险因素预防范式的一个明显特征就是对早期预防和后期矫正的全程贯穿。在G区和K市都根据本地区的特点，联合多方力量，将司法的干预和处置向前端扩展。即使是面对涉及重罪的未成年人，也努力将干预提前到审前羁押阶段。

二、工具层面风险评估的现实状况

总体而言，工具层面的风险评估目前在我国主要以临床评估为主，虽然开始尝试量化评估，但现有的量化评估仅处于初级阶段，存在很多不规范的地方，比如将心理测评等同于风险评估，或将心理测评与风险评估和司法者的裁量三者结合做综合评估，或者直接引入国外成型的量表，根据本土实践经验做本土化修改等。现有的风险评估量表的研发没有突破学科的界限，缺乏与国际范围内最新理论成果的对话，缺乏科学性和规范性。可以说真正意义上的风险评估量表的本土研发并没有开启。

（一）社会调查报告中风险评估的总体状况

总体上，在笔者调研的地区社会调查报告中都有对涉罪未成年人风险的评价，评估的实施主体主要是司法社工，评估内容主要基于社会调查报告的内容，评估方法以临床为主，一般将涉罪未成年人的风险等级分为高、中、低。

表4-2　现有社会调查报告中风险评估的基本状况

地点	评估者	评估内容	评估方法	评估结果
B市H区	社会工作者	八个维度	专业工具（国外）	4级
B市C区	社会工作者	依据社会调查报告	临床评估	3级

续表

地点	评估者	评估内容	评估方法	评估结果
B 市 X 区	心理咨询师	依据社会调查报告	初级量化	3 级
B 市 F 区	社会工作者/心理咨询师	依据社会调查报告	初级量化（本土）	3 级
B 市 S 区	社会工作者	依据社会调查报告	临床评估	3 级
T 市	社会工作者	依据社会调查报告	临床评估	3 级
N 市	社会工作者	依据社会调查报告	临床评估	3 级
S 市	社会工作者	依据社会调查报告	临床评估	4 级
K 市	社会工作者	参照国外量表	初级量化（本土）	3 级
J 市	心理咨询师	依据社会调查报告	临床评估	3 级

（二）危险话语和风险话语杂糅

从社会调查报告的文本情况来看，在社会调查报告中开始明确使用“风险”相关字眼，但整体上风险相关术语与危险相关术语是混杂使用的，实践者也不能对其予以准确界定和区分。一方面，司法社工大多具有社会工作、心理学、社会学等教育背景，而心理学、社会学等学科对“风险”概念的采用比较普遍，比如心理学对风险因素的关注，社会学对风险社会的关注等，所以一线司法社工对“风险”概念具有天然的亲和，在具体的实务操作中会积极主动纳入风险话语。另一方面，鉴于刑事司法体系的专业壁垒，实践者在纳入风险话语的过程中，与刑事司法体系的危险性概念混杂使用。社会调查报告的提供者往往将风险指向自己熟悉的话语体系，采用自己熟悉或者带有倾向性的表述。以笔者抽取的 B 市 F 区社会调查报告为例，在报告的综合评估部分就存在“社会危害性”“社会危险性”“人身危险性”以及“再犯可能性”“再犯风险评估”“风险性评估”等多个术语混用的情况。具有法律教育背景的司法社工会更加强调社会危害性、社会危险性等法律明确规定的术语，将风险评估之风险性理解为人身危险性和社会危害性。① 也有的报

① 比如，某一社会调查报告对未成年人犯罪嫌疑人的人身危险性评估分析，包括两部分：社会危害性分析和人身危险性、再犯可能性分析，从其文本呈现的逻辑来看，人身危险性包括社会危害性、再犯可能性，这是明显的错误和术语混用。

告将其直接定位为人身危险性评估，但是又往往将再犯可能性和人身危险性并列使用。

我理解的风险评估主要就是评估涉罪未成年人所犯罪行的人身危害性和社会危害性，（你是指人身危险性吗?）对，就是他的人身危险和所犯罪行对社会的危害。（S－B－X－19）

H区的社会调查报告中对“风险”概念的使用相对统一，采用了“再犯风险”的概念。因为该区社工大多是社会工作教育背景，对相关法律概念不甚熟悉，所以经过与法律专家讨论，确定使用再犯风险的概念，以规避相关法律术语的模糊。

以前用的是再犯风险可能性，现在用的危机水平，在报告里面最终用的是再犯风险初步评估。（S－B－C－18）

G区相对特殊，司法社工与司法者对风险和危险相关的概念进行了统一，使用了单独的“风险可控性”的概念，这一概念主要是司法者在刑事诉讼过程中对涉罪未成年人风险水平的评价，是建立在对涉罪人员犯罪原因的追问中。从犯罪原因的角度来理解与本书分析的“风险”概念具有一定的一致性，风险本质就是来源于对犯罪原因的探索，在于发掘犯罪原因背后的风险因素。

风险的可控性主要是针对犯罪事实而言，就是他/她因为什么而犯罪，这个（引起犯罪的）原因能不能有所改善。比如，涉嫌盗窃的未成年人，可能是因为沉迷网络，不想去工作，他自然就没有钱花，还有人是因为赌博需要钱，所以去偷东西。总的来说，风险的可控性是针对导致他犯罪行为的原因来说的。（S－S－F－23）

（三）福利主导的风险叙述逻辑

在一线实践者的叙述逻辑中开始采用风险的叙述逻辑，关注基础性的风险因素，并与社工工作所秉持的“福利保护”概念对接，但是总体上，这种使用还仅仅停留在经验层面，与理论层面风险话语核心概念中的“风险”和

“需求”还有一定的差异。

与刑事司法理论层面对“风险”概念背后基础性风险因素的忽略不同，社会工作者已经开始将风险因素与未成年人犯罪的原因做了相应的关联，对未成年人犯罪原因的阐释主要从围绕各类风险因素的描述展开。这种从因果关系到相关关系的转变也受到了近年来发展性犯罪学理论的影响，因为我国学者在论及社会调查报告的理论基础时多提到发展性犯罪学的理论，比如生命历程理论等。但是鉴于对犯罪原因中因果关系的“执念”，这种转变在理论上并未得到足够重视。本土学者并没有对风险评估进行深入的理论探究，而是选取一些理论视角对现有的因素进行了分类，本质上这种划分不是围绕风险概念展开的，更多的是针对社会调查中获取信息的分类建构。比如有学者从系统理论出发将其分为风险性因素和保护性因素，她认为风险因素包括个体、社会环境和历史三类，保护性因素分为内在和外在两个层面。① 一线的实务工作者在报告中也采纳了这种逻辑，比如将收集到的信息分为回归社会的有利因素和不利因素、风险性因素和保护因素等。

报告中会有犯罪原因分析的部分，犯罪原因分析包括回归社会的风险因素和保护性因素，还有相应的帮教建议。(S－B－C－17)

导致孩子做出违法犯罪行为的一些因素，无论是从认知方面、行为习惯方面还是对法律的认知方面，可能是非正向的，这些方面可能都是它的风险因素。(S－B－C－17)

其实一线的实务工作者已经开始无意识地采纳了风险需求响应的干预模型，在关注风险因素的同时，注重涉罪未成年人本身的优势，也就是理论上的响应性因素，但是由于缺乏理论上的指导，尚未自觉地对需求和响应性因素做区分。

(这些风险因素都是正向的吗?) 也有非正向的，因为每个孩子不一样，可能刚刚我说的这些因素不一定都是风险因素，比如有的孩子是因为法律认知错误做了违法行为，但是他行为习惯没有问题，所以我认为每个孩子身上

① 参见席小华：《涉罪未成年人社会调查的理论框架及具体内容》，载《华东理工大学学报（社会科学版）》2015 年第 3 期。

可能都有优势、优点，都有正向发挥的空间。因为我们帮教的前提除了看他不好的地方，需要调整的部分，也要看他的优势视角和有能量的部分，可以通过利用他的优势能量做后续的干预。(S－B－C－17)

一线实践者也将风险因素与相应的干预措施相匹配，这种匹配与国际范围内风险话语中的核心概念犯因性需求运用逻辑具有一定的相似性，都是针对风险因素进行特定的干预。但是访谈中发现实践者对这一概念缺乏理论上的深入认识。实务工作者对“风险”中隐藏的“犯因性需求”概念没有明确的理论认识，也没有与社会工作本身所秉持的福利需求概念相区分。在域外风险话语中的犯因性需求是一个关键的概念，这个概念在本土实践中没有相应的直接体现，更多的是隐含于风险因素之中，其本质还是将其视为福利领域的“需求”概念。福利领域的需求，尤其未成年人的福利需求是一个建立在儿童权利观念基础上的概念，对其发展本质的认识和判断，包括生理、心理、情感、精神和社会等方面。①

我觉得我们做的需求评估更多的是孩子自己提出来的，比如他认为他的家庭教育教养方式有问题，比如父母暴力或者其他，他希望在后续的过程中调整。(S－B－C－17)

现有的保护性或者回归社会的有利因素也并非围绕风险话语而是围绕社会福利需求展开。因为福利保护的范畴相对较广，在刑事司法过程中，类似概念的使用往往会给司法者留下一种强调福利的感觉和印象，并在很大程度上影响了司法者对调查报告中风险评估结论的信任和使用。

风险评估它的代表风险可能是司法机关关注的，司法机关希望通过我们的专业，综合评估涉罪未成年人的再犯风险，但是我们这个专业除了评估它的风险以外，更主要的是降低它的风险，也就是说如何在后续干预的过程中，让他更好地回归社会，降低再犯罪风险，也是我们工作的主要目标。(S－B－C－17)

---

① 参见陆士桢:《中国儿童社会福利需求探析》，载《中国青年政治学院学报》2001 年第 6 期。

（四）风险评估方法的误解与困境

一线的工作人员对未成年人风险评估有一定的误解，将心理测评和风险评估混同。风险评估方法落后，主要是以临床评估为主。部分地区也开始尝试量化评估，但是整体上量化评估处于初级阶段，方法并不科学。

1. 以临床评估为主

虽然笔者调研的地区使用临床评估方法不到总调查地区数的一半（11个地区中有5个地区），但是由于笔者选取的地区本身就属于在风险评估方面走在前列的发达地区，由此可以判断总体上我国社会调查报告在评估方法上主要还是采用临床评估，评估结果往往是围绕社会调查报告中提到的行为人个人、家庭等描述性信息推论而来。评估的信息内容看似面面俱到，实际上缺乏针对性，也没有经过严格的逻辑论证。以笔者选取的C区为例，该区报告中的风险评估采用临床诊断的方式，最终将风险分为高、中、低三个或者高、较高、较低、低四个等级。部分报告在风险评估部分采用模板式表述，比如综合……调查情况，给出一个风险等级的判断。有的报告虽然对评价指标进行了明确，但是评价指标的选取缺乏严格的论证。比如某报告中对于涉罪人危险性的评估主要以四个方面内容为评价指标：（1）是不是初犯；（2）认罪态度；（3）监护情况；（4）社会适应能力测试结果。尽管青少年社会适应能力评估结果与危险性评估往往呈正相关，① 但是将其作为未成年人风险评估指标的理论支撑不足。涉罪未成年人的风险评估与人格评估、社会适应能力评估是完全不同的概念。两者的论证逻辑、研究方法、样本群体的选取都有很大的不同。涉罪人员的风险评估是一个更加复杂的过程，除了人格特征之外，还受到自然、社会、经济、文化等因素的影响。总体而言，现有的风险评估总体上是一种临床评估，评估的质量主要依赖于从业人员的专业能力，具有一定的任意性。笔者与部分检察官和法官的访谈表明，司法者对评估的结果往往采取不信任的态度，司法者更倾向于依赖报告和所掌握的案件信息自行论证涉罪未成年人的危险性。也就是说，现有报告中风险评

① 以笔者抽取的社会调查报告为例，涉及青少年社会适应能力测评的10份报告中，社会适应能力差或者一般的，危险性评估结果均为中度及以下。笔者对所抽取的社会调查样本的粗略分析虽然不足以推断整体，但是管中窥豹，可以看出在实践中评估者在运用量表方面存在科学性和严谨性的缺失。

估并没有起到实质性作用。这种临床评估的随意性，一方面造成了实践中司法者主观评估与社会调查评估“各行其是”、彼此独立的使用困境，另一方面也加剧了整个社会调查报告在刑事诉讼中法律属性的模糊。

2. 误用心理测评

一线实践中还经常引入 MMPI、16PF、SCL90、涉罪未成年人心理测评与风险控制系统等测评量表，[①] 虽自诩创新举措，但这种做法实际上导致评估泛化，加剧了评估结果的随意性。《工作指引》中对社会调查报告明确要求对未成年人的“身心健康、认知、解决问题的能力、可信度、自主性、与他人相处能力”等进行综合评价。从心理学的角度来说，这些内容反映的都是未成年人的人格特征，对这些内容的评估可以看作对涉罪人人格的评估。将心理测评量表纳入社会调查报告可以帮助实践者更好地了解涉罪未成年人的人格特征，有利于后期采取针对性的帮教措施。在我国的社会调查实践中，有学者提倡将心理测量结果用作评价涉罪未成年人的人身危险性的依据。[②] 在笔者抽取的社会调查报告样本中，部分社会调查报告明确将艾森克 EPQ－人格测试量表、青少年社会适应量表纳入其中，将测评结果用作评价涉罪未成年人的人身危险性、社会危险性等的依据。例如某报告在风险性评估部分采用如下表述：“经过此事件，某某受到教训并认识到错误，人格测量在正常范围内，其行为特质均正常，社会危害性较低”。报告采用的人格量表以英国心理学家艾森克人格问卷为蓝本并由中国心理学家编制的中国版本，该量表一般用于测量一个人独特的人格特征。

心理评估一般是在初次报告中，我们用的是艾森克人格量表（针对青少年）对未成年人的情绪、性格等进行了解和判断，比如情绪是不是激动，量表的结果大多数比较符合孩子的情绪状态。最开始觉得还是专业的东西做支持，相对比较适合。量表的测量最开始是在网上，发现网上给出的结果都千篇一律，内容没有太大变化，参考性不大，后来是我们把量表的结果转给专业的团队，由他们给出结果。（S－B－X－19）

---

① 参见滕洪昌、李月华：《对我国涉罪未成年人心理测评实践的反思》，载《青少年犯罪问题》2019 年第 2 期。

② 参见滕洪昌、姚建龙：《少年司法与心理学的整合：一个初步的探讨》，载《中国青年研究》2017 年第 7 期。

笔者认为用未成年人的人格测量结果评价其危险性失之偏颇。人格量表只是用于描述一个人独特的人格特征，是对个体人格的评价。对人格的评价在群体意义上并不涉及道德上的好坏之分，不能说性格孤僻的人就一定会对社会产生危害。况且目前使用的人格量表都是由国外学者编制的，即使经过中国学者的修订，制定了中国常模，也存在一定的局限，且目标群体并不是涉罪的未成年人。① 进一步说，以普通群体常模为基础所制作的人格评估量表不宜扩大适用到与定罪量刑相关的裁量中。实际上，这也反映了我国理论认识的一个误区，其实并不是所有的未成年人都需要使用心理测评量表对其身心状态进行鉴别。根据域外相关经验，心理测评都是在涉罪未成年人有需要的情况下进行的，且引入心理测评的目的是用以确定涉罪未成年人是否存在心理问题，这种诊断可以在后续的帮教中更好地帮助未成年人。②

事实上，在域外风险评估实践中也会发现类似精神病筛查等心理精神疾病类量表，比如 PCL - YV③，但该工具主要是为了评估心理变态而设计的。之所以出现这种混用，主要原因在于精神疾病量表和风险评估量表在预测未来犯罪可能性方面的预测效度具有一定的一致性。④ 产生这种一致性的原因主要体现在两个方面：其一，测量方法的一致性，即对影响因素都采用了回归分析；其二，抽样整体的相似性，因为心理精神测评工具和风险评估工具两者采用的样本群体有重合，有精神疾病的青少年与犯罪青少年重合的比例比较高。但是精神疾病测评工具的样本群体中还包含了没有犯罪的正常青少年，所以严格来讲，不能将心理精神疾病类测评直接等同于风险评估。

3. 量化评估缺乏科学性

在笔者调研的 11 个地区中有 6 个地区开始尝试对风险进行量化评估，

---

① 参见王登峰、崔红：《中国人人格量表（QZPS）的编制过程与初步结果》，载《心理学报》2003 年第 1 期。

② Gina M. Vincent et al., *Risk Assessment in Juvenile Justice: A Guidebook for Implementation*, 2012 - 11 - 06, http://www.modelsforchange.net/publications/346 [2020 - 11 - 24]；李瑾：《台湾地区少年审前调查制度之考察及启示》，载《甘肃政法学院学报》2016 年第 2 期。

③ Robert D. Hoge & D. A. Andrews, *Evaluation for risk of violence in juveniles*, Oxford University Press, New York: 2010, p. 99.

④ Robert D. Hoge & D. A. Andrews, *Evaluation for risk of violence in juveniles*, Oxford University Press, New York: 2010, p. 43.

并将具体量化评估的表格作为附属材料附在社会调查报告中。在社会调查报告的正文中只有一个关于风险等级的最终结论。量化的风险评估主要分为三类，一类是根据本土经验生成的初步量化评估；一类是引进域外成型的量表，再进行本土化的修改；一类是利用本土现有的数据生成初级的量化评估模型。

G 区的社会调查报告尝试对涉罪未成年人的风险水平进行量化评估，但是量化评估的依据仍然建立在经验的基础上，其本质是一种结构化的临床评估。通过该区社工和检察官的描述，现有的评估可以说是既往工作经验的总结。而且目前归纳出的 5 个方面的风险维度从理论角度来看，还有一定的欠缺。与本书第二章域外对风险评估的研究相比，目前的评估仅仅只是现有经验的外化。

其实目前没有说很量化，它会有一些基本的标准，其实只是社工基于他了解的情况，以及目前当下工作的一个成效和进展，对涉罪未成年人回归社会可能的一种判断。我们会结合……这几个层面去判断，因为我们帮教是持续性的，所以我们两周去评估一下社会危险性。从检察官的层面，他们其实也有自己的一个判断标准，社工只是从自己的角度去提一些自己的建议，是否采纳是由检察官来决定的。(S－S－F－23)

现在我们做的可能还不够科学或者是不够量化，更多的是从我们不断积累的个案方面对犯罪原因的一些归纳。关注风险点中比较敏感的词，比如说涉案的行为有赌博，有吸毒，有多次惯偷，还有明显的有心理创伤或者是家庭关系支持系统很薄弱，这些基本是高风险的因素。我们在做社会风险初级评估的过程中，其实也是先筛查这些高风险的敏感词，其实第二层级风险评估，就是从他本身作案的手段、危害性，他自己的动机以及他动机背后的方向点，我们把它分解成了 5 个方面：认知、行为偏差、情绪控制能力、家庭关系（包括朋辈关系）和心理创伤。(J－S－G－11)

H 区的某社工事务所自 2016 年开始就附有正式的风险评估量表。量表包括 8 个维度，根据不同项目得分，分为四个等级。该量表是在国外量表基础上改良而来，并结合中国实践做适合本土环境的调整。但是，风险评估工具一般是针对特定人群为实现特定目的研发。域外研究发现对于工具的扩张应用可能是有害的，因此需要研发本土的风险评估工具。①

因为国外做的再犯风险的研究主要是实证研究，研究可能会确定一些指标，这些指标对再犯是有影响的，我们可能看到这些指标之后也会做本土化的设计，比如毒品滥用可能在国外青少年群体比较普遍，在量表中的比重就比较高，而在国内青少年群体中，比例比较低，如果将同样比重放在我们的犯罪风险评估量表里，可能它就不是那么科学。所以我们做一些本土化的设计，是基于过往这些年的工作经验，或者对于我们服务对象的内容的梳理。(C－B－C－18)

F区的某社工事务所自2013年开始利用积累的数据对风险评估进行赋值量化。与引入国外量表相比，该量表使用的是本土样本，且样本数据不断更新和扩大。尽管使用者反映量表的使用提升了他们的专业性，可以帮助他们更好地进行社会调查和对未成年人的风险状况进行评估。但是根据被访谈者的描述该量表依然还是结构化的风险评估，并不是精算式风险评估。

实务工作者普遍认为风险评估量表的纳入可以避免主观判断的任意性，提高风险评估的客观性。而且标准化的评估对于提升整体评估的服务水平也有一定的积极作用。由于司法社工的专业水平参差不齐，标准化的评估能从整体上进行指导和规范。与此同时，也有实践者对此提出担忧，认为标准化的评估会限制评估者的自由裁量权。司法社工对风险评估量表的态度与域外研究发现也具有一致性。比如在英国推广全国统一风险评估工具的过程中，实务工作者的主要担忧也是标准化的评估会限制专业裁量的自由，所以在实际的运行层面往往采取一定的变通措施。

如果没有这个量表的话，我们可能基于社会调查收集到的信息，对再犯风险做一个评估。评价的结果主要取决于我们自己本身的工作经验。而量表更科学，它采用的是打分制的。因为有不同的分数区间，就不会基于每个社工不同的理解而对于案主（涉案未成年人）有不客观的评价，也就是说会避

① Jill Viglione et al., Misalignment in supervision: Implementing risk/needs assessment instruments in probation, *Criminal Justice and Behavior*, 2015, Vol. 42, No. 3, p. 263－285.

免主观判断的一些任意性和不一致。(S-B-C-17)

它会让我自己在工作中去发现一些新的问题，有时候在做评估的时候，有些问题是会比较纠结的，量表的条目可以让我更深入地思考一些问题。比如说家庭方面是一个什么样的状态、心理状态如何等，这些都会帮助我去客观判断。(S-B-Z-21)

其实我觉得它还是会限制你的判断，分数有时候太固化了，比如最后的得分不在规定的范围内，怎么办？它会限制你利用自己的其他一些知识去灵活判断。(S-B-Z-21)

第三节　我国未成年人刑事司法风险评估存在的问题及原因

通过上文的考察可以发现我国未成年人刑事司法风险评估还处于探索阶段，不管是规范层面还是工具层面都没有形成系统科学的未成年人风险评估机制。总体来看，规范层面的未成年人刑事司法风险评估相对保守，并没有在相关决策中发挥重要作用，而工具层面的风险评估虽然相对开放，但是专业性有待提高。实践的现状实际上反映了更深层次的理论和制度的缺失，需要深入分析并加以斧正，以便能在我国未成年人刑事司法风险评估建立的初期奠定良好的基础。

一、规范层面对风险评估的忽视

虽然近年来我国未成年人刑事司法改革取得了巨大的进步，但依托成人刑事司法体系以行为为主的惩罚模式没有给行为人的风险考量留下太多空间。规范层面对风险评估的忽视主要存在三个方面的原因：其一是整体上预防重新犯罪理念的缺失，其二是对社会危险性理论的认识不到位，其三是处遇体系的不完善。

（一）预防重新犯罪理念的缺失

未成年人刑事司法的顶层设计中缺失整体的预防理念。我国未成年人刑事司法一直以来坚持教育为主、惩罚为辅的基本原则，对涉罪的未成年人实行教育、感化、挽救的方针。在顶层设计中一直强调教育、感化、挽救，但是没有明确提出预防再犯的目标，没能在整个体系中确立预防未成年人重新犯罪的理念。上文提到的有关未成年人的刑事法规范中，只有《预防未成年人犯罪法》和《工作指引》专门提到了犯罪预防。根据近年来未成年人检察工作的发展，《工作指引》中提到的犯罪预防主要侧重于一般预防和临界预防，而预防再犯并没有在现有的刑事司法体系中予以明确。笔者认为这一核心理念的缺失，使得整个未成年人刑事司法关注的重点要么是集中于以罪责为核心的惩罚，要么则是专注于教育、感化、挽救的福利保护，不能在两者之间做好平衡，不能真正有效地实现犯罪控制与犯罪预防。虽然现有的法律体系中，检察官、法官所做的努力与犯罪的预防密切相关，比如附条件不起诉、缓刑等适用的目的都是为了帮助涉罪未成年人顺利回归社会，不再犯罪，但是“不再犯罪”这一隐含的目的，并没有被当作明确的目标和标准来执行，而是被司法的惩罚和福利的保护冲淡了其地位和价值，要么一味地强调严惩未成年人犯罪，要么一味地强调福利性质的保护。这背后也反映了更深层的社会治理问题，未成年人犯罪的治理目标中惩罚、教育、保护、预防之间的内在关系还没有厘清。

（二）对社会危险性理论的认识不到位

规范层面对风险评估的忽视本质上反映了社会危险性理论在我国未成年人刑事司法中没有得到应有的重视。首先，概念的不统一。不管是法律规范还是具体实践中，都没有形成统一的概念体系。人身危险性的理论概念在实践中已经很少出现，现有使用较多的是社会危险性和再犯可能性。但是实际上，这两个概念也是有交叉的，关于概念的区分本书第一章已经进行了深入的分析。其次，社会危险性理论在现有司法体系中的地位、功能不明。总的来说，社会危险性在定罪方面局限于出罪，在量刑中作用不明，在行刑过程中效果不彰。[①] 我国学者认为，不管是定罪还是量刑，对涉罪人风险的裁量在罪责结构中起着单向的修正作用，比如可以风险水平低认定行为人不构成犯罪，但不能因为风险性高就认定构成犯罪，可以依据风险减轻量刑，不能

---

① 参见狄小华：《人身危险性视野下的中国再犯防治问题检视》，载《中国监狱学刊》2020 年第 4 期。

加重量刑。① 这样的理论将涉罪人的已然行为作为核心的考量，风险的裁量仅处于从属地位。而且在实践中存在着对罪行和社会危险性的重复评价。上文的实证考察也充分证明了这一点。最后，在我国现有的法律规范中，有关社会危险性的评估多是隐形规范，且实践中的评估并不科学。现有法律框架中除了逮捕中社会危险性的评估是由法律明确规定，其他比如附条件不起诉中都没有明确要求对涉罪未成年人社会危险性进行评估。很多关于社会危险性的规定都是隐形规范，比如情节显著轻微、累犯、自首、立功，这些内容本质上都是社会危险性的影响因素，但是主要侧重静态和历史的特征，使得我国现有的对社会危险性的判断主要是静态和回溯性的。比如我国基层检察院的报告中提到以多次盗窃或者没有户口、家庭监管能力弱等作为评估再犯可能性的关键指标。② 此外，司法者在具体评估过程并未对有关社会危险性的风险因素有充分的认识，往往以法律中列举的“主观恶性”“认罪态度”“有无监护与社会帮教条件”等明确的个别因素机械地作为评价涉罪人员社会危险性的主要依据。狄小华教授认为我国犯罪学再犯研究的缺乏和风险评估技术长期不受重视是导致这一现象的重要原因。③ 社会危险性理论的研究进入瓶颈，没有吸收相关学科发展的有益成果，比如前文提到的犯罪学、行为科学等关于风险评估的最新研究。

（三）未成年人司法处遇体系不完善

未成年人刑事司法处遇体系的不完善也是制约我国未成年人风险评估发展的关键。正如王贞会教授所言，我国并没有形成完整独立的未成年人司法处遇体系，而是散见于一系列的制度设计中，比如附条件不起诉、缓刑、减刑、假释、犯罪记录封存等。④ 虽然这些制度在我国现有的未成年人刑事司法体系中发挥着重要的作用，但是在具体的适用过程中存在很多问题。第

---

① 参见游伟、陆建红：《人身危险性在我国刑法中的功能定位》，载《法学研究》2004 年第 4 期。

② 参见北京市海淀区人民检察院课题组：《附条件不起诉实证研究报告》，载《国家检察官学院学报》2017 年第 3 期。

③ 参见狄小华：《人身危险性视野下的中国再犯防治问题检视》，载《中国监狱学刊》2020 年第 4 期。

④ 参见王贞会：《罪错未成年人司法处遇制度完善》，载《国家检察官学院学报》2020 年第 4 期。

一，有关非犯罪化的法律规范中评价标准不明确，导致转处机制运行不畅。比如对不做犯罪处理的“情节显著轻微，危害不大”；对酌定不起诉中“犯罪情节轻微，依照刑法规定可以不予刑罚处罚或者可以免除刑罚处罚”；对附条件不起诉中“有悔罪表现”等的判断都与涉罪人的社会危险性密切相关，但是具体判断标准并不明确。现有的不起诉制度受制于刑法的规定，在实践中限制了附条件不起诉、酌定不起诉等非犯罪化路径的适用范围。第二，缓刑、假释、减刑制度中的相关规定缺乏操作性。实践中缓刑的适用率很低，人民法院在非刑罚化方面没有发挥应有的作用。缓刑中的风险评估与社会调查中的风险评估和监督帮教往往由不同的部门进行，重复评价，不仅造成资源的浪费，而且由于风险评估和风险的监管缺乏连续性，导致整体的干预效果不佳。第三，对于未达到刑事责任年龄的罪错少年缺乏相应的保护处分和保安处分。收容教养制度废除以后，现有的刑事司法体系如何与《预防未成年人犯罪法》中规定的专门教育相配合，也是整个未成年人司法处遇的关键一环。

造成以上问题的根本原因，不仅是制度方面的问题，比如现有的制度框架存在的问题（缺乏独立的未成年人司法体系），与此同时，还反映了深层次的理论缺失。司法处遇需要以涉罪人的危险性理论为基础，对涉罪未成年人的风险进行评估，并作为处遇的重要依据。当前刑事司法体系以行为和罪责为核心，未凸显风险和风险评估的地位与功能。首先，现有的司法处遇没有确立以风险为核心的处遇理念和处遇原则，无法为整个未成年人司法处遇提供理论和实践的指导，使得不同制度下的处遇方式缺乏内在的一致性和协调性，比如刑法规定的以惩罚为主要指向的刑罚体系与预防未成年人犯罪法规定的以福利为主要指向的（专门）教育体系。其次，风险评估尚不具有规范属性，评估过程或是注重个别因素或是围绕零散因素展开，比如访谈发现的由司法者经验产生的风险因素或者由法律筛选出的累犯、自首等单个重要因素。即使是引入国外成形的工具，也没有对具体的因素进行本土化的验证和分析。最后，风险评估尚不能起到促进制度间转化与沟通的作用，而这恰恰也制约了未成年人刑事司法处遇体系的发展。现有不同制度没有在理论上进行内在的沟通和对话，结果只能是各行其是，未能形成整体的处遇体系，也未能实现整体的处遇效果。因此，建立以风险为核心的统一处遇体系和处遇原则，有助于从根本上克服现存体制中风险评估内容的分散和不统一，确立处遇的基础性原则，以弥补现有制度的诸多弊端。

二、工具层面风险评估专业性阙如

与规范视角风险评估相比，虽然我国工具视角风险评估近年来有一定的进步，比如调研发现司法实践中已经开始吸收域外有关风险评估的相关研究成果，风险因素、需求等概念开始在社会调查报告中出现，但是从整体上看工具视角风险评估的专业性还有待提高。

首先，现阶段风险评估主体的专业能力与风险评估所需要的专业能力差距较大。如果仅仅采用临床评估的方式，风险评估的结果与前文提到的美国精神病专家对涉罪人危险性的临床证言本质上没有区别，都不可靠。即使是量化的评估往往由社会工作者根据经验简单量化或者买进国外工具，没有经过本土的研究和验证，专业性还是得不到保障。其次，专业的风险评估需要犯罪学、心理学以及行为科学理论研究的支撑。本书第二章对域外未成年人风险评估的理论探究充分说明了这一点。虽然在具体的访谈中发现，一些实践人员开始在社会调查报告中进行理论说理，但是他们往往选择某个单个理论对未成年人犯罪的原因进行本土注解，比如以社会支持理论解释家庭、学校等的重要影响，以社会学习理论来强调未成年人自己的成长可能性等。表面上，增加了社会调查和风险评估的理论说理，实际上，也只是断章取义，没能把握风险评估的理论核心。事实上，域外未成年人犯罪的研究已经突破了传统犯罪学中单个理论的桎梏，进入了以风险因素为主的强调综合发展的新阶段。最后，风险评估与评估主体秉持的福利理念相冲突。在本质上，风险评估更侧重于司法的价值，而社会调查则侧重于福利的价值理念。评估者致力于全面调查涉罪未成年人的犯罪的背景信息，采用的工作方法和工作理念都源自社会工作的福利理念。这也是前文访谈中发现的司法者对风险评估结果的不信任的根源，因为司法者潜意识里认为司法社工秉持的福利理念与司法价值有着内在的冲突，他们有着自己关于风险的认识和判断。

总的来说，专业的风险评估是一个系统工程，不是现阶段单个的社会调查主体所能完成的，而是需要不同学科不同领域专家的共同努力。正如我国学者所主张的，风险评估是一个集产、学、研、用于一体的研发过程，需要不同领域知识的融合，需要研发机构和实践部分战略合作，需要将人文和科技相结合。[①] 因此，笔者认为由国家主导，联合不同领域的学者，研发本土统一的风险评估工具是建立我国未成年人风险评估机制的必由之路。

三、两个层面风险评估缺乏有效互动

基于实证访谈发现，我国未成年人刑事司法实践中规范和工具两个视角的风险评估之间没有进行有效的互动。除了不同视角本身发展的局限，现有的刑事司法体系保障两者沟通的制度建设也存在一定的问题，主要体现在两个贯穿始终的基础制度上：社会调查制度和社会支持体系。其中社会调查报告是风险评估的基础载体，社会支持体系是风险评估和管理的实施主体，对于刑事司法中风险评估的实现至关重要。

（一）社会调查制度的现实困境

未成年人社会调查制度是我国未成年人刑事司法制度的基石，可以帮助司法者更好地了解未成年人犯罪的背景，确立帮教的重点，协助司法者选择合适的处遇措施，在未成年人刑事司法的各个阶段都发挥着重要作用，也是连接两个视角风险评估互动和沟通的关键。自 2012 年我国刑事诉讼法在立法上明确未成年人社会调查制度，经过十几年的发展，我国未成年人社会调查制度的实践运行已经初见成效，但是连接两个视角风险评估的功能并没有很好的发挥，而且困扰学者们的一些关键问题还是没有得到理想的答案。我国学者也认为缺乏专业的风险评估，使得社会调查制度仅仅收集涉罪未成年人基本资料的制度，进而制约了其功能的发挥。[②]

现有的理论研究进入了瓶颈期。其一，不同学科之间没有形成彼此融通的共同话语体系，比如国际范围内通行的风险和需求概念在我国刑事司法体系中没有落实，没有对福利色彩的教育保护所关注的需求与犯因性需求进行区分等。[③] 其二，学者往往将社会调查本身的理论基础和社会调查报告应用

---

① 参见狄小华：《智能化再犯风险评估司法应用的法律风险及其防范》，载《学术界》2020 年第 5 期。

② 参见狄小华：《人身危险性视野下的中国再犯防治问题检视》，载《中国监狱学刊》2020 年第 4 期。

③ 参见席小华、徐永祥：《涉罪未成年人社会调查的理论框架及具体内容》，载《华东理工大学学报（社会科学版）》2015 年第 3 期。

的理论基础相混淆。[①] 比如行为人刑法是社会调查应用的理论基础，虽然行为人刑法是从涉罪人的风险出发，但是有关风险的研究不能等同于单个犯罪学理论，学者们在论及这一制度的理论基础时往往一概而论，不做区分。其三，刑事司法学者对社会调查报告的属性之争。[②] 如果脱离对社会调查内容的深入研究，实际上将是雾里看花，陷入没有抓住本质的循环论证中。因为只有明确了社会调查报告的核心内容，提高了其科学性才能深入探索其法律属性。

事实上，西方国家社会调查报告的内容已经在新的风险框架下进行了信息和内容的重构，风险评估逐渐成为社会调查报告内容的核心。[③] 近年来，受到西方国家少年司法以风险为核心的循证实践改革趋势的影响，[④] 我国学术界和实务界开始关注未成年人风险评估的问题。学者们在论及有关未成年人相关制度时都提到风险评估内容，[⑤] 也在尝试研发相关风险评估工具辅助具体的社会调查。[⑥] 在笔者抽取的社会调查报告中也出现了与国际通行的"风险""需求"话语体系类似的"风险因素""风险性评估"等表达。这显然是一种好的发展趋势，但是西方国家风险评估工具引入的背后，其实有着深厚的理论积淀，具体表现为全球化背景下，风险社会理论对刑事司法理论的影响以及未成年人犯罪风险因素预防研究的推进。正是这些理论的创新在根本上推进社会调查报告内容和重心的变革。

笔者认为我国未成年人社会调查制度的改革发展，需要以风险评估为核心重新反思社会调查的理论框架，科学重塑社会调查报告的基本内容，并进

---

① 参见王贞会：《论社会调查制度的理论基础》，载《青少年犯罪问题》2014 年第 6 期。

② 参见自正法：《社会调查报告之证据效力》，载《交大法学》2018 年第 4 期。

③ Kelly Hannah-Moffat & Paula Maurutto, Re-contextualizing pre-sentence reports Risk and race, *Punishment & Society*, 2010, Vol. 12, No. 3, p. 262 – 286.

④ Peter W. Greenwood & Brandon C. Welsh, Promoting Evidence-Based Practice in Delinquency Prevention at the State Level: Principles, Progress, and Policy Directions, *Criminology & Pub. Pol'y*, 2012, Vol. 11, p. 493.

⑤ 参见何挺：《附条件不起诉制度实施状况研究》，载《法学研究》2019 年第 6 期；张鸿巍：《浅析美国未成年人案件社会调查制度》，载《河北法学》2014 年第 5 期。

⑥ 首都师范大学北京青少年社会工作研究院与华宇元典签署合作协议，共同开展犯罪预防和矫正相关研究，参见 https：//mp. weixin. qq. com/s/hyXFp9iSIhVarYMTiIR8yA，2020 年 4 月 26 日访问。

一步助推社会调查报告的司法运用，唯此，才能真正破解我国未成年人司法社会调查制度在实践中面临的执行主体、法律属性和司法运用等困局，并为整个司法体系中非犯罪化、非监禁化和非刑罚化的发展提供专业的风险评估的支撑。

（二）社会支持体系的不完善

目前我国未成年人刑事司法的社会支持体系还不够完善，一方面，社会支持体系资源分布不均、构成单一，无法实现对涉罪未成年人进行联动的风险评估和风险管理；另一方面，缺乏风险评估的社会支持项目，难以实现精准化的支持服务。

首先，现有社会支持资源分布不均，无法为附条件不起诉、审前非羁押等制度的落实提供综合的支持。访谈中有检察官提到有时候不能对涉罪未成年人做附条件不起诉的关键在于没有相应的社会支持资源或者项目。整体而言，我国涉罪未成年人附条件不起诉虽然逐年在增长，比如，根据我国学者统计附条件不起诉从2013年的3.7%增长到2017年的6%，但是整体适用率占比较低。[①] 再如，2015年北京市D区人民检察院的附条件不起诉率达到了约16%，浙江省H市检察院未成年人附条件不起诉率的均值为3.23%，江苏省W市附条件不起诉率的均值为5.06%，西南地区的四川省某市的附条件不起诉率仅为1.77%。[②] 究其原因，主要在于不同地区的社会支持资源呈不均衡分布状态，并导致了刑事诉讼法规定的制度在各地实施时呈现出较大的差异性。这种社会支持严重不足的现状也极大制约了我国审前转处在立法和司法中的扩张适用。

其次，现有的社会支持以社会工作者为主，无法完成综合的干预和风险管控的任务。一方面，社会工作者秉持的福利服务理念与刑事司法所秉持的惩罚理念冲突较大，正如前文所述，司法者对社会工作者的关注点不完全相同。另一方面，社会工作者并不能完成对涉罪未成年人综合的干预和风险管理的任务。譬如为了更好地帮助某涉罪未成年人顺利回归社会，为其转学就

---

① 参见何挺：《附条件不起诉制度实施状况研究》，载《法学研究》2019年第6期。

② 参见李红豆：《附条件不起诉实施问题研究》，载《北京警察学院学报》2019年第1期。

需要教育部门的配合，需要配以心理健康服务，需要健康和卫生部门的配合等，这些都是司法社工无法单独完成的。

最后，有关未成年人刑事司法社会支持的理论研究不足，无法为未成年人刑事司法社会支持提供坚实的理论支撑。其一，现有的理论研究大多主张从各自理论出发进行调和，无法突破各自的理论场域，从刑事司法理论的内在需求中为社会支持理论在传统刑事司法中的介入提供理论的支撑。比如现有的研究也认为司法场域具有刚性特征，社会工作只能采用嵌入式的发展。①其二，我国没能形成以循证实践为基础的基本理论研究。社会支持的项目还停留在散漫发展的阶段。实践中虽然提出了精准帮教，但是缺乏科学风险评估和有效干预项目支持的精准帮教，只能满足个案的要求，无法大规模推广。对于从整体上提高我国未成年人刑事司法的实效作用不大。

因此，我国欲建设有效的未成年人刑事司法社会支持体系，就需要从理论上与刑事司法理论进行深入对接，吸收域外风险评估的先进经验，引入循证实践理念，对现有的社会支持实践进行改革。

---

① 席小华：《从隔离到契合：社会工作在少年司法场域的嵌入性发展——基于B市的一项实证研究》，载《中国社会工作研究》2017年总第14辑。

第五章　我国未成年人刑事司法风险评估的完善路径

世界范围内未成年人刑事司法的发展趋势，从传统的司法模式或福利模式走向了以风险评估和风险管理统摄下的兼顾司法、福利、权利和责任的多元架构。我国未成年人刑事司法理念需要紧跟世界发展趋势和最新理论前沿，基于风险和风险评估进行必要的更新，如此才能满足未成年人刑事司法的时代要求，在未成年人刑事司法的起步阶段正本清源，真正面对和解决未成年人刑事司法实践中的各种难题。我国未成年人刑事司法风险评估的完善同样需要从规范和工具两个层面共同发力。根据我国现阶段未成年人刑事司法风险评估存在的问题，进行理论和制度的改革和完善。在规范层面，需要从整体上确立犯罪预防的理念，建立以风险为核心的处遇体系，接纳风险话语的叙述逻辑，将风险因素和风险评估在未成年人刑事司法的全过程予以贯穿。在工具层面，需要结合理论和技术的发展，开启本土涉罪未成年人风险评估工具的研发之路。此外，还需要加强规范和工具层面风险评估的沟通，为我国未成年人刑事司法风险评估的发展提供坚实的保障机制，以确保两个层面风险评估的互动和发展。

第一节　调整规范层面涉罪未成年人风险评估的理论架构

规范层面未成年人风险评估的调整对于我国未成年人刑事司法中风险评估机制的建立起着重要的指导作用。规范层面风险评估基本架构的搭建，可以为风险评估工具的介入提供应用的平台，为风险评估工具的研发提供指导，是风险评估理论和实践互动发展的基础。结合我国未成年人风险评估的现实状况和问题，规范层面风险评估的调整需要从整体目标、处遇体系、刑事司法全过程三个方面进行，将风险预防的理论纳入现行的司法体系并进行整合，形成本土的未成年人风险预防框架。

一、确立预防未成年人犯罪的整体目标

在我国未成年人刑事司法中确立预防犯罪的整体目标是规范我国未成年人风险评估的第一步，因为预防犯罪目标的确立可以为风险评估的应用提供体系性的指导作用，为明确以风险为核心的预防和干预确立具体的目标。不仅有利于平衡福利和司法的矛盾与冲突，而且可以对现有教育为主、惩罚为辅的基本原则进行有益的补充，对于未成年人刑事司法的独立也具有重要价值。

（一）确立预防犯罪整体目标的现实需求

首先，确立预防犯罪的目标是近年来未成年人犯罪问题提出的新要求。根据2019年《中国儿童发展纲要（2011—2020年）》统计监测报告，我国未成年人犯罪率持续下降。总数从2010年的6.8万下降到2019年4.3万，未成年人犯罪在整个犯罪人数中的比重也逐年下降，从6.78%到2.59%。[①]但是与此同时，未成年人犯罪出现了新问题，其中有两个问题最为凸显，其一,是犯罪的低龄化，其二，再犯率不断增加。根据张远煌教授团队2008年调研数据显示，与2002年相比我国未成年人犯罪平均年龄下降0.17岁，初次犯罪、犯罪高峰年龄提到14—15岁。根据相关数据，在未成年人犯罪中，有两次犯罪以上经历的达到56%，未成年人的再犯率比较高。[②] 根据上海闵行区人民法院的数据，2010—2014年，在有罪错记录的刑事案件被告人1762人中，22.81%的被告人曾在未成年时期有过罪错记录，也就是说平均每4.5名被告人中就有1人在未成年时受过刑事或行政处罚。[③] 犯罪的低龄化和较高的再犯率给我国未成年人刑事司法提出了新要求。正如王牧教授所言，“刑罚的适用不仅是为了追求公平，还要考虑效果，即这个犯罪人未来

---

① 参见国家统计局网站，http：//www.stats.gov.cn/xxgk/sjfb/zxfb202012/t20201221_1810303.html。

② 参见上海闵行区人民法院：《罪错未成年人再犯现象透视》，载《人民司法》2015年第1期。

③ 参见王牧等：《未成年人犯罪的基本状况与走向》，载《国家检察官学院学报》2011年第4期。

会是什么样的，实际就是防止这个人再犯罪”①。

其次，基于风险的预防为福利保护和司法惩罚的二元对立提供了一条折中思路。福利抑或司法是各国未成年人刑事司法的一个核心命题。福利和司法的此消彼长使得两者在理论和实践中冲突不断。虽然我国未成年人刑事司法近年来进行了多项根本性的改革，秉持教育挽救为主、惩罚为辅的基本方针在一定程度上增加了其福利色彩，福利和司法两者之间的张力有所缓解，但是极端恶性未成年人犯罪案件的出现总是会激起民众甚至学者对保护的质疑。我国有学者将其解释为社会保护和未成年人保护之间的张力，一个强调社会，一个强调未成年人。犯罪预防一方面可以对涉罪未成年人的行为进行教育矫正，另一方面还可以保障社会的长治久安。② 而且从根源上来说，我国并不具备西方福利国家曾经倡导的刑罚福利主义的社会基础。我国并不是一个福利型国家，福利组织和福利资源都不发达，无法支撑起福利型未成年人刑事司法的改造任务。而且完全的福利型已经被西方国家未成年人司法实践所抛弃，即使是高福利的西欧国家也开始吸收司法模式的合理之处，例如苏格兰的儿童听证制度。同时，依托于成人刑事司法的大背景，使得我国未成年人刑事司法的惩罚属性本身就很强。所以，预防犯罪的目标可以从犯罪控制效果的角度，对这两者进行综合。尤其围绕风险概念的发展出现的风险管控的刑罚理念，使得基于风险的预防不仅不是对福利保护的否定，而是在准确评估涉罪未成年人犯因性需求的基础上的精准化保护，也不是对传统责任的完全否定，而是强调社会防卫和预防的综合责任。基于风险的预防理念的引入有助于我们采用一种更为综合多元的视角来看待未成年人刑事司法，对于厘清我国未成年人司法发展的整体发展方向无疑具有重要的启发价值。③

最后，确立预防犯罪的核心目标也是独立的未成年人司法体系的必然要求。纵观域外各国未成年人刑事司法制度，预防犯罪都作为一个核心目标通过立法的形式予以明确。比如美国 1974 年制定、2018 年国会重新授权的《未成年人司法和预防犯罪法》以及英国 1998 年出台的《犯罪与社会失序

---

① 参见王牧等：《未成年人犯罪的基本状况与走向》，载《国家检察官学院学报》2011 年第 4 期。

② 参见肖姗姗：《中国特色未成年人司法体系的建构》，中南财经政法大学 2015 年博士学位论文，第 69 页。

③ 参见何挺、张丽霞：《未成年人司法社会支持体系之思考：基于风险控制理论范式的视角》，载《中国应用法学》2020 年第 2 期。

法》，均将犯罪预防作为对整个青少年司法的全方位要求，其充分体现了犯罪预防是一个从实体到程序、从司法到服务的全部过程。正如美国总统约翰逊一手组建的法律执行与司法管理委员会在1967年发布的《自由社会的犯罪挑战》报告中所提出的预防和减少青少年犯罪的六个核心策略：身份行为的非犯罪化（比如离家出走、逃学、需要监督等）、将涉罪少年从法院程序中转出至公共或私立的治疗项目、将正当程序权利扩展至未成年人、处遇非机构化（尽量利用社区团体之家或者非居住治疗设施取代大型培训学校）、服务多样化、控制的非集中化。①正是这种基于青少年犯罪预防的核心目标，造就了未成年人司法体系区别于成人司法体系的独立性。然而，由于我国没有单独的未成年人司法体系，虽然有关预防犯罪的目标在最新修订的《预防未成年人犯罪法》中明确由立法确立，但是《预防未成年人犯罪法》没有将犯罪预防的理念与《刑事诉讼法》《刑法》等相关法律中的内容进行整合和衔接，没能构建全面的预防犯罪体系，也没有进一步厘清预防犯罪的不同层级，比如上一章提到的预防重新犯罪的理念没有在现行的未成年人刑事司法中得以凸显和落实，这些都严重制约了我国未成年人犯罪预防的效果。

（二）确立预防犯罪整体目标的理论基础

在未成年人刑事司法中确立预防犯罪的目标根源于刑罚目的理论。刑罚的目的主要有报应和预防两种理论。其中后者即预防论是本书所主张的犯罪预防的理论基础。二者最大的区别在于报应理论是过去导向的，而预防理论是未来导向的。现代报应理论也被称为公正应得报应理论（Just Deserts Theory），该理论认为国家将罪犯当作理性、自治、负责的道德主体，尊重罪犯的公民主体身份、地位和理性推理能力，通过国家惩罚向社会传达罪犯引起实施的罪行理应遭受其报应责难，从而实现刑罚正义。②而预防理论认为回顾既往收效不大，需要关注未来，刑罚的目的是"为了没有犯罪"。"借助于刑罚至少可以对将来的社会安全程度产生影响，可以通过对犯罪人本人的特别

---

① Gordon A. Raley & John E. Dean, The Juvenile Justice and Delinquency Prevention Act: Federal Leadership in State Reform, *Law & Policy*, 1996, Vol. 8, No. 4, p. 399.

② 参见胡莎：《缓解过度犯罪化问题的公正应得报应理论》，载《宁夏大学学报（人文社会科学版）》2015年第5期。

预防来实现，可以通过对有犯罪倾向的人的一般预防性威慑来实现。”① 正如我国学者所说：“报应是基于公正观念而生的对刑罚的正当性要求，预防是基于效益观念而生的对刑罚的正当性要求。”② 刑罚预防理论以刑罚的效果作为其论证的核心。预防理论包括消极的一般预防、特殊预防和积极的一般预防。鉴于未成年人的特殊性，在未成年人刑事司法中应更加侧重于特殊预防。特殊预防理论的典型代表为德国刑法学家冯·李斯特，他主张刑罚的作用需针对不同的犯罪类型而有所不同，主要分为特殊治疗、特殊威慑和特殊剥夺。本质上将犯罪人视为需要医治的病人，将刑罚作为医治的手段，目的在于防止已经实施犯罪的人再次犯罪。③

虽然特殊预防理论在20世纪70年代经历了矫治无效（noting works）的质疑。但是随着犯罪学、犯罪行为心理学等学科的发展，学者们发现有一些犯罪预防项目是有效的（something works）。20世纪90年代，一种乐观的心态开始出现，关于预防犯罪项目有效性的问题研究者们达成了一些共识，即有些预防犯罪项目在少年司法实践过程中确定有效。1996年马里兰大学受国会和司法部的委托对全美500多个犯罪预防和犯罪矫正项目进行有效性评估，以协助州和地方执法部门以及社区预防犯罪，最终形成了“马里兰报告”。报告发现一些预防项目有效、一些无效，一些有希望，还有一些没有得到充分的验证。随着犯罪学循证实践的发展，采用随机对照实验的方式对各类犯罪预防项目进行评估，并引入经济学领域荟萃分析，有效识别有效项目和无效项目的特征，提出了基于项目有效因素的最佳实践项目，开始关注到底什么是有效的（what works?），即支持用科学原则来解决预防犯罪的相关问题。这也是前文提到的美国少年司法循证实践改革和发展的根源。这使得强调复归的特殊预防理论得以回归，而且精算风险评估对传统特殊预防理论的具体实现方式也进行了一定修正，个人正义和群体正义之间进行了利益均衡，笔者认为实践的发展在一定程度上超越或者说弥补了传统的特殊预防理论的不足。

---

① ［德］米夏埃尔·帕夫利克：《人格体、主体、公民——刑罚的合法性研究》，谭淦译，中国人民大学出版社2011年版，第10页。

② 参见陈伟：《教育刑与刑罚的教育功能》，载《法学研究》2011年第6期。

③ 参见陈金林：《刑罚的正当化危机与积极的一般预防》，载《法学评论》2014年第4期。

此外，在未成年人刑事司法中确立预防犯罪的整体目标还受到犯罪学风险因素预防范式的影响。关于该理论范式在前文已经进行了详细的介绍。我国目前没有形成本土的未成年人犯罪理论，也没有对域外的理论模型进行本土验证。现有的犯罪学研究没能为独立的未成年人刑事司法提供基础理论的指导，这是制约我国未成年人刑事司法发展的一个关键因素。当然我国犯罪学基础研究滞后有着多方面的原因，但是笔者认为，确立犯罪预防的目标可以在一定程度上推动基础理论的研究。

西方学者根据公共卫生机构的疾病预防模式，将犯罪预防分为三个层级，第一个层级的预防针对社会上的一般人，通过情节预防等，寄希望于预防效果发生在犯罪未然之前或者犯罪过程中；第二个层级，主要针对有犯罪征兆的人加以识别并进行早期干预，防微杜渐；第三个层级则是针对已经犯罪的人，预防其重新犯罪。[①] 笔者认为在未成年人刑事司法中，犯罪预防的基本内涵也应该包含这三个层级，这与我国学者提出的一般预防、临界预防和再犯预防的观点[②]有着相似之处。但是未成年人刑事司法体系的预防重点在于后两个层级，即预防未成年人初次犯罪和预防未成年人再犯，其中预防再犯是刑事司法过程中的核心任务。比如英国少年司法委员会年度报告中有两个关键的评价指标，一个是首次进入青少年司法体系的人数，另一个是再次犯罪的青少年的人数。

（三）预防犯罪与教育为主、惩罚为辅的关系

确立预防犯罪的整体目标还需要处理好其与现行未成年人刑事司法中教育为主、惩罚为辅的基本原则的关系。正确理解该原则需要追溯该原则产生的历史背景和演化发展。该原则实际上与未成年人刑事政策密切相关，最早体现在1979年中共中央《关于提请全党重视解决青少年犯罪问题的报告》中，报告首次提出教育、挽救、改造方针。这一方针是特定社会背景的产物，“改造”一词是新中国成立以后阶级斗争的产物。[③] 之后该表述更改为

---

① 参见牛凯：《预防青少年犯罪研究》，法律出版社2013年版，第155—156页。

② 参见宋英辉、苑宁宁：《未成年人罪错行为处置规律研究》，载《中国应用法学》2019年第2期。

③ 参见沈锦初：《对青少年实施教育、感化、挽救的政策好》，载《法学》1983年第6期。

“教育、感化、挽救”并在1991年《未成年人保护法》、1999年《预防未成年人犯罪法》中将其法定化，即“教育为主、惩罚为辅”的基本原则和“教育、感化、挽救”的基本方针。[①] 该原则和方针正式进入未成年人刑事司法领域，则是通过最高法、最高检下发的有关办理未成年人刑事案件的相关司法解释，比如《最高人民法院关于办理未成年人刑事案件适用法律的若干问题的解释》（现已失效）、《人民检察院办理未成年人刑事案件的规定》等文件，上述解释明确规定办理未成年人刑事案件应该坚持“教育为主、惩罚为辅”的原则，最终2012年刑事诉讼法修改将其确定为未成年人刑事司法的基本原则。

基于此，有学者认为所谓“教育为主”是指司法机关在办理未成年人案件时，必须充分考虑未成年人的特殊性，对违法犯罪的未成年人有针对性地展开教育矫治活动，从而实现教育感化未成年人的目的。所谓“惩罚为辅”，则是指不否定惩罚的作用，只是顺位上次于教育，法律有明文规定要予以处罚的，应当依照法律予以惩处，但是惩罚不单纯以报应为目的，而是将惩罚作为辅助手段，努力以非惩罚性手段挽救失足少年。[②] 但是在具体的司法实践中该原则往往被异化为狭义的思想教育和认罪服法教育。[③] 总体而言，现有对该原则的理解更多停留在表面，实际上，理解该原则的关键是如何理解“教育”和“惩罚”的内涵。陈伟教授将这一原则概括为教育改造的原则，他认为该原则是刑罚人道主义、刑罚轻缓化以及刑事政策和刑罚目的的综合体现，并将教育改造中的“教育”与“教育刑”进行了理论上的区分。笔者认为这是很有必要的，虽然现有的刑事司法学者和实务工作者对该原则都了如指掌，但是并没有深入探讨其理论基础，容易将两者混同。比如“教育刑理论要求教育从始至终，通过教育温馨可人的亲和面目，通过教育的精神渗透力，感召犯罪人，让他们在教育中忏悔，在忏悔中知罪，在知罪中远离犯罪。”[④] 这样的要求很容易与“教育为主、惩罚为辅”中的教育相混淆。教育刑理论本质上是特殊预防理论的具体表现形式之一，比如学者在论及特

---

① 参见苏青：《未成年人犯罪“教育为主、惩罚为辅”刑事政策重述》，载《青少年犯罪问题》2018年第4期。

② 参见卢琦：《中外少年司法制度研究》，中国检察出版社2008年版，第68页。

③ 参见王广聪：《“教育为主、惩罚为辅”刑事政策的福利化改造》，载《青少年犯罪问题》2019年第6期。

④ 参见陈伟：《教育刑与刑罚的教育功能》，载《法学研究》2011年第6期。

殊教育和教育刑时都将李斯特作为其理论的代表。[①] 但是教育刑中的教育功能和教育为主的教育并不具有同一性，其中前者是一种刑罚方式和刑罚目的，而后者的范围更加广泛，指广义的教育，可以包括前者所提倡的特殊预防。[②] 如果将教育为主中的教育理解为教育刑，则教育和惩罚的内涵将重复。但是不能否认的是，不管如何理解“教育为主、惩罚为辅”的基本原则，都与特殊预防的刑罚目的理论密切相关，但是强调教育改造的刑事政策色彩掩盖了其预防犯罪的现实目标。虽然“教育为主”的原则要求必然包含了特殊预防的目的，但是两者不能相互替代。

在“教育为主、惩罚为辅”的基本原则之外确立预防犯罪的整体目标，一方面，可以适应时代发展的需要，赋予教育为主、惩罚为辅基本原则以新的释义，明确教育和惩罚中的具体目标，具有实践指导价值。另一方面，确立预防犯罪的目标，可以平衡“教育为主、惩罚为辅”的基本原则中保护社会利益和保护未成年人利益的矛盾和冲突，贯彻《联合国少年司法最低限度标准规则》（以下简称《北京规则》）所确立的双向保护原则。有学者认为教育为主，惩罚为辅的基本原则，侧重于以未成年人的利益为重，强调教育，与《北京规则》所确立的双向保护原则是不相适应的。[③] 而预防犯罪目标的提出可以弥合教育为主原则对社会利益保护的欠缺，因为本质上预防犯罪更加强调对社会的保护和防卫。此外，预防未成年人犯罪是社会治理的重要组成部分，社会治理的功利需要与未成年人保护的道义责任从长远来看是对立统一的，[④] 保护未成年人、有效预防未成年人犯罪也是消除社会问题的重要内容。

---

① 陈金林：《刑罚的正当化危机与积极的一般预防》，载《法学评论》2014 年第 4 期。

② 参见陈伟：《悖论与反正：论未成年人的教育改造——兼评教育刑的否证性》，载《青少年犯罪问题》2007 年第 1 期。

③ 参见张蓉：《未成年人犯罪刑事政策研究》，中国人民公安大学出版社 2011 年版，第 144 页。

④ 参见孙谦：《关于建立中国少年司法制度的思考》，载《国家检察官学院学报》2017 年第 4 期。

二、确立未成年人司法处遇的理论基础

建立统一的未成年人司法处遇体系需要明确未成年人处遇的理论基础。只有在明确处遇理念的基础上确立处遇的基本原则，才能从整体上对涉罪未成年人进行全方位、规范化的处遇，克服现存体制中分散、不统一、处遇原则和方式相冲突等诸多弊端。

（一）基于理念选择的未成年人司法处遇模式

“理念是制度得以产生和发展完善的内在动力，奠定了制度运作的逻辑框架和实践机理。”[①] 确立基本理念对于未成年人司法处遇模式选择具有重要的形塑作用。有学者提出未成年人司法处遇应坚持儿童福利、国家亲权和恢复性司法理念，[②] 也有学者提出对我国未成年人司法进行福利化改造。[③] 这在本质上就是一种以福利为主的处遇模式，在我国强调惩罚的成人刑事司法背景下有积极的意义，但是在实践中却很难弥合惩罚和福利造成的现实鸿沟。一方面我国福利基础薄弱，另一方面成人罪责惩罚的色彩过于浓重，导致完全福利模式在我国没有现实的基础。还有学者认为我国未成年人司法处遇基本理念在报应惩罚理念所秉持的责任追求，福利理念所秉持的教育矫治之间摇摆不定，是非此即彼的单向思维。这种单向思维忽略了处遇过程中被害人和社会民众对正义的期待，因而提出了教育矫治、责任追究和损害修复三重机能来摆脱前述单向思维的两难困境。[④] “三重机能”的说法实际上源于风险管控的理念，风险管理的理念是我国学者对西方国家刑罚理念转变的归纳和理解。认为风险管控是对特殊预防理论的修正和补充，在教育矫正之

① 参见王贞会：《罪错未成年人司法处遇制度的完善》，载《国家检察官学院学报》2020 年第 4 期。

② 参见王贞会：《罪错未成年人司法处遇制度的完善》，载《国家检察官学院学报》2020 年第 4 期。

③ 参见王广聪：《“教育为主、惩罚为辅”刑事政策的福利化改造》，载《青少年犯罪问题》2019 年第 6 期。

④ 参见刘双阳：《未成年人司法处遇的理念嬗变与机能更新》，载《预防青少年犯罪研究》2019 年第 4 期。

外，关注社会正义和修复关系。[①] 总体而言，风险管控理念本质上是对惩罚和福利的一种综合和平衡，在吸收两者合理之处的基础上，纳入对社会正义和恢复性司法的关注。在这一点上与本书要阐述的以风险为核心的处遇理念是一致的。

正如本书第三章所述，以风险为核心的处遇模式为司法和福利的平衡提供了一条切实可行的实用主义路径。在这一处遇理念中，风险起着核心的作用。建立以涉罪人的风险和风险评估为核心的理论基础对于确立该处遇理念至关重要。对于风险的理解需要对我国传统刑事司法中人身危险性理论进行批判性反思。首先，以风险为核心的预防理念，对传统的教育矫正的个别化逻辑进行了一定的改进。它不是绝对意义的刑罚个别化逻辑，即强调人身危险性的彻底独特性，而是随着风险概念发展的一种可以通过客观标准化风险评估而形成的相对意义的个别化逻辑。我国学者将其称为“规范矫治”，规范矫治是批判个别矫正而产生的替代方案，它体现了以特殊预防为目的的刑罚个别化向规则主义的妥协。[②] 这一过程与风险评估的规范化发展密切相关，因为随着风险评估技术发展，风险来源于群体数据统计，具有标准和客观的规范属性。其次，以风险为核心的预防理念，突破了传统人身危险性理论的个人视角，纳入了整体的风险管控视角。将正义惩罚、福利保护和恢复性司法进行了整合。我国学者将其解释为现实风险、再犯风险和间接的社会风险，并从社区矫正的视角将其解释为人身可矫性和社会风险。[③] 笔者认为这是一种对于风险概念的机械理解，有强行与现有概念进行对接之嫌。关于风险概念本书第一章已经从学科互涉的角度对风险概念进行了详细的论述。不管采用何种名称，其本质还是关于涉罪人属性的探讨，核心是涉罪人的社会危险性概念，只不过内涵和外延有所扩展。笔者认为以风险为核心的处遇中，风险所代表的还是涉罪人的属性，只是叙述的逻辑有所不同，这是相关学科发展和促进的结果。最后，在未成年人刑事司法的特殊环境中，以风险为核心的处遇理念具有一定的包容性，可以围绕未成年人刑事司法的核心目

---

① 参见李川：《修复、矫治与分控：社区矫正机能三重性辩证及其展开》，载《中国法学》2015 年第 5 期。

② 参见李川：《从特殊预防到风险管控：社区矫正之理论嬗变与进路选择》，载《法律科学（西北政法大学学报）》2012 年第 3 期。

③ 参见李川：《基于风险管控的社区矫正制度研究》，东南大学出版社 2019 年版，第 170 页。

标，将不同的理念进行整合，从而真正有利于未成年人的发展。

（二）确立未成年人司法处遇的基本原则

“原则是理念或者目的的实定化和具体化。”① 在确立以风险为核心的处遇理念之后，需要以此为基础明确处遇的基本原则。在现有的未成年人刑事司法中已经形成了各项处遇的基础原则。既往的研究认为未成年人处遇原则包括从宽原则、不适用死刑原则、刑罚个别化原则和双向保护原则。② 虽然这些原则都在某一方面体现了未成年人处遇的基本方向，但是这些原则要么过于概括，要么过于强调刑罚色彩，都未能准确地把握未成年人司法处遇的特殊性。以风险为核心的处遇理念中，未成年人特殊性居于核心的地位，从未成年人的特殊属性出发，对风险的裁量应该秉持的是相称性原则。相称性原则并不是凭空而来，而是源于《北京规则》。在《北京规则》总则的第5条明确规定“少年司法制度应强调少年的幸福，并确保对少年犯做出的任何反应均与罪犯和违法行为情况相称”。③ 也就是说对涉罪未成年人进行处遇，不仅要考虑罪行的严重程度，还要考虑涉罪未成年人本身的个人情况，比如家庭情况、社会地位、对犯罪的态度、改变以及影响个人情况的其他因素。处遇要与罪行和未成年人本身的情况相符合或者相称。这里关注涉罪未成年人的个人情况，实际上就是对涉罪未成年人风险的裁量。

鉴于风险概念的综合性，如何在未成年人司法处遇中贯彻相称性原则对于未成年人司法处遇体系的完善也至关重要。一方面，相称性原则并不等于罪责刑相适应原则。我国学者往往将相称性原则理解为大陆法系中罪责刑相适应原则，虽然罪责刑相适应也是相称性原则的内在要求，但是罪责刑相适应并不是未成年人司法处遇关注的重点，处遇重点考虑未成年人的个人情况，做出与之相称的个别化的处遇。它强调的重点并不是罪责，而是涉罪未成年人本身。更具体来说，罪责刑相适应是对过去罪行的关注，而相称性还包含了对未来行为的关注。另一方面，相称性原则也不能简单地解释为刑罚

---

① 参见王贞会：《涉罪未成年人司法处遇与权利保护研究》，中国人民公安大学出版社、群众出版社2019年版，第45页。

② 参见姚建龙：《中国少年司法研究综述》，中国检察出版社2009年版，第120页。

③ 参见盛长福、郝银钟：《论少年司法处遇个别化原则》，载《广西社会科学》2012年第4期。

个别化原则。比如有学者将相称性原则解释为个别化原则，认为相称性原则与基于个体的特殊预防有密切关系，是刑罚个别化在未成年人司法中的体现。但是这种理解还是从成人刑事司法的刑罚角度去理解。本书之所以选择“处遇”就是想要强调未成年人刑事司法的特殊性。刑罚个别化的刑罚色彩过重，不能体现未成年人的需求也不能体现对未成年人的保护。

相称性原则既是对罪责刑相适应的调和也是对以复归为核心的保护处分的限制。比如加拿大《青少年犯罪法》第38条规定了量刑的目的和原则，“量刑必须与罪行的严重性和青少年对该罪行的责任程度相称”即量刑既要考虑罪行的严重性，符合公正的需求，也要考虑青少年的成熟度以及降低责任有关的情况。加拿大学者认为优先考虑相称性可以在一定程度上抵制基于罪责刑相适应所带来的较高的青少年的监禁率，另外，相称性也对以复归为核心的处遇进行了一定的限制，防止因青少年的犯因需求或者其他健康或者社会需求而被拘留或者监禁。[①] 也就是说不能因为涉罪未成年人的需要，而让其接受更具侵犯性的判决。在以风险为核心的处遇中需要警惕因风险评分高而处以更严厉的惩罚。用两个典型的虚拟案例来说明，比如一个涉罪未成年人，平时表现很好，在商场偷了一件衣服，另一个涉罪未成年人也做了同样的事情，但是后者平时还吸毒、居无定所。显然后者的风险评分会更高。相称性原则要求对涉罪未成年人处遇不能完全脱离罪责的评价，而是要综合考虑罪责和个人情况，否则只关注涉罪未成年人的个人需求，很容易陷于伪福利，造成对未成年人权利的侵害。比如美国少年法院诞生的初期，以福利为名对少年的过度干预。换句话说，以风险为核心的裁量并不是没有限制。再如美国《2018年第一步法案》对于风险评估的应用仅局限于通过风险评估，将风险较低的人员尽量采取非监禁的措施，而禁止加重风险水平较高的涉罪人员的刑罚。

三、完善以风险为核心的处遇制度框架

“有关规则、制度和程序等是对原则的进一步实现。”[②] 在我国现有的未

---

① Paula Maurutto & Kelly Hannah-Moffat, Understanding Risk in the Context of the Youth Criminal Justice Act, *Canadian Journal of Criminology and Criminal Justice*, 2007, Vol. 49, No. 4, p. 475 – 476.

② 参见王贞会：《涉罪未成年人司法处遇与权利保护研究》，中国人民公安大学出版社、群众出版社2019年版，第45页。

成年人刑事司法中相关的处遇制度散见于刑法、刑事诉讼法、治安管理处罚法、预防未成年人犯罪法等法律，既包括实体性处遇，比如轻微罪行的非犯罪化、缓刑、减刑、假释等，也包括程序性处遇，比如附条件不起诉、审前羁押替代措施、犯罪记录封存等。总而言之，现行的未成年人司法处遇以监禁刑为主导，非监禁刑及非刑罚处遇措施不够丰富，[①] 而且具体制度之间没有统一的体系性连接。因而，本书主张未成年人司法处遇的制度框架应该以上文论述的以风险为核心的处遇理念和相称性原则从三个方面展开进行完善，即非犯罪化、非监禁化和非刑罚化。

（一）完善与非犯罪化相关的制度设计

在现有的未成年人刑事司法体系中与非犯罪化相关的主要包括基于情节的非犯罪化和基于不起诉的非犯罪化。

1. 基于情节的非犯罪化

基于情节的非犯罪化主要体现为《刑法》第 13 条但书以及《刑事诉讼法》第 16 条，“情节显著轻微危害不大的，不认为是犯罪”。其中对于“情节显著轻微危害不大”没有明确的评价标准。有学者认为“情节显著轻微”和“危害不大”是并列的同一关系，如果情节显著轻微，就不用再对“危害不大”单独评价，建议采用列举和制定办案指南的方法来规范对“情节显著轻微”的判断标准。[②] 笔者并不赞同这一观点，“情节显著轻微”和“危害不大”是否并列的同一关系关键在于如何理解“危害不大”，其中涉及刑事实体法的一个核心概念“社会危害性”。本质上如何理解“社会危害性”才是但书和《刑事诉讼法》第 16 条的关键。本书第一章对此概念也进行了初步的剖析。判断社会危害性的实质要素是客观损害，而随着法益理论的提出，客观损害的范围扩展也包括可能的损害，与危险性产生交集。而且也有学者认为涉罪人的社会危险性（人身危险性）也依附于客观损害，是客观损害的内在因素。基于此，在判断社会危害性的时候除了考虑犯罪构成要件还

---

① 参见冯卫国：《“后劳教时代”未成年人刑事处遇制度的改革与完善》，载《山东警察学院学报》2016 年第 3 期。

② 参见王贞会：《罪错未成年人司法处遇制度完善》，载《国家检察官学院学报》2020 年第 4 期。

要考虑涉罪人的社会危险风险（人身危险性）。[①] 比如是否为初犯、累犯、自首等。此外，但书和《刑事诉讼法》第16条本质上是刑事司法中的出罪条款，而涉罪人的社会危险性对于出罪的判断至关重要。换言之，在非犯罪化的处理中，需要纳入以风险为核心的裁量，也就是需要纳入风险评估。对于风险评估在非犯罪化方面的应用，国际范围内的学者也有一致的观点，即风险可以用于非犯罪化的功用。基于此，本书的观点是在非犯罪化的判断标准中纳入对风险的裁量，将风险评估结合有关犯罪构成的相关情节，比如犯罪情节轻微、涉案数额不大、犯罪中止、未遂、胁从犯等同时考量，其中后者可以通过列举方式，对风险的裁量本书的主张是标准化的风险评估。关于如何实现标准化的风险评估会在本章第二节详细展开。

2. 基于不起诉的非犯罪化

不起诉是检察机关依法不将犯罪嫌疑人交付法院审判的一种程序性处理，具有终结刑事诉讼和非犯罪化处理的法律效果。[②] 基于不起诉的非犯罪化主要包括酌定不起诉和附条件不起诉。两者均体现了起诉便宜主义的理念，最终目的是优化诉讼程序、预防犯罪，最大限度地维护国家和社会利益。[③] 总的来说，现有的酌定不起诉和附条件不起诉在实践中的适用情况并不理想。"在当前的司法实践中，不起诉权仍然存在不敢用、不愿用、不会用以及不当适用的现象。"[④] 从刑事诉讼法的相关规定可以看出，酌定不起诉和附条件不起诉的适用条件都受制于刑法的相关规定。这在一定程度上限制了不起诉的适用，而且酌定不起诉与不做犯罪处理、附条件不起诉之间存在一定的重合，适用条件的不明确也造成在未成年人刑事司法中酌定不起诉和附条件不起诉之间的关系混沌。[⑤] 附条件不起诉制度的立法预设功能在于帮助更多涉罪未成年人复归社会，在未成年人非犯罪化的处遇过程中发挥着重要作用。虽然附条件不起诉制度自2012年刑事诉讼法修改以来，适用率有

---

① 参见王冠：《论社会危害性的出罪功能》，华东政法大学2020年博士学位论文，第84页。

② 参见王贞会：《罪错未成年人司法处遇制度完善》，载《国家检察官学院学报》2020年第4期。

③ 参见郭烁：《酌定不起诉制度的再考查》，载《中国法学》2018年第3期。

④ 参见童建明：《论不起诉权的合理适用》，载《中国刑事法杂志》2019年第4期。

⑤ 参见李辞：《论附条件不起诉与酌定不起诉的关系》，载《法学论坛》2014年第4期。

所提高，也显现出了一些积极的成效，但是仍然存在诸多问题制约着其功能的发挥。现有的附条件不起诉制度中最核心的问题是欠缺对涉罪未成年人风险的衡量。虽然现有的法律规定中有关风险的因素在附条件不起诉的适用条件、考察帮教、附带条件等多方面均有体现，但是整体上，有关涉罪未成年人风险的评估处于如前文所述一种零散的状态，没有形成完整的风险评估体系，也没有与相应的附条件不起诉的处遇相结合。根据本书对涉罪未成年人风险评估内容的研究，实际上风险和需求的评估可以在附条件不起诉制度中发挥更大的作用。

第一，在适用条件方面纳入对涉罪未成年人风险的裁量可以扩大其适用范围。现有的法律虽然规定了刑罚条件、悔罪条件，但是“悔罪条件”规定的过于概括，这一要求的本质是对涉罪未成年人的身心特点进行把控，以达到有利于其复归社会的目的。有学者认为悔罪表现能够反映未成年人的人身危险性和社会危险性程度。[①] 笔者认为对悔罪表现的判断实际上就是依赖于风险评估。上一章实证的调研也充分说明了检察官对于是否适用附条件不起诉的把控主要是围绕风险评估中的风险因素展开。检察官在适用的过程中考虑的因素主要包括：监督考察的必要性、未成年人的主观恶性和主观认识、是否有前科、再犯风险以及未成年人的特殊情况。[②] 仔细斟酌检察官在选择过程中考虑的因素，本质上都可以被本书所主张的专业风险评估所囊括，比如监督考察的必要性在一定程度上是未成年人犯因性需求的表现，前科是再犯的核心指标，主观认识、特殊情况都可以纳入未成年人的风险评估。因此，欠缺标准和精确的风险评估，在一定程度上制约着未成年人附条件不起诉的适用。[③] 此外，我国学者也主张应放宽刑罚条件的限制，给予检察官更大的自由裁量权，提出从绝对不能适用的罪名进行反向规定甚至取消对适用罪名的限制，由检察官根据案件的具体情况裁量决定是否适用附条件不起诉。[④] 如若放宽，则风险评估的作用将更加凸显。一方面，通过对涉罪未成年人的风险情况进行准确的把控，对于风险水平较低的涉罪未成年人则可以

---

① 参见自正法：《附条件不起诉运作的实证考察与优化路径》，载《理论探索》2020 年第 6 期。

② 参见何挺：《附条件不起诉制度实施状况研究》，载《法学研究》2019 年第 6 期。

③ 参见何挺：《附条件不起诉制度实施状况研究》，载《法学研究》2019 年第 6 期。

④ 参见何挺：《附条件不起诉适用对象的争议问题：基于观察发现的理论反思》，载《当代法学》2019 年第 1 期。

扩大适用附条件不起诉。另一方面，标准化的风险评估还可以对检察官的自由裁量权进行一定的限制，起到规范决策的作用。

第二，纳入以风险为核心的裁量可以提高附条件不起诉中所附条件和考察帮教的精准性。附条件不起诉中所附条件的核心目标即教育矫正和预防涉罪未成年人再犯。随着风险评估的发展，风险/需求的二元属性正是契合了这一要求，在准确评估涉罪未成年人风险和需求的基础上，帮助检察官做出适合未成年人的附带条件和考察帮教的基本要求，提高附带条件和考察帮教内容的个别化和针对性。其中对于涉罪未成年人需求（犯因性需求）的评估对于附带条件和考察帮教的指导意义更大。域外相关研究发现，针对犯因性需求的评估和干预可以有效降低未成年人的再犯。现有的制度中附带的条件和考察帮教内容同质化，往往是一般性的公益劳动、不得夜不归宿、接受法制教育和品德教育等笼统性的要求。① 这些活动是否可以达到有效的预防犯罪效果没有经过研究和评估。但是域外研究成果表明，一般性的犯罪预防项目对于预防犯罪往往是无效的（noting works）。因此，引入专业的风险需求评估对于规范附条件不起诉制度的贯彻落实具有重要的实践价值。

第三，纳入以风险为核心的裁量可以进一步规范对考察帮教的监督。对涉罪未成年人风险水平的衡量还可以跟考察期间相关联，规范考察期限的设置。根据涉罪未成年人风险水平的不同，配置与之相适应的监督考察期限并适当地延长6个月的考验期。这一设想也可以通过风险评估来实现，因为风险评估的动态特征，使得涉罪未成年人风险水平处于变化过程中，如果可以根据风险水平的变化调整相应的监督考察期限和内容，可以更有效地跟进考察帮教的实际效果。在发现有严重违规或者不适于考察帮教的也可以及时调整。

第四，风险评估的纳入有利于厘清酌定不起诉和附条件不起诉的关系。虽然附条件不起诉是在未成年人特别程序中予以规定的，但是并不因此排斥酌定不起诉对涉罪未成年人的适用。在未成年人刑事司法中，在同时符合两者适用条件的情况下，如何选择也一直是学者争论的焦点。我国学者进行的问卷调查显示，在1286名受访者②中49%的受访者认为优先适用酌定不起诉，25.1%的受访者认为适用附条件不起诉，22.0%的受访者认为依具体案

① 参见何挺：《附条件不起诉制度实施状况研究》，载《法学研究》2019年第6期。

② 受访者包括公检法司机关办案人员、律师群体及社会大众。

情确定，而有3.9%的受访者认为不清楚。[①] 说明实践中对于两者的适用处于模糊不清的状态。有学者认为应以是否具有监督考察的必要性作为选择的适用标准，对于有监督考察必要性的，无论是否需要判处刑罚或免除刑罚，都应当优先适用附条件不起诉。[②] 笔者认为这一观点有一定的合理性，体现了未成年人刑事司法中预防和保护的理念，但是监督考察必要性的适用标准不够准确，比如如何判断“有监督考察的必要”。本书的观点是适用的标准应该以风险的裁量为主要参考，因为是否具有监督考察的必要也是要以涉罪未成年人的风险为依据，而且风险的裁量比监督考察必要所能包含的内容更聚焦也更丰富。如果涉罪未成年人的风险水平较低，则直接适用酌定不起诉。理由在于对于涉罪的未成年人并不是全部都需要进行干预，有些未成年人风险水平较低，过度的干预反而不利于其顺利复归社会，而且浪费司法资源。域外研究发现，对于风险水平较低的涉罪未成年人最小化的干预更加有利于其复归社会。对于风险水平较低的涉罪未成年人如果以监督考察为由进行帮教反而可能是对其权利的侵犯或者导致过度的福利干预。对于风险水平较高的未成年人，即使符合酌定不起诉的适用条件，也应该优先适用附条件不起诉制度。

总体而言，酌定不起诉和附条件不起诉的适用范围需要扩大，这是很多学者的共识。[③] 同时也体现了未成年人刑事司法中非犯罪化的趋势。现有的规定中两者的适用都受制于刑法的规定。结合域外国家有关不起诉的规定，往往给予检察官较大的自由裁量权。比如在日本酌定不起诉适用条件采用“三分法”，即与犯罪人有关的事项、与犯罪本身有关的事项以及犯罪以后的事项。[④] 由此可以看出，对于涉罪人员风险的裁量是衡量起诉与否的重要标准。因此在我国现有的不起诉制度中纳入标准化的风险评估是有必要的。此外，近年来随着认罪认罚从宽制度的实施，认罪认罚也是衡量风险的重要因素，对于情节轻微且能够认罪认罚的未成年犯罪嫌疑人，要尽可能作出不起诉决定。

---

① 参见自正法：《附条件不起诉运作的实证考察与优化路径》，载《理论探索》2020年第6期。

② 参见何挺：《附条件不起诉制度实施状况研究》，载《法学研究》2019年第6期。

③ 参见郭烁：《酌定不起诉制度的再考查》，载《中国法学》2018年第3期；何挺：《附条件不起诉制度实施状况研究》，载《法学研究》2019年第6期。

④ 参见郭烁：《酌定不起诉制度的再考查》，载《中国法学》2018年第3期。

3. 基于审判的非犯罪化

基于审判的非犯罪化主要体现为暂缓判决制度。虽然缓刑制度与暂缓判决在许多方面存在一定的竞合，但是二者并不相同。本质上缓刑还是将未成年人当作罪犯的刑罚方式。实际上还是会形成未成年人的犯罪记录，容易造成对未成年人的标签化和污名化，不利于未成年人回归社会之后的正常生活、学习和工作。而暂缓判决则是在正式的司法审判之前给予涉罪的未成年人又一次改过自新的机会，可以帮助其顺利地复归社会。[①] 而且暂缓判决与附条件不起诉虽然本质上都是促进非犯罪化，但是所处阶段不同，目的和效果也有差异。在附条件不起诉、缓刑之外，单独设立暂缓判决制度有其必要性。一方面，暂缓判决制度的设立可以与附条件不起诉、缓刑等形成不同诉讼阶段、不同梯度、不同性质的非犯罪化、非刑罚化的处遇类别，有利于实现未成年人刑事司法全流程处遇的理念。另一方面，暂缓判决有利于促进未成年人法庭的回归。暂缓判决的核心和基础应该在于考察内容的具体化和多元化，这在一定程度上给法庭裁判相应的裁量空间，有利于未成年人法庭从未成年人预防和保护的角度发挥更多的作用。

（二）完善与非监禁化相关的制度设计

对未成年人进行非监禁的处遇已经成为各国未成年人司法的共识。未成年人司法处遇的非监禁化包括三个重要的环节：审前的非监禁、量刑阶段的非监禁化和刑罚执行的非监禁。[②] 具体的制度包括审前非羁押制度、缓刑以及量刑从宽制度、减刑假释制度。总而言之，现有的与非监禁化有关的制度设计中明确提及了对涉罪未成年人风险的衡量，但地位和功能并未凸显。本书的完善建议主要围绕这一方面展开。

1. 审前非羁押制度

审前非羁押是少年司法的一项基本原则，在相关国际公约和国内法中均有体现，比如《北京规则》第19条、《公民权利和政治权利国际公约》第9条第3款、《刑事诉讼法》第81条等。2012年刑事诉讼法修改，在未成年人专章程序中重申了“对未成年人犯罪嫌疑人、被告人应当严格限制适应逮捕

---

① 参见陈岚、李莎：《非犯罪化视野下我国暂缓判决制度构建的再审视》，载《理论月刊》2020年第11期。

② 参见姚建龙：《未成年人非监禁化理念与实现》，载《政法学刊》2005年第4期。

措施”。有学者对 2013—2017 年的全国数据进行了分析，整体上落实情况较好，涉罪未成年人审前的批捕人数和批捕率逐年下降。[①] 但是，在具体的实施和操作过程中还是存在很多问题，主要体现在缺乏科学的社会危险性评估机制以及相应的羁押替代措施和支持体系。学者调研发现检察机关对未成年犯罪嫌疑人作出不批捕决定的原因主要是无社会危险性。[②] 那么如何判断涉罪未成年人是否具有社会危险性在贯彻这一制度的过程中就起着重要作用。此外，适用非羁押措施的关键不仅在于不逮捕，而且在于完善的羁押替代支持体系。因此，笔者认为制约当前未成年人审前羁押制度发展的关键主要在于两个方面：风险评估（社会危险性的评估）和羁押替代措施，而且风险评估（社会危险性的评估）与羁押替代措施是密切相关的。审前羁押制度的改革不仅仅在于规范社会危险性的评估还在于将社会危险性与相应的羁押替代措施相联系。

现有法律中对于社会危险性的判断主要采取了列举的方式，比如《刑事诉讼法》第 81 条。检察机关往往通过对涉罪未成年人的人格、成长环境、悔罪态度、受教育情况、有无犯罪前科、帮教条件以及是否存在逃避侦查、妨害诉讼等情形来对其社会危险性进行评估。[③] 有学者认为我国风险评估因素主要是三个方面：人身危险性因素、社会危险性因素和诉讼可控性因素。[④] 还有学者通过长期的办案经验列出了是否可能被判处刑罚、是否本地人、是否有固定住所、是否累犯、是否曾逃跑、是否学生等 11 项可能影响社会危险性的因素，再以“有社会危险性”和“无社会危险性”进行模式化的组合。[⑤] 此外，国内学者和实务工作者都开始尝试量化的社会危险性评估，即根据法律规定列举出的条件以及检察官的办案经验，对影响社会危险性的因

---

① 参见王贞会：《未成年人严格限制适用逮捕措施的现状调查》，载《国家检察官学院学报》2019 年第 4 期。

② 参见自正法：《涉罪未成年人羁押率的实证考察与程序性控制路径》，载《政法论坛》2009 年第 4 期。

③ 参见吴波：《拘留羁押权益保障制度的完善与创新》，载《青少年犯罪问题》2017 年第 6 期。

④ 参见王贞会：《审查逮捕社会危险性评估量化模型的原理与建构》，载《政法论坛》2016 年第 2 期。

⑤ 参见杨秀莉、关振海：《逮捕条件中社会危险性评估模式之构建》，载《中国刑事法杂志》2014 年第 1 期。

素进行一定的量化。一般而言现阶段的量化都只是基于加减的初步量化。也有学者提倡采纳国外风险评估工具的做法，首先筛选出影响社会危险性的风险因素，然后通过 Logistic 回归分析确立每个因素与最后是否逮捕的相关程度，建立精算风险评估模型。[①]

关于如何建立社会危险性的评估模型或者工具，本书会在后面统一论述，这里主要是从理论上探讨在审前羁押阶段风险评估的核心目的和主要内容。上述提到的风险评估的方式不管是列举还是初步量化，在评估内容上都忽略了关键的需求评估。换言之，就是没有将风险评估与相应的羁押替代措施相联系。本书的观点是在现在的审前羁押相关制度中，明确社会危险性判断的地位，尤其在未成年人刑事案件中，建立起以社会危险性审查为中心的审前羁押替代制度。核心目标是通过风险和需求评估，在审前阶段实现涉罪未成年人的非监禁化。因为在我国刑事司法中，审前羁押可以折抵刑期具有预判的性质，比如实践中出现的一种情况，即对涉罪未成年人先行适用羁押措施，如果出现羁押时间过长的状况，法官很难不裁定实刑，这是由于虽然根据犯罪的性质不应当对涉罪未成年人判处实刑，但是因为该涉罪未成年人在看守所羁押时间过长，只好将错就错将未成年人判处实刑。[②] 所以在审前羁押阶段不仅要通过风险评估尽量促进非监禁化，还要将矫正和干预尽量提前到审前阶段，这才是真正的最有利于未成年人，符合儿童最大利益。

2. 缓刑、减刑、假释制度

缓刑是现实对涉罪未成年人非监禁化的重要制度。近年来随着未成年人特别程序审前非羁押、附条件不起诉等制度的发展，缓刑的适用空间有所缩减。正如第三章实证考察中，法官提出现有的缓刑适用率逐年减低，大部分的未成年人刑事案件都通过前期的附条件不起诉等进行了干预，到了审判阶段可以做的选择相对较小。在这样的现实背景下改革和完善未成年人的缓刑制度具有重要的现实意义。虽然扩大审前的转处是未成年人司法处遇发展的方向，但是如何做好审前和审判的衔接是需要思考的问题，需要进一步厘清现有的处遇制度之间的关系。我国学者认为虽然现行法律中对涉罪未成年人

① 参见张吉喜、梁小华：《美国司法部审前风险模型及对我国的启示》，载《中国刑事法杂志》2010 年第 7 期。

② 参见蔡领：《未成年人审前羁押的严格适用问题研究》，载《青少年犯罪问题》2018 年第 6 期。

强调应该适用缓刑，但是具体的适用条件、考验期、考验内容和法律效果等都与成年人缓刑没有实质的差异，不能体现对于未成年人的特殊关怀。[①] 现有法律中规定的缓刑适用条件包括刑罚条件和实质条件，刑罚条件是 3 年以下有期徒刑，实质条件是包括犯罪情节、悔罪表现、没有再犯罪的危险、宣告缓刑对所居住社区的影响等。[②] 我国学者基于裁判文书的大数据实证研究，发现在具体的司法实践过程中，法官们对再犯罪危险预测存有一定程度的偏差，裁判风险对缓刑结果的影响远远大于再犯罪危险的影响，提出将“犯罪情节较轻”解释为“（再）犯罪（危险性）情节较轻”，基于并合主义的立场，引入科学风险评估来提高缓刑实质条件的可操作性。[③] 这在一定程度上可以更好地贯彻对未成年人的非监禁化，并回应上文提到的适用空间缩小的现状。因为除了刑罚条件之外，实质条件的抽象和主观判断才是制约未成年人缓刑制度发展的关键。对于后者的判断是确立缓刑考验期、考验内容的核心依据，同时也影响着缓刑的最终效果。实质条件的本质是对涉罪未成年人社会危险性的衡量。因此，对于完善未成年人缓刑的建议，本书也主张应该加强对涉罪未成年人风险的裁量，更好地实现缓刑制度，帮助涉罪未成年人复归社会。

减刑、假释作为刑事执行程序的后端，对于非监禁化的实现也具有重要的意义。首先，现有减刑、假释制度适用条件都包括“认真遵守监规，接受教育改造，确有悔改表现以及没有再犯罪的危险”，这一规定过于概括，缺乏明确的判断标准，操作性差。其次，与缓刑一样没有针对未成年人的特别规定，不能体现未成年人的特殊性。最后，在这些制度中涉罪人员危险衡量的地位也没有凸显。本书的观点是建议设立专门的以风险为核心的未成年人减刑、假释处遇程序，从未成年人本身的特殊性出发，在审判的过程中尽量实现复归的目标。此外，单独未成年人审判程序的确立，可以将暂缓判决、缓刑、减刑、假释等统一纳入少年法庭的裁判，不仅有利于在审判阶段贯彻非犯罪化、非监禁化，还有利于少年法庭充分发挥价值，使得整个未成年人

---

① 参见胡春莉：《未成年人缓刑制度研究》，北京师范大学 2012 年博士后出站报告，第 149 页。

② 参见姜涛：《缓刑适用条件的法条冲突与解决》，载《检察日报》2020 年 8 月 4 日，第 3 版。

③ 参见赵兴洪：《缓刑适用的中国图景——基于裁判文书大数据的实证研究》，载《当代法学》2017 年第 2 期。

司法体系更加均衡和完整。

3. 社区矫正制度

社区矫正制度是实现未成年人非监禁化的重要保障，是对判处管制、缓刑和假释的涉罪未成年人非监禁性的矫正刑罚。2019年社区矫正法的出台还专门规定了未成年人的社区矫正。但是目前的问题还是集中在调查评估和矫正项目的运用中，由于没有专业的评估，所以无法为涉罪未成年人提供符合其身心特点的矫正方案和矫正项目。① 实际上，社区矫正应该是未成年人刑事司法体系的重要组成部分，不应仅仅局限在刑罚的执行阶段。鉴于未成年人身心发育的不成熟，各国对于涉罪未成年人的矫正都是贯穿整个司法过程。在这个过程中，涉罪未成年人的风险和风险评估应该发挥核心的作用。我国社区矫正法为国家购买服务和社会工作者参与刑事司法活动提供了法律的支持。② 在未成年人司法中由于社会调查以及审前附条件不起诉的干预帮教在一定程度上与社区矫正阶段的调查、帮教具有一致性，可以考虑由统一的机构和人员来承担该部分的工作，以保障调查评估以及帮教干预的连续性和一致性。

（三）完善与非刑罚化相关的制度设计

非刑罚化是整个未成年人刑事司法处遇体系的最前端，主要针对未达刑事责任年龄的涉罪未成年人。学界关于非刑罚化的讨论主要围绕保安处分和保护处分展开。本书关注的重点不是保安处分和保护处分在理论上的区分，而在于非刑罚化制度的建构。具体而言，主要是最新修订的预防未成年人犯罪法中确立的专门矫治教育制度。这一制度正是针对目前低龄未成年人犯罪现状的法律应对。我国学者认为专门矫治教育在法律性质上是一种“提前干预、以教代刑”的保护处分措施，将保护性处遇、强制性矫治及修复性治疗融为一体。③ 但是对于专门矫治教育的适用，预防未成年人犯罪法主要是依据未成年人犯罪行为的性质进行判断，比如不良行为、严重不良行为、犯罪

---

① 参见何国强、谭杰、罗悦文：《未成年人社区矫正的问题与对策——基于广东省共青团的探索》，载《青年探索》2017年第6期。

② 参见吴宗宪：《我国社区矫正法的历史地位与立法特点》，载《法学研究》2020年第4期。

③ 参见盛长富：《未成年人刑事司法国际准则研究》，法律出版社2018年版，第95页。

行为。这样的判断和区分主要是围绕行为展开，而忽略了行为人的因素。本书的观点是纳入行为人的考量因素，对涉罪未成年人的风险和需求进行准确的评估，并以此为依据设计多元的处遇体系。正如我国学者所言，在未成年人保护和司法改革的大背景下，需要对原有的工读教育制度进行改革，实现从工读教育到专门矫治教育的蜕变，构建专门的法律法规和程序以保障专门矫治教育的实现。[①]

（四）“三非”之间的内在关联和相互转化

通过上述非犯罪化、非监禁化、非刑罚化的制度设计的梳理可以看出，在现有的未成年人司法处遇体系中，除了以行为的考虑为主的罪责、刑罚条件之外，还有一条暗线贯穿始终，即对涉罪未成年人风险的裁量。现有处遇制度中对风险的裁量大多采用列举的方式，而且评估的方式也不规范。这在很大程度上制约了风险裁量在未成年人司法处遇体系中功能的发挥。总体而言，本书的观点是在现有司法处遇制度的基础上，建立以风险为核心的处遇体系，纳入专业化的风险评估，通过风险和需求的二元评估，准确评估涉罪未成年人的风险和需求，并与相应的处遇措施相配合，做到精准化的处遇。

一方面，对现有的与风险有关的概念进行整合。本书的观点并不是弃用传统刑事司法中有关危险性的概念，因为任何一个学术概念都有它产生和存在的社会和文化传统，不能否定它的价值，但也不是故步自封，囿于传统，而是对这些概念进行一定的修正，通过风险因素和风险评估，赋予其新的表达内涵。如本书第一章对危险相关概念的厘清，建议保留人身危险性的基本内涵再犯可能性，采纳社会危险性的立法概念，并对社会危害性进行修正。本质上，再犯可能性（人身危险性）、社会危险性、社会危害性都可以通过根据刑事司法环境的不同，通过相应的风险因素予以表达。换言之，通过风险因素重新建构对于这些危险概念的理解。

另一方面，通过统一的风险评估框架，在不同的处遇制度之间建立关联，促进不同处遇制度内部的沟通和相互的转化。比如根据风险评估对涉罪未成年人的风险状况进行动态的监控，在风险水平变化的时候及时调整相应的处遇措施。在整个处遇体系中，专业的风险评估有赖于专业的风险评估工

---

① 参见姚建龙、孙鉴：《从“工读”到“专门”——我国工读教育的困境与出路》，载《预防青少年犯罪研究》2017 年第 2 期。

具的研发。

四、将风险因素和风险评估全流程贯穿

风险因素和风险评估的全流程贯穿与我国学者提出的协同发展的未成年人犯罪的综合治理观念也有内在的一致性。我国学者认为在未成年人的刑事司法风险评估中存在着三个体系：社会治理中的风险评估、诉讼过程中的风险评估和社会支持中的风险评估，提出风险评估需要在不同的体系之间进行无缝的衔接。[①] 将风险评估放在整个未成年人犯罪的综合治理体系中也是本书的核心观点。前述学者的观点没有将不同体系的风险概念进行深度的关联，基于前文对风险评估的研究，本书提倡以风险因素为基础，将风险因素和风险评估在未成年人司法的全过程予以贯穿。

风险因素和风险评估的全程贯穿体现在全流程、全主体两个方面。其一，全流程要求风险评估在刑事司法的全过程予以贯穿。通过前面以风险为核心的处遇体系的论述可以看出，实际上风险评估是贯穿整个刑事司法始终的，在立案、取保候审、审查起诉、审判、执行等各个阶段均发挥着重要的作用。换言之，即从涉罪未成年人跟刑事司法产生关联起，就需要将风险因素和风险评估纳入司法裁量的范围。而且随着预防未成年人犯罪法和未成年人保护法的修改，风险评估也可以向前延伸到犯罪预防阶段，因为基础的风险因素可以在不同阶段中具有一致性和连续性。这也需要将预防未成年人犯罪法、未成年人保护法与刑事法律的相关规定相衔接，构建完整的未成年人犯罪的治理体系。其二，全主体要求主要的司法主体都要考虑涉罪未成年人的风险因素和风险评估的结果。警察、检察官、法官等在办理和参与涉罪未成年人的案件中，需要在整个过程中考虑风险因素和风险评估，对其相应的决策进行规范。具体来说，公安司法人员应当在立案、适用强制措施、起诉或不起诉、审判、刑罚执行等全流程的程序中，将涉罪未成年人的风险因素和风险评估作为动态性的重点考虑因素，后一阶段的处置应当考虑涉罪未成年人风险因素和风险级别的变化，并根据风险的现状与变化趋势调整相应的司法措施或者处置方案。对于风险因素可控和风险水平较低的，或者风险因

① 参见雷小政：《未成年人刑事司法风险评估：场域、样本与方法》，对外经贸大学出版社 2019 年版，第 10 页。

素和风险水平已经出现积极变化的，应当在不同阶段尽量采取转处或非监禁的处置措施，比如非羁押措施、附条件不起诉和观护等，而这些社会化的处遇措施的具体要求也要围绕风险因素进行设计。例如附条件不起诉的所附条件和观护的帮教和监督考察内容都应当体现出风险控制的要求。[①] 值得一提的是，全程贯穿虽然要求司法主体全方位的衡量风险因素和风险评估，但是不能用风险评估的结果直接取代决策。

第二节　研发本土统一的涉罪未成年人风险评估工具

研发统一的本土涉罪未成年人风险评估工具在我国未成年人刑事司法风险评估的完善路径中起着关键作用。统一的涉罪未成年人风险评估工具不仅可以从整体上提高未成年人刑事司法的规范性和一致性，实现全流程纳入风险评估的系统管理目标，还可以改善我国当前风险评估人员专业水平参差不齐的现状，推动未成年人刑事司法循证实践的发展。涉罪未成年人风险评估工具的研发不能照搬国外，也不能想当然以经验为基础，而是需要在前文理论和技术考证的基础上，构建合理的理论架构，选择合适的技术路径，并注重后期有效性的验证，定期对风险评估模型进行审查和修正。本书的观点是通过基础研究对风险因素进行理论分类，并利用最新的机器学习技术，建立本土涉罪未成年人风险评估工具的研发模型。

一、夯实本土工具研发的理论基础

正如乌尔里希·贝克所言："没有社会理性的科学理性是空洞的，但没有科学理性的社会理性是盲目的。"[②] 因此，研发本土风险评估工具需要将社会理性和科学理性相结合，摒弃纯技术视角的工具研发思路，对现有域外的理论进行深入的剖析，并根据未成年人刑事司法环境的具体要求选择合适的

① 参见何挺、张丽霞：《未成年人司法社会支持体系之思考：基于风险控制理论范式的视角》，载《中国应用法学》2020 年第 2 期。

② 转引自狄小华：《智能化再犯风险评估司法应用的法律风险及其防范》，载《学术界》2020 年第 5 期。

基础理论来指导我国未成年人风险评估工具的基础架构。

（一）吸收域外风险评估理论研究的有益成果

我国未成年人风险评估工具研发需要吸收域外风险评估理论研究的有益成果。在本书第二章中提到了两种重要的理论路径，一种是由犯罪行为心理学主导的风险需求响应理论模型，另一种是由犯罪学发展性风险评估理论主导的模型。通过对域外现有风险评估工具的梳理，发现大部分工具都以这两种路径的理论作为工具研发的基础。前文提到的 YLS/CMI 和 AssetPlus 就是两种理论路径的典型范例。实际上，这两种理论路径各有其优缺点。风险需求响应原则作为世界范围内风险评估主导理论模型，固然有其重要的价值，但不可否认的是它的局限性。因为风险需求响应更多还是个体视角，它的理论基础即一般人格与社会认知理论与发展性风险因素理论中的生物心理社会发展理论有着一致的地方，但都忽略了更广泛的社会结构和背景环境的影响。而且源自成人矫正的风险需求响应模式忽略了未成年人的特殊性，不能全面反映未成年人犯罪的原因。而发展性风险因素理论的不断发展，不仅整理了新古典主义、实证主义理论观点，而且将社会结构、背景环境，与司法体系的互动等纳入其中，更加动态和综合。美国学者 Faye S. Taxman 也认为未来风险评估工具的发展需要考虑如何纳入发展性的风险因素理论。[①] 笔者的观点是将这两种理论路径进行整合。虽然犯罪行为心理学和犯罪学对未成年人犯罪风险评估的理论建构有所不同，但本质都是对犯罪风险的认识，两者并不是相互排斥的，而是在发展过程中相互融合。风险—需求—响应模式在犯罪预防和犯罪矫正领域积累的有效经验，为未成年人风险评估提供了一个完整的理论框架，并为未成年人犯罪预防和矫正提供了一条科学合理的现实路径。然而，发展性的风险因素理论的价值也不能被忽略。因为未成年人风险评估的研发更具有特殊性，需要结合未成年人司法的特殊性，进行特殊化的考量。风险因素理论的发展对未成年人犯罪风险评估提供了更加综合的基础理论指导，最新的建构主义风险因素理论突破了定量预测的局限，强调未成年人本身对风险的建构和理解，与积极少年司法所倡导的儿童优先、儿童参与的儿童友好理念有内在的一致性，在未成年人司法中发挥着更加重要

---

① Faye S. Taxman, *Handbook on risk and need assessment: Theoty and Practice*, London and New York: Routledge, 2017, p. 18.

的作用。

具体而言，保留风险需求响应模型的基本框架，在此基础上，吸纳发展性风险因素理论的研究成果，丰富前者的内容。但是需要注意的是，第二章中对发展性风险评估的梳理表明很多理论目前还在持续的发展中，并没有在实践过程中进行完全的理论验证，在筛选理论的过程中，需要进行本土化验证。正如该理论的核心人物 David Farringdon 所言，“发展风险因素理论为人们利用多种数据来源来探讨犯罪行为提供了框架结构，但是从历史发展来看，所有研究者都用其特定的理论视角来处理他们的数据，结果大部分数据都只能用数据收集者所提出的理论进行检验，现在需要利用不同的理论和不同的纵向数据来源进行交叉严格检验，以便识别出每种理论中能预测和解释犯罪行为所需要的成分。”① 通过对域外工具的梳理，筛选出来的从发展性风险因素理论提取出的有效理论模型，主要包括剑桥研究、索恩伯里 Thornberry 互动理论、Sampson Laub 生命历程理论、理性情景理论和建构主义理论。这些理论将新古典犯罪学的社会控制、社会学习、系统管理、标签理论、生态系统等都纳入其中。② 在进行风险评估工具研发的过程中，不仅要对这些理论进行深入研究，还要对这些理论中涉及的具体风险因素进行本土化的验证。David Farringdon 对此也提出一些建议，他认为在具体验证中需要考虑的核心问题是：哪些主要建构会导致犯罪；哪些因素会鼓励犯罪；哪些因素会抑制犯罪；是否存在一种学习过程，是否存在一种决策过程；该理论的结构是怎样的，理论建构主义的操作性定义是怎样的，该理论能解释什么问题，不能解释什么问题。这些都是值得我国学者深入思考的问题。

实际上，我国犯罪学领域的学者已经在推进这样的理论研究工作，但是具体的研究过程中仍存在一定的问题。前文提到的博士学位论文《未成年人再犯风险评估实证研究》是目前国内针对未成年人再犯风险评估比较严谨的理论模型的构建，其选择了社会控制理论、不同交往理论、生命历程理论、标签理论、潜在特质理论五种理论并结合个体家庭和犯罪与刑罚建构未成年人再犯风险评估的理论模型，通过二元回归筛选最终确定了 10 个预测因子，

① Stephen Case & Kevin Haines, *Understanding youth offending*, Cullompton: Willan, 2009, p. 319.

② Stephen Case & Kevin Haines, *Understanding youth offending*, Cullompton: Willan, 2009, p. 306.

包括受教育程度、捕前身份、家庭教养模式、逃学、早年不良行为、不良交友、犯罪类型、刑罚种类和幅度、首次服刑的年龄、服刑期间每月与家人联系的次数。[①] 在这10个预测因素中静态因素占比较大，也就是西方国家风险评估工具中的过去犯罪经历，包括刑罚种类和幅度、早年不良行为、首次服刑的年龄。该研究的优点在于首次通过比较完整的理论模型的构建来确定未成年人风险评估的预测模型，并对其进行了本土化的验证，但是作者对理论的梳理实际上没能把握西方国家最新的理论前沿即发展性风险因素理论，也没有吸纳风险评估领域核心的理论模型风险需求响应的有益经验。

一方面，该研究没能把握最新发展性风险因素理论脉络。实际上发展性风险因素理论中的一些模型已经对该作者提出的社会控制、不同交往和标签理论进行了新的理论整合和具体的实践验证，比如前文提到的整合的发展风险因素理论，而且该作者的理论模型也没有将发展性风险因素理论中最新的建构主义、情境等的影响纳入其中。另一方面，该研究忽略了犯罪行为心理学提出的风险需求响应模型的价值，没有对各种风险因素进行理论的认识和分类，比如作者对动态和静态风险因素并没有一个清晰的理论认识，错将“捕前身份”即逮捕前工作或者说就业状况视为一个不可以改变的静态因素。从这一点更能看出，该研究还是一个回溯性的预测研究，将过去的风险因素视为不可改变，没有对风险因素进行理论分类，或者说没有关注犯因性需求因素。而在风险需求响应模式中发展性干预和预防被作为评估的目标，认为如果对犯因性需求因素进行干预可以有效降低再犯。关于这一点该作者自己在文章中也指出今后改进的方向是吸收Bonta等的风险需求响应模式，在现有的评估中纳入犯因性需求评估。[②]

未来我国未成年人风险评估的理论研究还是应以实证为基础，不仅要吸收域外最新研究成果，还要积极进行本土化的理论建构，以期能为我国未成年人风险评估提供坚实的理论基础。此外，还需要注意，未成年人风险评估理论框架的建构不是凭一己之力能完成的，需要学者们共同的努力，因为模型的研发需要不断地修正和同行甚至跨学科专家的审查和批判检视，前文英

---

① 参见张崇脉：《未成年人再犯风险评估实证研究》，北京师范大学2016年博士学位论文，第131页。

② 参见张崇脉：《未成年人再犯风险评估实证研究》，北京师范大学2016年博士学位论文，第131页。

国青少年司法委员会 AssetPlus 的研发正是理论和实践相互沟通不断改进的结果。这也正是本书所主张的纳入循证实践理念的原因之一，加强科研机构和实践部门的合作，以科研推动实践发展，反过来再通过实践对科研的结果进行检验。

（二）整合未成年人刑事司法的最新理论

尽管上述风险需求响应模式和发展性风险因素理论是域外未成年人风险评估工具研发的主导理论，但是该工具最终是在未成年人刑事司法环境中应用，还需要与未成年人刑事司法的相关理论进行整合，比如欧洲最新的理论前沿——积极青少年司法理论。这一理论原本是基于对英国当前由风险因素预防范式所主导的少年司法政策的批判而产生的，前文也提到风险因素预防研究和风险因素预防范式密切相关，但是两者视角和具体目标有很大的差异。未成年人风险评估工具的研发需要重视发展性风险因素的基础研究，但是也要警惕由此而衍生的风险范式对未成年人刑事司法带来的弊端，所以积极少年司法理论对未成年人风险评估工具的研发也起着重要的指导意义。

积极青少年司法理论是由英国学者 Stephen Case 和 Kevin Haines 共同建构的理论，它的核心思想是将青少年自己作为罪错问题解决的一部分，源于联合国《儿童权利公约》中对儿童权利的保护，强调儿童优先，儿童参与。未成年人风险评估工具需要考虑未成年人司法的具体需求。该理论模型包括五个方面：儿童友好、转处和系统管理、促进积极行为和结果、循证合作关系以及负责任的成人。① 儿童友好是该模型的首要原则，它将儿童放在首位，“首先他们是儿童，其次才是罪犯（Children first，offenders second）”是这一原则的核心阐释。他们反对将儿童当作缩小版的成人，强调优先考虑儿童的地位和他们在身体、认知、社会的不成熟性等，反对潜在的标签化和污名化。他们认为青少年会随着成长停止犯罪，强调转处和最小化的干预。

该理论采用系统管理的视角将未成年人司法体系看作一个相互联系、相互促进的，包括审前羁押、保释、还押、惩罚、量刑、监禁、释放等一系列决策点在内的集成系统，主张在所有的决策点都贯彻儿童第一、转处和促进积极的改变的思想。在这个过程中强调三个关键概念：参与（participation）、

---

① Stephen Case, *Youth justice: a critical introduction*, Routledge, London and New York, 2018, p. 280.

投入（engagement）和正当（legitimacy）[①]，强调未成年人应该参与并投入整个司法过程中，在整个过程中感受到法律的正当性。其中“投入”优于其他两项，要求未成年人投入司法流程的各个阶段包括评估、量刑和干预计划的制订等，是整个系统管理的关键部分。这三个概念对未成年人刑事司法风险评估的研发也具有重要的理论意义。如何在评估的过程中体现这三个概念的核心目标是需要深入思考的问题。

关于这一点我国学者在涉罪未成年人参与刑事诉讼的研究中指出，我国未成年人参与刑事诉讼的五个核心要素即为知情、理解、表达意见、考虑意见和给予反馈。[②] 该研究是首次将域外最新理论成果在本土环境进行实践检视，总结参与的五个核心要素，对未成年人风险评估工具的研发也具有重要的指导意义，需要考虑如何在评估的过程中体现参与的要求。但是该研究也有一定的局限，主要在于没能深入说明参与、投入和正当性三个核心概念之间的关系，尤其是投入与其他两个要素的关系。“投入”（engagement）这一概念是前文社会发展模型中的一个风险因素指标，本身源于心理学研究，与倦怠是“精力、卷入、效能”三维连续体的两极。[③] 将这一概念引入未成年人刑事司法中，从系统管理的角度，对于实现整个司法系统的目标具有重要的意义。尤其这一概念的具体测量指标诸如个人特征、环境特征等都与风险评估中的风险因素具有一定的一致性。故此，后续的研究需要纳入心理学研究的视角对上述三个概念在未成年人风险评估过程中的实现提供具体现实的测量办法。

此外，该理论还主张循证合作关系和负责任的成人[④]，即主张青少年司法的关键利益相关方要加强合作，并强调青少年司法的关键参与者司法人

---

① 合法性是指对社会法令的服从，合法性理论认为个体更愿意服从他们能从中感受到符合道德、司法和公平的权威。

② 参见尹凌然：《涉罪未成年人参与刑事诉讼研究》，中国检察出版社 2022 年版，第 149 页。

③ 参见林琳等：《工作投入研究现状与展望》，载《人力资源管理》2008 年第 3 期；倪士光、伍新春：《学习投入：概念、测量与相关变量》，载《心理研究》2011 年第 4 期。

④ 该原则也来自联合国《儿童权利公约》，公约确立了一系列普遍的儿童的公民、文化、经济、政治和社会权利的最低标准。在该模型中成年人的责任不仅是达到最低标准，而且是提倡结果的最大化。

员、学者、政治家等有责任确保在整个青少年司法的过程中，保护儿童权利，帮助儿童，有效系统管理的目标。比如在英国青少年犯罪小组要加强与其他机构的合作，以便更好地服务青少年司法。[①] 儿童友好原则对未成年人风险评估工具的研发也至关重要。因为在工具的研发过程中研发者或者学者有责任将儿童友好和保护儿童权利的理念纳入其中。笔者认为，这一原则与风险需求响应模型中的专业裁量有内在的一致性，风险评估需要保留专业人员一定的修正和自由裁量的余地。

总的来说，该理论主要是通过批判英国以风险为中心的预防而提供的理论模型，提倡儿童友好和儿童权利。但是需要注意的是，该理论模型并不是批判之前的风险因素研究，实际上该理论中的一些原则还来源于之前关于风险因素的研究，比如“投入”的概念来源于社会发展模型的相关研究、最小化干预来源于 Gluck 夫妇后期的发现等。更进一步说，该理论为未成年人风险评估提供了专业的理论指导。比如英国少年司法委员会研发的最新版本的 AseetPlus，虽然保留了风险因素理论的基本框架，但是吸纳了积极少年司法中所提倡的儿童参与、儿童友好的理念，在风险评估系统中增加了由未成年人亲自参与的自我评价的比重，重申了儿童友好的理念。

（三）符合未成年人刑事司法基本原则的要求

近年来，随着风险评估工具在刑事司法中的应用，风险评估工具中包含的诸如性别、种族等因素对刑事司法基本原则比如平等、正当程序有一定的冲击，引起了学者对该工具正当性的质疑。在我国未成年人风险评估工具的研发中，也需要对这些法律原则进行深入分析，以防在工具研发阶段就存在违反法律基本原则的风险。我国学者也提出在我国风险评估工具的研发中需充分认识风险评估应用的潜在风险，在研发过程中未雨绸缪。[②]

平等和自由是现代人权体系的基础，各国宪法都规定了平等原则。在我国宪法中明确要求“中华人民共和国的公民在法律面前一律平等”，具体到刑事司法中即“对任何人犯罪，在适用法律上一律平等，不允许任何人有超

---

① Stephen Case, *Youth justice: a critical introduction*, Routledge, London and New York, 2018, p. 281 – 294.

② 参见狄小华：《智能化再犯风险评估司法应用的法律风险及其防范》，载《学术界》2020 年第 5 期。

越法律的特权”。该原则要求刑事法律要平等地适用于一切公民，不分民族、种族、性别、职业、家庭出身、宗教信仰、教育程度、财产状况等，在未成年人刑事司法环境中亦然。然而在域外风险评估工具中往往包括种族、性别等信息，这样风险评估在具体司法环境中的应用就可能造成不平等和不公平。比如由于性别、种族等因素，加重对未成年人的裁判和处置是非常不公平的，男性未成年人被评估再犯可能性往往比女性要高，但是并不能因此就延长对他的考察或者监禁。尤其近年来随着机器学习方法被引入风险评估，由算法引起的隐形歧视一直是刑事司法学者批判的重点。种族问题在中国环境中并不凸显，所以这里需要重点讨论的是性别问题。有学者认为，由算法造成的性别歧视实质上是现实世界长期存在的性别歧视观念在虚拟世界中的延伸。[①] 事实上，在西方国家，风险评估的研发者往往将与种族有关的信息排除在外，甚至有些工具将性别也排除在外。当然对于排除性别等因素的做法，也有学者们提出了反对的意见，反对的原因主要有两个。其一，大量的研究表明，不同性别之间的风险和需求存在显著差异，纳入性别特征可以改善风险评估，如果禁止纳入会降低评估的准确性。[②] 其二，如果司法处置的重点是预防而不是罪责，尤其在未成年人刑事司法中，风险评估的应用不是为了惩罚，而是帮助建立一个风险管理制度，以实现复归的目的，那么这些因素就不应该排除。[③] 笔者也赞同反对方的意见，性别应该纳入工具，因为风险评估工具研发的初衷主要在于改善决策，实际上最终的决策权还是由司法人员掌控，而且性别因素不仅仅是针对风险预测还需要考虑风险管理的目标，性别对于采取合适的风险管理和案件管理有积极的作用，因此不能消除。

刑事程序的正当性要求法律具有可预测性和确定性，具体是指人们对行使权利而产生的结果作为正当性的东西加以接受。当风险评估导致侵犯个人的自由利益时，可能涉及正当程序保护。在第五代风险评估中，风险评估工具与正当程序的矛盾更加凸显，因为第五代风险评估工具采用的机器学习方

---

① 参见汪怀君、汝绪华：《人工智能算法歧视及其治理》，载《科学技术哲学研究》2020 年第 2 期。

② Melissa Hamilton, Risk - Needs Assessment: Constitutional and Ethical Challenges, *Am. Crim. L. Rev.*, 2015, Vol. 52, p. 256.

③ Christopher Slobogin, Risk assessment and risk management in juvenile justice, *Criminal Justice*, 2013, Vol. 27, No. 1, p. 11.

法本身的“算法黑箱”与刑事程序的正当性要求有着天然的冲突。算法风险评估具有预先编制、不对外开放、相对确定等特点，从输入数据到产生模型，计算机基于对经验数据的自动学习生成了高级的认知结果，这种机器学习的过程是不透明的,[①] 在公众和整个司法过程中也不透明，因此普通公众不会了解算法的建构原理，自然也就不知其正当性何在。以美国卢米斯上诉最高法院一案为例，卢米斯认为初审法院的法官采纳的州政府罪犯改造部门提交的量刑前调查报告（PSI）中包含再犯风险评估 COMPAS（Correctional Offender Management Profiling for Alternative Sanctions）的内容。该工具的信息主要来源于对犯罪者的访谈和司法部门的数据信息库，这些信息包含了可能导致歧视的因素。[②] COMPAS 所有者 Northpointe 公司以算法为商业秘密为由，拒绝公开算法原理。威斯康星州最高法院认为没有证据表明法官做出判断是以 PSI 报告的内容为主要依据，算法评估的结果只是法官做出判断的因素之一，不是唯一或者决定因素，否定了卢米斯的正当程序和平等权主张，但是美国大法官也提醒法官警惕使用 COMPAS 算法所可能带来的偏见。[③] 算法偏见是我们不能回避的问题，算法风险评估的基础是数据，数据的来源、数据的内容有可能会损害程序正义的价值。尽管数据无罪，但是以不正当形式取得和表达不正当内容的数据则有可能会降低犯罪嫌疑人或者公众对算法风险评估结果的接受。算法的研发者也可能把自身的某些歧视写入算法之中，比如对边缘人群的歧视，他们更有可能被归为高风险人员，但是他们的需求往往也最大，这可能导致对边缘人群更具惩罚性的处置。算法必然包含价值判断，价值中立的平等算法是不存在的，因此我们需要时刻反省和重思其背后的伦理基础，避免某些不正当的算法。

二、选择本土工具研发的技术路径

技术在风险评估工具的发展演化过程中一直起着重要的作用。采用不同

① 参见陶盈：《机器学习的法律审视》，载《法学杂志》2018 年第 9 期。

② 参见朱体正：《人工智能辅助司法裁判的不确定性风险及其防范——美国威斯康星州诉卢米斯案的启示》，载《浙江社会科学》2018 年第 6 期。

③ 参见杨依：《以社会危险性审查为核心的逮捕条件重构——基于经验事实的理论反思》，载《比较法研究》2018 年第 3 期。

技术的风险评估工具的有效性也有一定的差异。从某种程度上说，正是技术的精进促进了风险评估工具的发展，因此在我国涉罪未成年人风险评估工具研发过程中，需要对风险评估的方法进行审慎的选择。虽然目前风险评估工具研发的主导技术方法仍然是多元回归，但是近年来，机器学习的发展对多元回归的方法有一定的冲击，从理论上来说机器学习方法优于多元回归。总体而言，本书的观点是在我国涉罪未成年人风险评估工具的研发中可以采纳最新机器学习的方法，下面将从三个方面进行论述。

（一）机器学习和多元回归方法的比较

关于机器学习和多元回归的方法前文已经进行了简单的介绍。机器学习方法在风险评估中的应用还处于早期阶段，现有的关于两种方法比较的实证研究表明采纳机器学习方法的风险评估工具仅仅比采纳多元回归的方法具有微弱的优势。美国学者 Tim Brennan 对八个有关采用多元回归和机器学习方法的比较研究的元分析发现，现有的研究中预测的准确性 AUC 值在 0.72—0.77 之间，总的来说，两种方法的预测准确性相似。但是从理论的角度来说，机器学习的方法优于多元回归。

一方面，多元回归模型本身具有一定的缺陷。第一，多元回归模型简化了犯罪的生成机制。这种简化的思路在前文风险因素理论的发展中也有体现，学者对该理论研究的批判在于简化了未成年人犯罪的原因，将简单的线性关系代替复杂的相关关系。第二，多元回归的模型并不能真正地预测单独个体的再犯可能性。多元回归的本质是将一个单独的个体分解为具体的因素，然后通过线性模型将这些进行重新整合。美国学者 Tim Brennan 将其描述为“additicve process”，并对这种过程提出了批判。他引用库恩对哥白尼理论之前天文学研究状态的描述：“它就像是一个艺术家，从不同模型中收集手、脚、头等部分图像，每一个部分都是经过精心绘制的，但是与单个的个体无关，因为他们不可能相互匹配，最终的结果就有可能是一个怪物。”[①] 第三，刑事司法数据的非线性特征在使用线性回归方法时可能产生预测的误差。多元回归模式在面对复杂的数据时预测的准确性可能会降低。

另一方面，机器学习方法理论上具有更高的准确性，弥补了多元回归方

---

① Faye S. Taxman(ed.). *Handbook on risk and need assessment: Theoty and Practice*, London and New York: Routledge, 2017, p. 245.

法的缺陷。机器学习可以被视为非参数回归的一种特殊形式，目标可以是找到“正确的模式”。但是当机器学习被用作预测程序时，与传统回归模型有大的区别。它的优点在于：第一，预测结果不再局限于简单的是或否的两分结果，比如审前羁押的风险评估，预测的结果不再仅仅是逮捕或者不逮捕，随着羁押替代措施的完善，需要评估的结果与响应的替代措施相匹配。第二，预测的基础因素可以很复杂且更加精确。美国学者认为预测的准确性取决于决策边界的复杂性。当决策边界相对简单时，参数方法（如逻辑回归）与非参数方法（机器学习方法）具有相似的预测效度；而当决策边界复杂，非参数的方法将具有更好的预测效度。刑事司法环境中数据具有复杂性，且决策边界属于非线性，所以主张采纳机器学习的方法改善风险评估的准确性。[①] 第三，机器学习方法更加适用于开放的系统。一般来说封闭系统假定系统内部往往具有稳定且统一的内部结果，系统以确定、有序过程运行，可以通过逻辑回归，将这种内部的线性结构呈现出来，是一种简单的还原论和机械论，这在物理学、生物学等自然科学领域比较常见。而开放系统是一个动态变化的过程，内部是一种非决定性的复杂关系网络，而且还处于动态的变化过程中。刑事司法系统就是一个典型的开放系统，机器学习方法的优点自然凸显。

（二）我国采纳机器学习技术的必要性

我国涉罪未成年人风险评估工具研发起步较晚，主要在于相关学科的基础理论研究没能为工具研发提供良好的理论供给和研究环境。但是随着风险评估工具的代际发展，原有以多元回归为主的基础研究受到了机器学习方法的强烈冲击，这为我国在风险评估领域的发展提供了技术应用的契机。而且我国相关技术的发展包括大数据、人工智能一直与世界潮流保持一致，因此本书的建议是采纳机器学习的技术路径来进行本土风险评估工具的研发。这一观点与我国学者提出的智能化风险评估的观点不谋而合，即智能化风险评估的风险因素不再依赖于传统基础实证研究，而是通过大数据借由智能学习算法进行风险因素的深度挖掘和自主学习，在丰富风险因素的基础上，提高

---

① Berk, R. A., & Bleich, J., Overview of: Statistical procedures for forecasting criminal behavior: comparative assessment, *Criminology & Public Policy*, 2013, Vol. 12, No. 3, p. 562.

风险评估的准确性和可靠性。[①] 智能化风险评估的本质是机器学习，比如该学者认为目前再犯风险评估的智能化仍处于机器被动学习阶段。[②] 本书认同这一观点，虽然机器学习是人工智能的根本途径，但是现阶段我国对人工智能有滥用的趋势，所以本书仅采纳“机器学习”的说法。

首先，机器学习的技术更能满足未成年人刑事司法系统对风险评估准确性的要求。从根本上来说，研发和应用风险评估工具的根本目的是改善决策，那么方法的作用就是保障评估精确度的最大化，风险评估工具的准确性对于它的适用具有重要的影响。而且自风险评估工具诞生以来，刑事司法学者对其准确性就有很大的质疑。前文也提到现有的未成年人风险评估工具的准确性相比成人较低。如何改善涉罪未成年人风险评估工具的准确性也是学者一直在思考的问题。事实上，2006 年域外学者已经开始探索将机器学习的方法应用到涉罪未成年人风险评估工具的研发中，例如威斯康星风险评估工具（WRAT）就是采用了神经网络方法。美国学者 Ire M. Schwartz 以佛罗里达州少年司法部研发的未成年人风险评估工具 Positice Achievenment Change Tool 为样本，验证了机器学习方法可以有效改善未成年人风险评估的精确性并在一定程度上降低种族偏见。[③]

其次，未成年人犯罪风险因素的复杂性要求使用更加综合的技术方法。刑事司法系统中风险评估的数据具有很强的综合性和复杂性。犯罪学的研究不断推动我们对于犯罪的认识，越来越多的风险因素被识别出来，前文提到的发展性风险因素理论就在不断扩展风险因素的范围，从最初的生物心理、社会心理到社会结构因素、环境因素等。而且这些因素大多是动态的，随着时间的推移在不断变化。如果将回归的方法应用于未成年人的犯罪预测，也就是说将一个单一的回归模型应用于所有的涉罪人。实际上，这个回归模型可能仅仅只是整个系统中的一个部分。从青少年发展的角度而言，这种简单的决定论是站不住脚的，它不符合人类大脑发育的可塑性，也没有考虑青少年发展的环境依赖性和历史偶然性。此外，刑事司法系统中不同机构掌握着

---

① 参见狄小华：《全要素且可解释智能化再犯风险评估指标体系的理论架构》，载《安徽大学学报》2020 年第 4 期。

② 参见狄小华：《智能化再犯风险评估司法应用的法律风险及其防范》，载《学术界》2020 年第 5 期。

③ Jay P. Singh et al., *Handbook of Recidicism Risk/Needs Assessment Tools*, WLEY Blackwell, 2018, p. 146.

不同的数据，比如公安机关、检察院、法院、监狱、司法局等都有自己的数据库，近年来随着大数据发展，我国开始从国家层面对不同机构的数据进行整合，这进一步增加了刑事司法系统数据的复杂性。个人、家庭、同伴、邻居等因素并非简单的线性关系，很难完全纳入线性回归模型。

最后，机器学习的方法更利于实现未成年人刑事司法的核心目标。未成年人刑事司法的最终目标还是通过教育挽救涉罪的未成年人，帮助他们顺利回归社会来实现对重新犯罪的有效预防。那么使用风险评估工具的目的就要能够实现对动态因素的准确识别和评估。动态风险因素对于未成年人的评估和干预都至关重要。域外学者认为现有的风险评估工具中的动态因素往往忽略了重要的社会结构特征，评估动态风险时对个人过于关注而忽略了社会和司法的实践和过程。将焦点转移到这些社会结构因素上，可以扩展动态风险的概念，并重新分配责任，允许不同类型的干预。机器学习方法的引入可以弥补现有风险评估工具在对动态风险新元素方面的缺点。根据前文对机器学习方法的探讨，机器学习可以处理更加复杂的数据，它的数据体系属于开放型的，这种自主学习型的数据分析路径，可以将社会结构、特定社会背景、政策等因素纳入评估，鼓励不同路径的风险因素调查，补充动态风险中的社会结构分析。①

（三）我国采纳机器学习技术的可行性

首先，司法大数据的发展为机器学习技术路径的建立奠定了基础。正如我国学者所言，大数据是智能化风险评估的“原材料”，评估的准确性取决于原材料的数量和质量。② 从数据的数量方面来看，我们身处在一个到处充斥着数据的时代，我们每天都在生产着数据，这些数据也源源不断地出现在政府或者商业机构的数据库里。“大数据发展的核心动力来源于人类测量、记录和分析世界的渴望。”③ 近年来大数据在司法领域的应用也开始出现，镶

---

① Kelly Hannah-Moffat, Algorithmic risk governance: Big data analytics, race and information activism in criminal justice debate, *Theoretical Criminology*, 2019, Vol. 23, No. 4, p. 453 - 470.

② 参见狄小华：《智能化再犯风险评估司法应用的法律风险及其防范》，载《学术界》2020 年第 5 期。

③ 参见张吉喜、梁小华：《美国司法部审前风险模型及对我国的启示》，载《中国刑事法杂志》2010 年第 7 期。

嵌理论为刑事司法裁判利用大数据提供了理论的支持，促进了经验判断到大数据研判的转变。镶嵌理论认为分散的数据碎片尽管对其占有人价值有限，但将这些碎片通过特定模型组合起来，则会产生不可估量的整体价值。[①] 而我国司法实践已经开始关注到大量数据的价值。近年来中国司法的数据化建设不断推进，目前中国裁判文书网已经与全国法院和人民法庭通过专网实现了互联互通，各级法院以每分钟一次的频率向服务平台自动汇集新收集的各类案件数据。而数据的质量则需要专业人员的参与和把关。在现有大量的数据样本的基础上，邀请具备计算机知识的专业人员，在上文理论的指导下结合法律法规，将现有的数据进行挖掘和清洗转化成机器语言，[②] 提高数据的质量也是可行的。

其次，官方和市场的双重驱动为算法风险评估的建构营造了良好的外部环境。官方层面，2016 年中办、国办印发了《国家信息化发展战略纲要》，将“智慧法院”纳入国家信息化发展战略。2017 年 7 月 8 日，国务院发布《新一代人工智能发展规划》，提出推动社会治理的智能化，“建设智慧法庭，建设集审判、人员、数据应用、司法公开和动态监控于一体的智慧法庭数据平台，促进人工智能在证据收集、案例分析、法律文件阅读与分析中的应用，实现法院审判体系和审判能力智能化”[③]。全国司法系统自上而下开始司法智能化的探索，司法辅助系统的研发大大提高了检察官、法官等办理案件的效率，对于推进以审判为中心的司法体制改革也有助力。此外，在市场利益的驱动下，公司等市场主体也投入智能司法的研发中，例如，北京华宇元典信息服务有限公司致力于法律智能领域，研发智能辅助产品，依托数据智能，将法律与科技深度融合。

最后，司法实践本身也开始探索风险评估的量化研发路径，为机器学习方法在风险评估工具中的应用奠定了实践基础。比如上海高院研发的“推进以审判为中心的诉讼制度改革软件”，即为代号“206”的“上海刑事案件智能辅助办案系统”的项目中就包含了有关于社会危险性评估的模块。再如

---

① 转引自裴炜：《个人信息大数据与刑事正当程序的冲突及其调和》，载《法学研究》2018 年第 2 期。

② 参见张妮、杨遂全、蒲亦非：《国外人工智能与法律研究进展评述》，载《法律方法》2014 年第 2 期。

③ 参见李训虎：《刑事司法人工智能的包容性规制》，载《中国社会科学》2021 年第 2 期。

最高检、上海高院联合北京师范大学刑事法律科学研究院以及四川省资阳强制隔离戒毒所等专业机构开发的“涉罪未成年人心理测评和风险控制系统”，将心理测评和审前羁押中社会危险性评估相结合。[①] 浙江省杭州市司法机关开发使用了非羁押强制措施数字监管系统（以下简称“非羁码”）对取保候审、监视居住等非羁押犯罪嫌疑人、被告人的监管。公检法机关以“非羁码”App 为载体，运用人工智能、大数据、区块链、云计算等技术，根据非羁押人员在取保候审、监视居住期间的行为动向，对其现实表现进行综合研判评估，自动生成阶段性的表现得分，并按照风险等级呈现的绿、黄、红三色监管码，分级进行动态监管，通过外出提醒、违规预警、定时打卡和不定时抽检等多重功能，确保被监管人能够在必要的管控下回归日常生活。[②]

但是需要注意的是，在采纳技术路径进行研发的过程中，需要警惕陷入单纯的依靠技术路径和循环论证的误区。第一，保留人在一切决策中的最终自由裁量权。因为从本质上说，风险评估工具是辅助决策的，需要人的干预，而且现阶段的机器学习方法远远达不到理想的人工智能阶段。一切数据或者技术的结果总有一定的瑕疵或者不符合具体的社会环境的需求，因此需要人为地进行理论建构，对机器学习算法模型进行修正，这也正是上文论证的基础理论研究的价值所在。第二，谨慎使用人工智能风险评估的说法。因为机器学习、人工智能、大数据这三个概念本身就有一定的交叉。机器学习方法是人工智能的实现方式之一，但是二者并不能直接替代。因为现阶段风险评估还处于初级的智能阶段，远未达到理想的人工智能阶段，所以本书采用更为具体和专业的机器学习的术语来描述这一技术路径。

三、构建本土工具研发的组织架构

在解决了我国未成年风险评估工具研发的理论和技术问题之后，工具的研发还有一些具体的要求需要落实。首先，确立全流程评估的组织机构，将刑事司法处遇过程中不同阶段的风险评估落实到工具层面。其次，确立风险

---

① 参见雷小政：《未成年人刑事司法风险评估：场域、样本与方法》，对外经济贸易大学出版社 2020 年版，第 59—74 页。

② 参见姜涛、王藤儒：《数字化非羁押监管运用前瞻》，载《检察日报》2020 年 12 月 16 日，第 3 版。

因素的初步理论框架，对涉罪未成年人风险评估的因素进行功能和理论的分类，并利用最新的机器学习方法将其转化为技术模型。最后，利用现代信息技术的发展，利用移动 App 等信息系统，将风险评估和风险管理进行有效的结合。

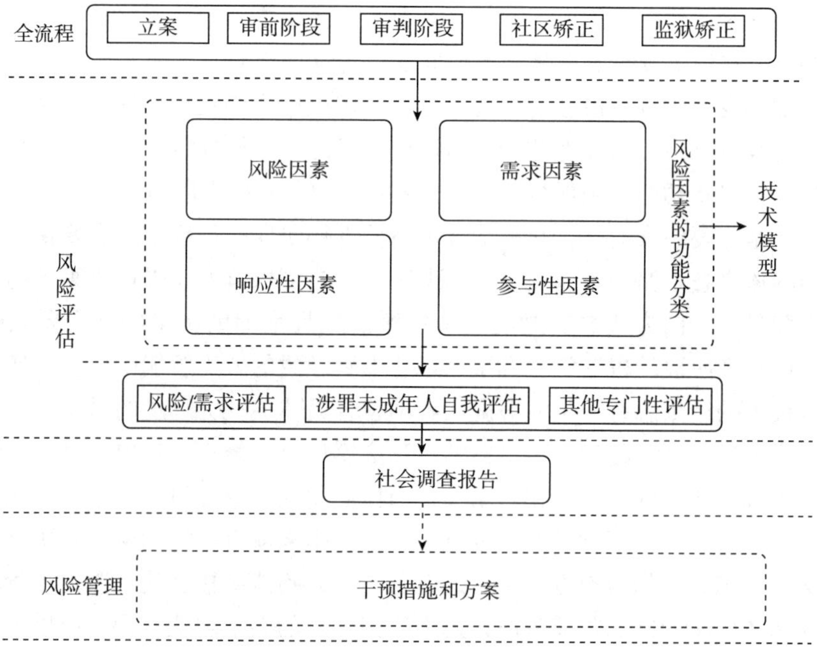

图 5-1　我国涉罪未成年人风险评估的初步组织架构

(一) 全流程风险评估的系统建构

未来风险评估工具发展的方向一定是全流程的系统评估，就是将不同类型、不同阶段的风险评估工具纳入统一的评估体系并与系统的风险评估相结合。其实，在域外现有的评估工具中这样的范例已经不在少数，比如著名的 COMPAS 就是一个包括成人、青少年以及覆盖刑事司法各个阶段的系统性的风险评估和风险评估工具。英国的 AssetPlus 也是覆盖了青少年从进入司法系统到顺利回归社会的各个阶段，将评估和管理进行有效的对接。我国涉罪未成年人风险评估工具的研发也要坚持全流程评估，以便全流程地对接未成年人刑事司法各个阶段的决策。通过风险评估工具的研发和应用推动我国未成年人犯罪治理的新格局。

随着信息技术特别是人工智能的快速发展，依托大数据、机器学习技术等的风险评估工具的研发和应用，也为全流程评估的实现提供了技术助力。正如我国学者的设想，在理论上构建依托风险评估的系统防治再犯机制，将风险评估贯穿整个侦查、起诉、审判和执行以及刑事司法结束后一定时期，覆盖刑事司法的全过程。[①]

（二）风险因素的理论框架和功能分类

即使是采用机器学习的方法，基础风险因素的筛选在风险评估工具的研发中仍居于核心地位。风险因素的选择需要基础理论的支持，而不是采取纯粹的技术路径。对风险评估进行理论和功能的分类，可以增加风险评估结构的可解释性，有利于克服机器学习方法引起的算法歧视和不公。[②] 正如我国学者所言，依托大数据的智能化风险评估技术路径，理论上虽然可以找到所有影响再犯的风险因素，但是具体的实践中，不管是有效数据的产生、收集，还是对评估结果的解释，都需要对风险因素进行理论和功能的分类。而对风险因素进行理论和功能的分类离不开前文所述的风险评估基础理论研究。

我国学者的观点是依据新行为主义 S—O—R 理论将犯罪行为和犯罪心理与外界环境之间建立关联即“刺激—内因—反映”的模型，构建全要素且可解释的智能化再犯风险评估指标体系，将风险因素分为致因、心因和诱因。[③] 其中致因是指致使犯罪心理形成的因素，心因是支配犯罪行为的犯罪心理因素，诱因是诱发犯罪心理外化的因素。[④] 这一观点有一定的合理性，但是也带有明显的偏见，夸大了犯罪心理在犯罪中的作用，忽略了域外有关未成年人风险因素研究的最新发展。本书的观点是整合风险需求响应的理论

---

① 参见狄小华：《人身危险性视野下的中国再犯防治问题检视》，载《中国监狱学刊》2020 年第 4 期。

② 参见狄小华：《智能化再犯风险评估司法应用的法律风险及其防范》，载《学术界》2020 年第 5 期。

③ 参见狄小华：《全要素且可解释智能化再犯风险评估指标体系的理论架构》，载《安徽大学学报（哲学社会科学版）》2020 年第 5 期。

④ 参见狄小华等：《犯因与应因关系下的再犯系统防治研究》，载《犯罪与改造研究》2019 年第 11 期。

模型和发展性风险因素理论，在“风险—需求—响应”模型的基础上，加入刑事司法中的“参与”概念，也就是“风险—需求—响应—参与”模型，从风险、需求、响应和参与四个维度对风险因素进行理论和功能的分类。

第一，风险因素是社会调查信息中的核心要素。风险因素是指增加暴力和犯罪有关的因素，与未成年人的行为、思想、性格和生活环境有关。具体可以分为静态风险因素和动态风险因素。静态风险因素是指不能通过干预进行改变的因素，比如第一次犯罪时的年龄、早期开始的暴力行为等，这些因素都是静态的，不会随着时间的推移而发生变化。动态风险因素是会随着时间推移而变化的因素，比如缺乏社会关系、不良家庭教养、反社会态度、注意力问题、学校不端行为等。这些因素一方面可以预测再次犯罪，另一方面也有助于帮助制订干预计划。

第二，需求因素是保护未成年人免受各种风险因素的影响。需求因素是与风险因素相互作用的变量，可以帮助降低风险因素潜在的有害影响，从而防止他们发展或者继续越轨行为的因素。有学者也将其纳入风险因素范畴，这就是为什么风险评估工具有时候又被称为风险需求评估工具。需求因素的存在也解释了为什么同样处于危险因素环境，但是有一些少年没有继续犯罪。比如生活在抢劫多发的社区环境是风险因素，但是由于身边有高度支持的父母的存在，可以抵消环境的负面影响，减少少年再犯的风险。需求性因素可以增加风险评估的增值，在未成年人社会调查中发挥重要作用。

第三，响应性因素针对未成年人个性特点。这类要素主要围绕未成年人本身开展，其往往是非犯罪因素，但是在具体的干预计划中，这类因素对于最终的干预计划很重要。比如少年及其所处环境的个人特征，包括认知功能、焦虑水平、治疗动机等可增加或减少青少年从特定干预措施中改进的能力和动机。研究表明，未成年人对犯罪的认识和其改变的欲望在后续的干预中起着积极的作用。

第四，参与性要素重视未成年人权利保护。域外未成年人司法中采用的最新评估量表都明确加入了未成年人的自我评估和家长的评估。参与要素可以体现为整个评估过程中未成年人本身及其法定代理人的声音，尤其可以增加未成年人本身在整个诉讼过程中的参与。这里的“参与”与前文提到的我国学者提出的刑事司法中的“参与”有一定的一致性，但是具体的内涵更加丰富。本书主张的“参与”将积极心理学理论中的“投入”和“正当性”也纳入其中，因为这三个概念之间其实有着内在的联系，从本质上说，它们是围绕涉罪未成年人在刑事司法程序中的参与程度、参与感受来诠释未成年人在刑事诉讼程序中的正当地位和正当权利。因此，纳入“参与”性要素更能体现未成年人刑事司法的特殊性。

总的来说，风险因素的功能分类可以更好地服务于涉罪未成年人的综合评估。不同的功能因素可以服务于不同目的的评估。理论上涉罪未成年人评估应当包含风险/需求评估、自我评估以及根据涉罪未成年人的具体情况的专门性评估，比如对于有自伤或者伤害他人风险的精神病专业测评等。风险因素的理论分类还有助于针对涉罪未成年人的特点进行有针对性的教育矫正和干预，将风险评估和风险管理有机结合。

（三）基于机器学习方法的技术建模

风险因素的理论和功能分类为技术建模提供了较为科学的数据基础，也有利于克服技术建模诸如不透明的一些弊端，但是风险因素最终是要服务于技术建模的。前文已经明确了适用机器学习技术路径来建构风险评估算法模型，机器学习有多种分类算法，可以根据输入的特征 X 给出其分类 Y。其中随机森林是一种快速且相对稳定的算法。

随机森林的思想就是：先使用涉罪未成年人的相关风险因素信息（犯罪历史、家庭、同伴关系等），构建一棵树（一个简单的分类器）。这棵树的叶子，即最后一行就是判断的目标（风险的等级）。[①] 构建过程中采用的标准就是信息增益[②]减少，这样构建出来的树是最简洁的。在构建了很多树以后，就可以形成一个森林。把一个涉罪未成年人的信息放到每一棵树，都会预测出一个类别。决策树的分类结果中哪一个分类最多，那么随机森林就会把这个结果当作最终结果，这样模型相对比较稳定。[③]

---

① 决策树是随机森林的基本组织部分，决策树的学习过程主要通过特征选取来确定其与最终结果的相关程度，并通过信息增益不断修建决策树。

② 在决策树算法的学习过程中，信息增益是特征选择的一个重要指标，它定义为一个特征能够为分类系统带来多少信息，带来的信息越多，说明该特征越重要，相应的信息增益也就越大。信息增益代表了在一定条件下，信息复杂度（不确定性）减少的程度。

③ 关于随机森林风险评估算法模型的具体构建，笔者也咨询了计算机专业人员，探讨了训练这一模型的可行性。由于本书目前掌握的基础数据不足以支持科学的随机抽样，训练出的模型可能会有一定的偏差，所以在书中没有具体呈现，但是后续的研究重点是如何将其实操化。

构造随机森林需要四个步骤：第一步，随机抽样，训练决策树；第二步，随机选取属性，做节点分裂属性；第三步，重复步骤二，直到不能再分裂；第四步，建立大量决策树形成随机森林。① 除了上述的随机森林算法，工业界和学术界还经常使用 SVM、xgboost、lightgbm 等其他分类算法。我国学者在社区矫正风险评估的研究中提出的神经网络模型也是机器学习技术路径风险评估的一种选择。② 实际上，选择何种机器学习的方法主要取决于基础数据的数量和特征。对于局部小样本的数据，理论上本章提出的随机森林的方法在准确性上就会优于神经网络。随着未来我国司法大数据的发展，涉罪未成年人风险评估势必会朝着人工智能的方向发展。

（四）风险评估和风险管理的有效结合

在完成了风险因素的理论分类和风险评估的算法建模之后，最后一步就是将风险评估与系统的风险管理进行有效结合。我国学者将其称为与犯因（风险因素）相对的应因，并将应因分为管理控制、教育矫正和服务帮教三种。③ 这三种分类实际上针对不同阶段风险管理内容的分类，本质都是对风险的管理和控制。在未成年人刑事司法的环境中，教育矫正和服务帮教是风险管理的重点。基于此，本书认为未成年人风险管理的核心目标是促进精准化的帮教和管理。事实上，基于风险评估的精准帮教，我国在实践层面已经开始了探索。比如在本书第三章的实证调研中，S 区就建立了未成年人刑事司法的精准帮教系统，这一系统为参与未成年人刑事司法的各方力量提供了一个交流的平台，便于各方力量跟进涉罪未成年人的处理进程。该系统本质上就是一个风险评估和风险管理的结合体。只不过不管是理论还是技术都还处于初级的阶段。同样在国外也有类似的尝试，比如在英国已经将移动 App 纳入青少年犯罪小组的管理中，与我国 S 市有所不同的是，英国的系统中未成年人也可以参与其中，这与英国近年来儿童友好的理念是相契合的，强调未成年人的“参与”。比如英国 2014 年发起的一项跨学科研究旨在探索如何

---

① 参见 AI 知识库，https：//easyai. tech/ai – definition/random – forest/。

② 参见林瑀：《我国社区矫正风险评估问题研究》，西南政法大学 2016 年博士学位论文，第 70—72 页。

③ 参见狄小华：《全要素且可解释智能化再犯风险评估指标体系的理论架构》，载《安徽大学学报（哲学社会科学版）》2020 年第 5 期。

开发和采用科学技术，以减少涉罪青少年再次犯罪，促进青少年与司法系统的办案人员之间更好地互动。该移动App供涉罪的青少年和青少年犯罪小组来使用，功能包括自动提醒关键会议/预定活动，个性化管理目标/目的和进展，在宵禁时间和禁区附近的监管，访问相关联系人以及推送关于健康、毒品和酒精的信息，拦截后者限制搜索与持刀犯罪等有关的信息。[①] 在整个帮教过程中，给予未成年人自身参与的权利，调动他们的积极性和自主性，涉罪的未成年人通过该系统可以及时接收相关信息，加强与青少年犯罪小组之间的沟通。我国涉罪未成年人风险评估工具研发也需要注意整合风险管理系统，充分利用现代科技的发展，将多种管理手段与风险评估和风险管理系统相结合，实现未成年人风险评估和管理的智能化和现代化。

第三节 完善两个层面风险评估互动的保障机制

确保规范层面和工具层面的有效互动是完善我国未成年人刑事司法风险评估的关键环节，可以为其可持续发展提供强有力的保障。由于风险评估的结果往往依托于社会调查报告，而风险评估和风险管理往往由刑事司法之外的第三方人员完成，因此，在未成年人刑事司法中的社会调查制度和社会支持体系是确保未成年人风险评估有效运行的重要保障机制。标准化风险评估的引入和实现需要对现有保障制度进行必要的改革和完善，以更好地服务于宏观层面未成年人刑事司法风险评估的可持续发展。此外，为了保障风险评估和风险管理的有效性，需要推进我国本土未成年人刑事司法的循证实践改革。

一、改革涉罪未成年人社会调查制度

社会调查报告作为风险评估的基础载体，对于未成年人刑事司法中风险评估的发展起着重要的作用。风险评估地位的凸显，专业风险评估工具的引入为未成年人社会调查制度的改革和完善提供了一条切实可行的路径，重塑

---

① Ravinder Barn & Balbir S. Barn, Youth Justice in the Digital Age: A Case Study of Practitioners Perspectives on the Challenges and Opportunities of Social Technology in Their Techno-Habitat in the United Kingdom, *Youth Justice*, 2019, Vol. 19, No. 3, p. 185 – 205.

了社会调查的理论基础和价值导向，并为学界一直争论的社会调查的主体、内容以及报告的性质等问题提供一个合理的答案，助推社会调查报告的司法适用，克服目前社会调查报告制度在实践中的现实困境。

（一）重塑社会调查报告的价值理念

风险评估的引入为社会调查报告中福利和司法的价值冲突提供了第三条道路。学界往往将儿童福利、国家亲权、刑罚个别化等作为社会调查报告的理论基础，这些理论总体上体现了福利保护和教育矫治的价值导向。上一章实证研究也证实了现有的社会化调查报告的内容主要是福利导向的。但是随着风险评估地位的逐渐凸显，福利保护的理念已经无法涵盖社会调查报告新的价值追求，而且与传统的刑事司法所秉持的报应理念有很大的冲突。基于此，本书主张确立以风险为核心的预防理念，以便在福利保护和司法惩罚之间进行平衡。以风险为核心的预防理念在前面已经进行了详细的阐释，它的核心在于通过风险概念在司法惩罚和福利保护之间进行平衡，从功利预防的角度，关注风险因素和犯罪预防，致力于提升整个未成年人刑事司法的实效。对此不再赘述，这里仅就如何重塑这一价值理念提出一些建议。

第一，理念的转化需要建立在共同话语的基础上。本书的观点是将现有的报告中人身危险性、社会危险性、社会危害性、帮教可能性等内容在风险的概念框架下进行整合，完成从危险性到风险性的话语转换。这些概念都可以通过不同的风险因素予以表达。基本术语是理念建立的基础，在社会调查报告中建立起共同的话语体系对于连接刑事司法系统和社会支持系统具有重要的实践价值。风险话语的确立可以加强不同专业背景的实践人员之间的交流和沟通，有利于凝聚多方共同致力于涉罪未成年人的预防和保护。

第二，在确立共同风险话语的基础上整合福利和惩罚的理念。未成年人刑事司法社会调查的核心价值是司法和福利的双向价值追求的体现，但是两者之间也并不是彼此孤立的。以风险概念为基础，通过风险和需求的二级概念对传统的司法和福利的理念进行整合。其中风险更多侧重于司法，而需求与福利理念有天然的亲和，通过风险需求概念可以将司法和福利的理念同时融入其中。需要注意的是，风险需求中的需求并不是广义的福利需求，而是犯因性的需求。

第三，在福利和司法之外，重申预防犯罪的核心目标。在社会调查报告中确立预防犯罪的目标，可以更加有效地建立起风险因素和预防犯罪的关联，有利于对涉罪未成年人实施精准化的帮教。尤其基于犯因性需求的帮教可以达到更好的预防犯罪目的。

（二）规范社会调查报告的基本内容

标准化风险评估的引入对于规范社会调查报告的内容也具有重要的理论和实践的指导意义。本质上，社会调查所包含的因素与风险评估所需要的基础因素具有高度的一致性。社会调查和风险评估是一个相辅相成的过程，或者说社会调查的内容是服务于风险评估的，因此风险评估的理论框架对于规范社会调查的内容也具有重要的指导价值。

首先，确立社会调查的理论框架，规范社会调查的基础内容。尽管我国刑事诉讼法及司法解释对社会调查的内容都有相应的规范和指引，但是现有的内容框架过于概括，零散不成体系，还仅停留在列举的层面，没有内在理论的指引，不足以体现专业性。最高检下发的《未成年人刑事检察工作指引（试行）》第36条中明确规定了社会调查的内容包括四部分：个人基本情况、社会生活状况、与涉嫌犯罪相关的情况以及认为应当调查的其他内容。通过对四部分内容的分析发现现有每个部分之下的调查指标相互之间有重合。比如在个人基本情况中不良行为史、成长经历与社会生活状况中的家庭、社交情况都有内在的关联；与涉嫌犯罪有关的情况中帮教条件等又与社会生活中家庭、社区、社会交往情况密切相关。我国学者也一直在尝试为社会调查确立理论框架，比如学者根据生态模型提出的风险—保护的理论框架。[①] 但是这一理论框架没有凸显风险评估的作用，也没有与具体的干预和风险管理相关联。本书主张可以按照上文中提到的“风险—需求—响应—参与”的模型来从功能分类上构建社会调查内容的理论框架。具体而言，可以将其分为风险性因素、保护性因素和参与性因素，其中风险因素主要侧重于静态风险因素，保护性因素则是动态的犯因性需求因素和响应性因素，最后是与涉罪未成年人参与有关的因素和内容。

其次，明确社会调查报告的重心，突出风险评估的作用。工作指引规定社会调查报告包括调查概况、调查内容、综合评价以及意见建议四部分。理论上，报告的中心应该在后面的综合评价和意见建议部分。但是现有工作指

---

① 参见席小华等：《涉罪未成年人社会调查的理论框架及具体内容》，载《华东理工大学学报（社会科学版）》2015年第3期。

引对于综合评价和意见建议部分也采用了列举方式，没有突出重点。实践调研也发现，司法者“重前轻后”，即更关注前面社会调查的基础内容，而忽略后面综合评价和意见建议，进而加剧了实践过程中社会调查报告形式化和虚化的困境。本书的观点是社会调查的重点应该围绕涉罪未成年人的风险和需求展开，在综合评估部分单独列出对涉罪未成年人的风险进行评估，并突出其核心地位。因为风险评估可以涵盖现有的综合评价部分的要求，从风险和需求的角度在兼顾司法惩罚的同时，满足福利教育的需求，而且风险管理的理念实际上可以对接具体的“意见建议”。引入风险评估和风险管理的理念对社会调查评估进行指导，可以明确评估的目标和重心，对当前社会调查内容进行规范。实际上，域外未成年人刑事司法中风险评估已经处于核心的地位，甚至取代了社会调查报告。① 对于风险评估在报告中的重要作用本书持肯定的意见，在社会调查报告中凸显风险评估也是本书研究的核心目的之一。但是本书认为现阶段风险评估无法脱离社会调查而单独存在，一方面社会调查还有风险评估所不能替代的功能，比如在必要时，对涉罪未成年人心理健康状况的鉴定和评估。另一方面现阶段风险评估的发展还存在诸多问题。虽然本书主张采纳机器学习的方法来进行风险评估工具的研发，但现阶段的风险评估工具离智能化还有很长的距离，这也是本书强调机器学习而不用人工智能概念的原因。此外，帮教建议和处遇意见也是未成年人社会调查报告的重要内容，可以增加司法者对采取非犯罪化、非监禁化处遇的信心，促进转处和非监禁刑罚的进一步适用。帮教干预建议并不是凭空产生的，而是应该建立在充分调查和科学评估的基础上。最高人民检察院 2020 年最新发布的《关于加强新时代未成年人检察工作的意见》中明确提出办理未成年人案件要“从对未成年人犯罪强调宽缓化处理，逐渐向精准帮教、依法惩治、有效管束、促进保护并重转变”。但是目前大多数社会调查报告中的帮教建议基本停留在表面的认罪服法等思想政治教育，并没有针对风险因素提出科学合理的处遇意见，这也使得现有的社会调查报告的作用大打折扣。

最后，根据不同诉讼阶段要求，细化社会调查报告的分类。社会调查报告内容还应该根据所处的诉讼阶段进行细微的调整。我国学者主张将审前和

---

① Maurutto, P. & K. Hannah-Moffat, Understanding Risk in the Context of the Youth Criminal Justice Act, *Canadian Journal of Criminology and Criminal Justice*, 2007, Vol. 49, No. 4, p. 465 – 491.

审判阶段的社会调查报告的内容进行区分，建议在不同阶段选择不同的侧重点。[①] 笔者也赞同这一观点，但是建议更加细化不同类型的调查报告的内容和要求。比如在英国的有关涉罪未成年人的量刑前报告可以分为 6 种类型：使用现有报告[②]、休庭报告[③]、特定量刑报告[④]、转介小组报告[⑤]、量刑前报告[⑥]、监禁前报告。其中前四种是特定情况下的简易报告，量刑前报告是法定的完整意义上的报告，监禁前报告则是服务监禁部门的补充报告。本书主张在确立前面基本框架的基础上，依据不同诉讼阶段的核心目标，细化分类不同的调查内容。主张在整个诉讼过程中保持社会调查报告运用的连续性，从涉罪未成年人与司法系统建立关联到其顺利复归社会。事实上，在上一章实证调研中，这种分阶段的社会调查报告已经在实践中出现，比如某区将侦查阶段和审查起诉阶段的报告进行了区分，前者被称为初级社会调查报告，后者则是全面的社会调查报告。理论上法庭审判、社区矫正中的调查评估与审前阶段的社会调查报告的核心内容是一致的。在保障调查报告连续性基础上，不同的诉讼阶段报告应结合不同的诉讼目的，在内容上有不同的侧重。比如从诉讼阶段方面可以分为立案侦查阶段的报告、审查起诉阶段的报告和审判后的报告等。

---

① 参见王贞会、王大可：《社会调查报告法律属性之争点整理与再探讨》，载《青少年犯罪问题》2020 年第 1 期。

② 使用现有报告（use of an existing report）是指青少年犯罪小组在审前三个月经过 AssetPlus 评估完成的报告，之后没有新的情况，在庭审可以使用现有的报告，但是青少年犯罪小组的法庭工作人员必须出席法庭就新的犯罪行为做出口头或者书面的补充。

③ 休庭报告（stand down report）是指如果少年的情况相对比较简单，青少年犯罪小组对该少年很熟悉，可以选择在开庭当日以书面或者口头方式完成报告。休庭报告必须包含审前报告的核心要素，且必须符合法定的审核签字程序。休庭报告可以确保法庭程序的迅速执行，但是如果犯罪少年可能被法庭判处监禁刑罚，则不允许使用休庭报告。

④ 特定量刑报告需要在提出请求的当日完成，同样必须符合审前报告的核心要求以及相应的审核签字程序。如果少年可能被判处监禁，同样不允许使用特定量刑报告。

⑤ 转介小组报告（referral panel report）是指当少年首次犯罪，少年法庭准备适用转介令，青少年犯罪小组则提供转介报告，在转介小组会议上提供转介报告，帮助达成适合少年转介的干预方案。

⑥ 量刑前报告，是青少年犯罪小组根据少年法庭的要求在量刑前提交的报告，该报告就少年犯罪的原因、对犯罪的反应进行分析，对少年危险程度继续评估，并基于此提出量刑意见。

（三）提升社会调查报告的专业性

提升社会调查报告的专业性可以从三个方面入手：引入标准化风险评估工具、规范调查评估程序和确立调查评估的基本原则。

第一，引入标准化风险评估工具，提升调查报告的专业性。一方面，标准化的评估工具可以对现有的临床评估进行规范，提高社会调查评估的整体水平。目前我国未成年人社会调查报告执行主体的专业背景多元、水平不一，导致评估质量也参差不齐。鉴于此，笔者认为在社会支持力量不发达的背景下，提高社会调查评估质量比较快捷高效的方法就是引入标准化的评估工具。因为标准化评估工具的研发，可以将司法者、实践者、研究者关于评估的知识进行整合，并通过科学验证的工具予以表达。另一方面，标准化的评估工具可以满足传统刑事法律规范性和确定性的需求，促进社会调查报告的司法适用。通过标准化的评估工具，可以对目前社会调查报告中核心的评估部分予以指导，提高评估的整体质量。

第二，明确调查评估的程序要求，保证调查评估的公正性。总的来说，明确调查评估的程序要求满足知情同意、确保理解、表达意见和反馈以及保密和回避的规定。其一，知情同意。知情同意程序要求必须谨慎地告知涉罪未成年人调查评估的用途，确保被评估者被告知拒绝参与的相关后果。其二，确保理解。在调查评估过程中确保涉罪未成年人理解评估的目的、程序以及所收集信息的用途。其三，表达意见和反馈。给予未成年人表达自己声音的机会，确保涉罪未成年人可以参与到评估过程中。其四，保密和回避。在评估的过程中，要对涉案未成年人的案件审理信息保密，如果因办案人员的过错造成涉案未成年人隐私的泄露，须承担相应的法律责任。如果评估人员与涉罪未成年人有利益关系则需回避，以保证调查评估的公正。

第三，确立调查评估的基本原则，符合调查评估的价值导向。本书的观点是以风险评估和风险管理为目标，确立调查评估机制的基本原则。风险评估的重点应该围绕涉罪未成年人的风险和需求展开，对应的价值是司法和福利的目标。对风险的管理可以在司法和福利之间进行平衡，在兼顾司法惩罚的同时，满足福利教育的需求，且管理的理念可以在风险和干预之间做出有效的关联。引入风险评估和风险管理的理念对社会调查评估进行指导，可以明确评估的目标和重心，对当前社会调查报告中的综合评估进行规范。基于前文对风险评估基础理论的阐释，笔者认为我国社会调查评估可以在域外风险需求相应模型和美好生活模型的基础上进行一定的整合。风险需求响应模型包含三个原则，其中风险原则强调密集的干预应该集中于风险水平较高的案件，需求原则强调干预需要具有针对性，针对罪犯的犯因性需求，响应原则强调干预应该与犯罪的个人能力相匹配。但是该模型过于强调风险，忽略了未成年人自身追求美好生活的愿望。美好生活原则以降低风险，促进涉罪未成年人追求美好生活为目标，补充了风险需求响应原则，提高了未成年人在评估干预中的参与度。因此，可以将这两个模型进行理论的整合，提炼出适合未成年人实践需求的评估原则，进而指导评估实践的发展。

（四）厘清社会调查报告的证据属性

有关未成年人社会调查报告的证据属性涉及两个关键问题，一个是证据资格问题，一个是证据种类问题。对于证据资格问题，学界普遍认为社会调查报告具备证据的基本属性，即客观性、关联性和合法性，本书与此持相同的观点，在此不再赘述。但是关于证据的种类问题学界争议较大，社会调查报告是否可以归入 8 种法定证据，社会调查报告从理论上属于何种证据，目前有鉴定意见①、品格证据②、专家证言③、量刑证据④、综合证据⑤等多种观点。本书的观点是引入标准化风险评估基础上的社会调查报告是一种科学证据，可以归为鉴定意见，主要基于以下几点考虑：

首先，从社会调查报告的内容出发，可以从理论上将其视为科学证据。科学证据是通过科学原理和方法获得的证据，其本质都是专业知识在法庭的

---

① 参见王贞会等：《社会调查报告法律属性之争点整理与再探讨》，载《青少年犯罪问题》2021 年第 1 期；陈立毅：《我国未成年人刑事案件社会调查制度研究》，载《中国刑事法杂志》2012 年第 6 期。

② 参见自正法：《社会调查报告之证据效力》，载《交大法学》2018 年第 4 期；彭玉婕：《我国未成年人品格证据之运用研究——以社会调查报告为例》，载《上海法学研究》集刊 2020 年第 12 卷。

③ 参见周立武：《论未成年人社会调查报告的审查与运用》，载《青少年犯罪问题》2018 年第 4 期。

④ 参见刘计划、孔祥承：《未成年人社会调查报告法律性质之辨——兼谈建构量刑证据规则的可能路径》，载《法学杂志》2018 年第 4 期。

⑤ 参见徐卫东等：《未成年人社会调查报告证据属性之厘定与适用》，载《中国检察官》2019 年第 23 期。

应用。关于科学证据我国学者也有不同的理解。有学者认为科学证据是指在诉讼过程中，仅凭借人的感官无法获知，而必须通过科学技术、科学原理、科学仪器等手段和方法才能判读的、对案件事实起到证明作用的证据。[①] 还有学者认为科学证据中的科学既包括物理学、化学、数学和生物等硬科学，也包括经济学、心理学和社会学等软科学。[②] 笔者赞同后者的观点，随着现代技术的发展，自然科学和社会科学都经历了飞速的发展，经济学、心理学、社会学等社会科学也在不断拓宽人类科学的范畴。从社会调查报告的内容出发，社会调查是由具备一定专门知识的人对涉罪未成年人的成长经历、家庭情况、社会生活等进行调查而出具的关于涉罪未成年人的背景报告，主要服务于未成年人刑事司法中的裁判。这里的专门知识主要是指运用社会科学的专门知识，比如心理学、社会学、社会工作学等。现阶段的临床判断在一定程度上具有主观性，但是正如达玛斯卡所言，传统的以检验和常识为主的证明方法越来越受到技术的挑战，法庭越来越依赖于技术性的专家意见。[③] 标准化的风险评估工具的出现正是科学技术在现代司法中运用的范例。将标准化的风险评估视为一种科学证据，这一点无可置疑。本书的观点是将风险评估作为社会调查报告的核心部分予以运用，基于此，本书认为社会调查报告从理论上属于科学证据。

其次，从现有法定证据种类分析来说，将社会调查报告归为鉴定意见较为合适。第一，社会调查报告具备鉴定意见要求的内容科学性。我国学者认为鉴定意见是指在诉讼中，对案件涉及的专门性问题，鉴定人接受委托，运用科学原理和科学方法对其进行鉴别、分析、判断而得出的推论或总结。[④] 从这一定义出发，社会调查报告的内容符合鉴定意见要求的科学性，尤其纳入专业的风险评估工具之后，这种科学性更加突出。第二，社会调查报告具备鉴定意见的外在形式，它的核心目的是为司法裁判提供意见和建议。我国

---

① 参见陈邦达：《美国科学证据采信规则的嬗变及启示》，载《比较法研究》2014年第3期。

② 参见苏青：《鉴定意见概念之比较与界定》，载《法律科学（西北政法大学学报）》2016年第1期。

③ 参见陈邦达：《美国科学证据采信规则的嬗变及启示》，载《比较法研究》2014年第3期。

④ 参见苏青：《鉴定意见概念之比较与界定》，载《法律科学（西北政法大学学报）》2016年第1期。

刑事诉讼法修改将原有的鉴定结论改为“鉴定意见”，突出了其“意见性”，这与社会调查报告最终的核心目的是为涉罪未成年人的处置提出建议具有一致性。而且社会调查报告在形式上与鉴定文书保持一致，它的载体和书面表达方式是鉴定文书。它们都是依据收集到的资料，通过一定的文字表述出来的一种法定的文书。第三，将其归为鉴定意见有利于规范社会调查报告的使用。将社会调查报告归为鉴定意见，控辩双方就有机会从制作主体的专业性、评估工具的公平性、评估结论的可靠性等各方面对其进行质证，在符合法律规定的情况下，调查报告制作人还应出庭接受控辩双方的交叉询问，这既有助于司法者正确评价风险评估的结果，也有助于提升制作主体的专业性。

最后，针对现有的观点提出一些反驳的意见。其一，针对品格证据的观点。“品格”是对社会调查报告内容的狭义解读，不能概括社会调查报告的核心内容。我国学者认为品格证据运用的本质在于品格对行为的预测价值，理论基础则在于人格理论。[①] 这一解读将人格和品格的概念混同，“人格”是一个心理学概念。虽然对于犯罪行为的预测深受心理学的影响，但是对人格的测量并不等于对行为的预测。比如利用人格量表来进行风险评估是本书批判的观点之一。其二，针对量刑证据的观点。虽然社会调查报告能够用于量刑这一点无可置疑，但是将其仅视为量刑证据还不够全面。社会调查报告在整个未成年人刑事司法的过程中都发挥着重要的作用，囊括了从涉罪未成年人与刑事司法体系产生关联到顺利回归社会。如果将其视为量刑证据可能会限制社会调查报告功能的发挥。

此外，风险评估的纳入需要在社会调查报告的适用中确立可反驳原则，并依据这一原则建立由各方参与的平等交涉程序。[②] 学界关于社会调查的主体问题的争论不断，本书的观点是需要细化主体的分类，比如委托主体、责任主体和执行主体。其中委托主体可以是公检法等司法机关，至于责任主体和执行主体，本书建议将《预防未成年人犯罪法》中规定的专门矫治教育委员会推广到司法阶段，作为责任主体对涉罪未成年人风险评估的执行机构和

① 参见徐拿云：《品格证据规则的作用机理研究》，吉林大学 2020 年博士学位论文，第 56 页。

② 参见狄小华：《智能化再犯风险评估司法应用的法律风险及其防范》，载《学术界》2020 年第 5 期。

个人进行指导和支持。关于此将在下面展开论述。

二、建立多机构合作的社会支持体系

风险和风险评估的引入对未成年人刑事司法的社会支持体系也提出了新的要求。风险预防的管理主义逻辑对国家犯罪控制的方式也产生了深远的影响。虽然国家在整个犯罪控制过程中仍然起着重要的作用，但是具体的实现方式方法有所变通。多机构合作成为很多新自由主义国家在新的刑事司法变革中采用的核心策略。多机构合作的迹象在我国也开始出现，并对我国未成年人社会支持体系的建立具有重要的指导意义。

（一）纳入合作主义的理论指导

将合作主义纳入未成年人犯罪治理为建立多机构合作的社会支持体系奠定了理论的基础。首先，合作主义是近年来西方国家犯罪控制方式变革的必然要求。风险和风险评估在刑事司法中的应用，使得西方国家刑事司法犯罪控制模式发生了变化。这种转变并不是独立发展的，而是有着深刻的社会根源。第二次世界大战以后西方新自由主义国家纷纷改变了以往的做法，开始锁紧财政和国家管理的范围。西方学者将其称为“社会的消亡”，也就是说不再将国家视为社会福利和其他社会问题的唯一责任承担者，而是鼓励合作，将一部分权力让渡给社会力量，以社区为基础，鼓励自我监管，国家进行远程的监管。[①]其次，精算司法为合作主义在刑事司法中的实现提供了理论的前提。国家和社会的合作关系在精算司法理论中也有体现，风险评估和风险管理的凸显，使得国家犯罪控制的责任开始分化，比如社区矫正私营机构等的发展正是这一趋势的体现，同时也体现了刑事司法的社会化。最后，采纳合作主义是我国未成年人刑事司法“强国家—强社会”新型犯罪治理的必由之路。2020 年《中共中央关于制定国民经济和社会发展第十四个五年规划和二〇三五年远景目标的建议》提出的“要发挥社会组织在社会治理中的作用”说明我国也开始重视社会组织在社会治理中的作用。“最好的社会政

---

① Sonya Marie Goshe, *Lost Causes and Social Injustice: Going Beyond the Dominant Paradigms of Juvenile Justice Policy*, (Doctoral dissertation. Irvine: University of California, 2015), p. 158.

策即最好的刑事政策”，社会的大环境和社会组织的参与对于未成年人的犯罪治理至关重要。在本书主张的以风险为核心的预防体系中，风险概念为刑事司法和以社会组织为主的社会支持体系的沟通提供了统一的媒介。[①] 通过风险的识别和分级，以不同风险水平为基点，司法体系和社会支持体系发挥各自的优势，共同承担未成年人犯罪控制的责任。风险因素识别和评估以及相应的干预更是以社会支持体系为主力。

（二）采纳多机构合作的具体策略

事实上，犯罪控制不仅是警察、皇家检控和法院等传统刑事司法机构的责任，还需要其他社会机构的积极参与。因为没有一种统一固定的程序可以应对所有的犯罪，不同的犯罪需要不同的应对策略，比如应对被指控盗窃和儿童虐待所采取的干预措施和所涉及的机构就有很大的不同。因此，英国犯罪学家 Lea 和 Young[②] 提出多机构合作策略以应对犯罪和社会失序问题。Young 教授认为犯罪的控制从来都不是单一的机构可以完成的，缺乏协调的干预措施，往往资源不足。他认为应该根据犯罪发展不同阶段的影响因素，由不同的机构和专业人员实行相应控制干预措施。在犯罪的产生、发现和应对的过程中，影响的因素各不相同，比如在犯罪的产生阶段，除了失业、没有固定住所等直接影响因素，道德文化背景和物质环境现状也与犯罪行为的产生息息相关，针对不同的因素涉及的干预机构也各不相同，除传统的警察、皇家检控、法庭、缓刑和社会服务部门还包括政府、学校、企业、家庭以及社会公共机构等，为了有效预防和控制犯罪，需要采取多机构合作的策略来应对。前面提到的英国的青少年犯罪小组是多机构合作的典型。工党政府在改革的初期就确定采用该策略来应对少年犯罪问题，在少年司法改革中建立了创新型的多机构合作的青少年犯罪小组，将社会工作、警察、精神卫

---

① 参见何挺、张丽霞：《未成年人司法社会支持体系之思考：基于风险控制理论范式的视角》，载《中国应用法学》2020 年第 2 期。

② 1984 年英国学者 Lea 和 Young 发表的《应当对法律和秩序做什么》开创了左派现实主义犯罪学，其基本观点是必须正视犯罪的现实，不仅包括犯罪发生的原因，还包括犯罪的真实状况和犯罪的危害，提倡系统解决现实的犯罪问题，其中三个理论：犯罪矩形理论（the square of crime）、相对剥夺理论和多机构合作策略对英国少年司法政策影响巨大。工党政府执政期间，采纳了许多左派现实主义的犯罪控制理论。参见 Jane Piceford & Paul Dugmore，*Youth Justice and Social Work*，2012，p. 83。

生、教育、法庭、缓刑等不同部门纳入其中，采用统一的风险评估框架来进行少年司法支持服务工作。

风险评估为多机构合作提供了统一的话语基础，统一的工具的应用，也增加了不同机构之间的沟通和协调。多机构合作的实质就是通过不同机构来应对多元的风险因素。而风险评估为不同机构的沟通提供了共同的话语基础，也为不同机构的干预提供了具体的方向指引（见表5－1）。

表5－1 左派现实主义的多机构合作策略①

不同阶段	影响因素	涉及的机构
犯罪发生的原因	失业、住宿、空闲时间	当地政府、中央政府、企业
道德文化背景	同龄群体价值观、社区凝聚力	学校、公众、家庭、大众传媒
物质环境现状	物质环境、照明设备、安全设施	地方政府、公众、警察
犯罪的发现和侦查	公共报道、侦查工作	公众、警察
应对犯罪行为	惩罚、再社会化	法庭、警察、社会服务、缓刑机构
对受害者的反映	保护、公众支持	地方当局、受害者支持、当地社区组织、社会服务

（三）多结构合作在我国的实现路径

2018年最高人民检察院与共青团中央签署《关于构建未成年人检察工作社会支持体系的合作框架协议》是我国未成年人社会支持体系的有益探索。根据合作框架以及2019年公布的试点单位，可以发现现有社会支持的主体仍然是以社会工作者为主。不可否定社会工作者在未成年人刑事司法的

① Jane Plckford & Paul Dugmore, Youth Justice and Social Work, Learning Matters, London, 2012, p. 83.

支持体系中扮演着重要的角色，[①] 但是社会工作者的单一构成也制约了我国未成年人刑事司法社会支持体系的进一步发展。社会工作者本身的资源和专业局限，使得在未成年人社会支持过程中无法链接多种资源，也不能满足社会支持的多样化需求。[②] 我国学者所提出的未成年人犯罪治理中“九龙治理”的三个瓶颈问题，反映了区域发展的不平衡对未成年人社会支持提出了更高的要求。[③] 而纳入统一风险评估框架的多机构合作为解决这一困境提供了新的思路。一方面，统一的风险评估框架可以从整体上支持一线从业人员的风险评估的专业性；另一方面，多机构合作的机构设置也有利于充分调动各方资源来保障对涉罪未成年人风险管理的有效性。

2020 年 12 月 26 日第十三届全国人民代表大会常务委员会审议通过的《中华人民共和国预防未成年人犯罪法》第 6 条要求县级以上地方人民政府成立专门教育指导委员会。专门教育指导委员会是由“教育、民政、财政、人力资源社会保障、公安、司法行政、人民检察院、人民法院、共产主义青年团、妇女联合会、关心下一代工作委员会、专门学校等单位，以及律师、社会工作者等人员组成”。专门教育委员会负责对有不良行为或者严重不良行为的未成年人进行评估和教育矫治。事实上，专门教育委员会的构成是我国对多机构合作策略的有益探索。专门教育委员会的多元构成可以为未成年人提供全方位的支持和服务。但是现阶段的专门教育委员会的性质还不明朗，从现有法律规定来看，专门教育委员会更像是一个协调机构，并不是一个实体的机构设置。本书主张将专门教育委员会作为一个实体机构进行设置，或者在其指导下成立类似英国青少年犯罪小组的专门多机构协调组织，将其作为整个未成年人刑事司法中核心的社会支持组织，负责社会调查、风险评估以及教育矫治和帮教干预。

多机构的社会支持组织的成员需要覆盖各个领域，以满足预防未成年人犯罪和保护未成年人多方面的需求。新的《预防未成年人犯罪法》的实施，也为多机构的社会支持组织的扩展和推广提供了良好的契机。将专门教育委

---

① 例如，有社工参与的地区附条件不起诉适用率较高。参见何挺：《附条件不起诉适用状况研究》，载《法学研究》2019 年第 6 期。

② 参见何挺、张丽霞：《未成年人司法社会支持体系之思考：基于风险控制理论范式的视角》，载《中国应用法学》2020 年第 2 期。

③ 参见雷小政：《未成年人刑事司法风险评估：场域、样本与方法》，对外经贸大学出版社 2019 年版，第 1—5 页。

员会的设置推广到整个未成年人司法全过程，有利于实现未成年人分级干预的连贯性。正如有学者所言，《预防未成年人犯罪法》的修订方向是成为“准未成年人司法法”，核心的任务是提供一个体系性的处遇措施框架，但是现有制度设计没有实现不同处遇方式的对接，建议以引用或参照的方式“导向”其他法律的规定。[①] 除了弥补制度设计的缺陷，笔者认为可以专门矫治教育委员会的成立为契机，着力推广多机构合作的社会支持机构，为以风险为核心的处遇提供多元的支持。从专门委员会的组织构成来看，虽然新预防法为不同部门参与预防未成年人犯罪提供了法律的依据，但是没有进一步进行功能的区分，而且现有法律规定将单位和人员并列，没有对其核心成员予以明确。这可能导致新法实施后实践运行的专门教育委员会的虚化和其职能的分散化，也就是说即使成立一个专门的委员会，具体的运行过程还是“各自为政”。不同领域学者关注的还是本专业领域在预防犯罪中的作用。譬如有学者认为社会工作者是专门教育指导委员会的重要组成成员，在专门教育矫治的评估和帮教中发挥着重要作用。[②] 关于社会工作的重要作用本书不否认，但是需要警惕单一社会工作背景的局限。在英国，与改革之前的支持小组相比，青少年犯罪小组的直观变化是社会工作人员的比例下降，其他机构和专业人员比例不断提高。[③] 本书建议参照英国的青少年司法委员会明确专门教育委员会的核心构成，并明确委员会的具体职能。

三、推进未成年人刑事司法循证实践

循证实践在未成年人刑事司法的理论研究者和实践者之间搭建了桥梁。与传统的未成年人犯罪预防实践相比，它更具科学性、有效性和经济性。引

---

① 参见何挺：《论严重不良行为矫治和重新犯罪预防之间的空白与填补——评〈预防未成年人犯罪法（修订草案）〉分级干预体系的缺陷》，载《少年儿童研究》2020 年第 9 期。

② 参见张世华：《从普通预防教育到专门矫治教育——社会工作视角下的预防未成年人犯罪》，载《中国社会报》2021 年 1 月 27 日，第 3 版。

③ 根据英国学者 2001 年对新体系下青少年犯罪小组试点评估发现，在成立青少年犯罪小组之前，青少年司法组中的社会工作者比例是 80%，成立之后下降到 46%。See Anthony Bottoms，James Dignan，Youth Justice in Great Britain，31 Crime & Just. 21（2004），p. 92.

入循证实践对我国预防和教育矫正涉罪的未成年人具有重要的价值。对于如何预防和教育挽救涉罪未成年人，域外国家的未成年人司法循证实践已经积累了丰富的经验。近年来我国学界也开始关注循证实践的相关研究，介绍域外循证实践理念和背景，[①] 引入域外成熟的循证项目进行本土化探索。[②] 总体而言，我国未成年人循证实践还处于起步阶段，循证实践的发展需要从理论研究和实践多角度推进。

（一）确立循证实践的基本理念

从本质上来说，确立循证实践的理念，就是改变过去依赖惯例、未经验证理论以及各种偏好的非基于科学证据的决策，而是强调采纳以科学证据或者最佳证据为依据的决策。[③] 正如《循证犯罪预防》一书中提出："本书的目的是通过评估现有的犯罪预防项目的有效性，并以一种可理解的形式为决策者提供信息，从而改变已有的国家、州和地方的犯罪政策和实践。还有一个更艰巨的任务，本书并没有假装完全解决了，就如何改变决策者的思维方式，利用科学知识、循证方法防止犯罪和建立更安全的社区。"[④]

在未成年人刑事司法领域确立循证实践理念，对于实现未成年人刑事司法的实效具有积极的促进作用。正如我国学者所言"推动循证理念在国内社会科学领域的发展，十分必要且必需，未来必定是一个知证的时代。"[⑤] 循证实践与前文所述的风险因素预防范式以及该范式背后的基础理论密切相关，它们都是整个循证实践的重要环节。循证实践的核心目标是加强研究和实践

---

① 参见张崇脉：《当代美国循证矫正及其启示》，载《中国刑事法杂志》2013 年第 6 期；刘立霞等：《域外循证犯罪预防的发展及其启示》，载《法学杂志》2017 年第 1 期；拜争刚等：《循证社会科学的推动者：Campbell 协作网》，载《中国循证医学杂志》2018 年第 12 期。

② 参见陈珊珊：《论循证矫正在未成年人社区矫正中的适用及完善》，载《青少年犯罪问题》2019 年第 2 期。

③ 参见马向：《循证未成年人犯罪预防问题研究》，燕山大学 2016 年硕士学位论文，第 19 页。

④ 转引自马向：《循证未成年人犯罪预防问题研究》，燕山大学 2016 年硕士学位论文，第 19 页。

⑤ 参见拜争刚等：《循证社会科学的推动者：Campbell 协作网》，载《中国循证医学杂志》2018 年第 12 期。

之间的互动，通过研究系统科学的评估为决策提供指导。美国未成年人循证实践改革的核心即通过风险评估推动的循证帮教项目的发展。正如医生需要依据病人的情况，做出相应的诊断，提出适当的干预建议。未成年人刑事司法中的循证实践也致力于在相关理论研究指导下，通过调查评估，根据涉罪未成年人的特点，选择最佳的、有针对性的帮教项目，帮助其积极改变。

与传统的基于志愿服务理念分散的未成年人社会支持项目相比，循证实践项目的优势很明显。首先，从实践的结果角度，循证实践能有效减少少年监禁，减少少年再犯。循证项目的治疗理念，帮助少年及其家庭发现和改进其触发的根本问题，有利于真正实现少年的福祉。其次，从实践的成本角度，循证实践将政府和社会的有限资金用于更有效的项目，能发挥有限资源的最大价值。为政府购买相应的支持服务项目提供了科学的指导，保障财政资金的有效利用。最后，从实践的过程角度，循证实践更具有体系性和科学性，循证实践的特点决定了其会不断吸收和引入最近的研究成果来指导实践，且以更加开放的视角引入多学科的力量共同合作，帮助未成年人复归社会。

（二）明确循证实践的概念内涵

我国学者在引入“循证实践”概念时，总结循证实践的四个核心要素，即研究者、实践者、实践对象和相关管理者。研究者负责提供最佳证据，相关管理者协调各方利益制定实践标准和指南，实践者负责根据最佳证据以及实践者个人需求开展实践。[①] 结合我国学者对循证实践的要素解析，以及美国学者对未成年人司法循证项目的定义，本书认为，循证实践是未成年人刑事司法社会支持服务发展的方向，它的核心内涵是通过科学评估，选择最佳的社会支持项目帮助涉罪未成年人重新复归社会。循证实践中理论和实践是一个双向互动的过程，主要包含三个层次，其一是政策层面的循证实践。从政府管理者的角度出发，政府根据研究机构对社会支持项目有效性的系统评估选择最佳项目，指导政府的决策和资金投入，将有限的资源用于已证明产

---

① 参见张崇脉：《当代美国循证矫正及其启示》，载《中国刑事法杂志》2013 年第 6 期。

生积极效果的社会支持项目。[①] 其二是未成年人循证项目的研究和发展。研究者利用实证实验研究、荟萃分析等寻找最佳项目，编制循证项目清单，寻找最佳循证项目。[②] 其三是指循证实践的实施过程，实践者针对涉罪未成年人的特点开展循证干预和教育矫治，即利用风险评估工具，确定涉罪未成年人的风险和需求，选择被证实有效的社会支持项目，对涉罪未成年人进行帮教和矫正，帮助其顺利复归社会。

（三）培育本土有效的循证项目

培育本土有效的循证项目有利于社会支持体系的科学发展。我国尚未对涉罪未成年人的预防再犯和教育矫治项目进行任何科学性的评估，社会支持项目处于“野蛮生长”的状态。[③] 未经科学检验的项目在实践中的运用不仅不能达到预期的效果，还会增加成本、浪费资源。现阶段我国大力扶持各类社会支持机构的发展，虽然是社会支持体系建立初期实践发展的需要，但是这种鼓励不能是盲目的，引入循证实践理念，对现有社会支持机构的具体项目进行评估极为重要。

建立本土的循证项目资源库也是国内学者的共识。比如有学者建议在我国建立和推广 Campbell 系统，以推动社会科学领域循证实践的发展。[④] 但是也有学者提出担忧，认为我国目前尚不具备制作循证证据资源库的条件，目前可以做的是引进循证理念和借鉴国外的循证实践的具体结果。[⑤] 本书的态度则相对积极，作为在循证实践领域的后发国家，我国固然具有理论研究薄弱的先天劣势，但是随着近年来大数据、人工智能等的发展，国家开始注重

---

① See How States Engage in Evidence-Based Policy making: A National Assessment, 2017 - 01, https://www.pewtrusts.org/~/media/assets/2017/01/how_states_engage_in_evidence_based_policymaking.pdf [2021 - 04 - 11].

② See James C. Howell & Mark W. Lipsey, A Practical Approach to Evaluating and Improving Juvenile Justice Programs, *JUV. & FAM. CT. J.*, 2004, Vol. 55, No. 1, p. 35 - 48.

③ 参见何挺、张丽霞：《未成年人司法社会支持体系之思考：基于风险控制理论范式的视角》，载《中国应用法学》2020 年第 2 期。

④ 参见拜争刚等：《循证社会科学的推动者：Campbell 协作网》，载《中国循证医学杂志》2018 年第 12 期。

⑤ 参见马向：《循证未成年人犯罪预防问题研究》，燕山大学 2016 年硕士学位论文，第 19 页。

大型智库的建设，这为我国社会可续循证实践资源库的发展提供了良好的外部环境。从更广阔的视角来看，我国有关循证实践的探索也一直在进行中，比如近年来随着司法改革的深入发展，有关各类司法改革项目的实证评估项目的发展本质上也是对实验项目系统评价的研究。再如，在司法部的支持下，2013—2017 年，我国 S 市已经组织了两期共 19 个循证矫正项目研究，其中有两个是专门针对未成年人的循证项目，并取得了一定的效果。① 此外，大数据、机器学习等技术发展也为我国实证研究提供了新的机遇。② 我国可以参照 Campbell 系统筹建刑事司法的循证实践资源库，为未成年人循证实践的发展提供持续不断的研究支持。

（四）循证实践在我国的实现路径

未成年人刑事司法中循证实践的实现是一个系统工程，需要政府、科研机构以及多部门的合作。前文所述的 2014 年美国学者 Peter W. Greenwood 对美国 13 个州少年司法循证实践状况的研究和总结也深刻说明了这一点。

首先，未成年人刑事司法循证实践改革需要政府发挥主导作用。未成年人刑事司法循证实践不是一家之言，单个的机构力量难以完成如此系统化的改革过程，比如立法的支持、财政的保障、机构间的协调等。循证实践的推进也不单单是法律的问题，还涉及医疗、教育、精神卫生等多个专业领域的知识。具体来说，包括以下几点：第一，继续推进我国司法信息化建设，为未成年人循证实践的发展提供信息技术支持；第二，促进我国未成年人实证研究的发展，为循证实践奠定研究的基础；第三，做好循证实践的资金支持，严格审核资源投入的有效性。

其次，未成年人刑事司法循证实践改革需要加强与大学等科研机构的合作。循证实践改革的一个鲜明特征即引入研究力量，在科学研究和具体实践之间建立桥梁，实现研究与实践的良性互动。利用高等院校的专业优势和技能优势，对未成年人刑事司法中的支持和服务项目进行评估，以寻找最佳实践项目。风险评估工具的研发也是循证实践实现过程的关键一环。如前文所

---

① 参见陈珊珊：《论循证矫正在未成年人社区矫正中的适用及完善》，载《青少年犯罪问题》2019 年第 2 期。

② 参见何挺：《刑事司法实证研究：以数据及其运用为中心的探讨》，载《中国法学》2016 年第 4 期。

述可以利用具备未成年人司法、刑事司法专业知识人员的理论支持和技术人员的数据收集和分析能力，帮助建立少年司法循证实践的信息系统，研发风险评估工具。

最后，未成年人刑事司法循证实践需要注重多学科、跨部门的合作。循证实践的改革需要公安、检察、法院、司法行政部门、社区矫正、社会福利等部门的多方参与，需要刑事司法、心理学、社会学、管理学等多个学科专业知识的相互碰撞。多学科、跨部门的合作体现在循证政策制定、循证资源库的建立、循证过程中的评估等各个环节。

结　语

涉罪未成年人的风险评估关乎未成年人刑事司法之根本目标的实现，根植于未成年人刑事司法全过程。它的核心要义是从未成年人的特殊性出发，根据涉罪未成年人的风险因素和风险评估对其进行有针对性地干预和教育矫正。未成年人风险评估实际上存在规范和工具两个层面。规范层面的理论和制度建构是风险评估赖以生存的土壤。工具层面风险评估是规范层面风险评估的辅助工具。未成年人刑事司法风险评估的发展需要规范层面建立起以预防为核心的风险裁量的理论框架和制度体系，并为风险评估工具的应用提供相应保障机制。工具层面风险评估的发展则为规范层面风险的裁量提供了新的叙述逻辑，促进了规范层面司法决策的结构化，有利于实现整个司法体系的公平和正义，并通过循证实践推进司法资源的科学分配和有效利用。

我国未成年人刑事司法虽然囿于成人刑事司法的烙印，对风险评估的关注不够，但是近年来，随着未成年人刑事程序的专门确立，《未成年人保护法》《预防未成年人犯罪法》的修订，在分级处遇、社会调查、审前非羁押、附条件不起诉等多种制度的设计中，都可以窥见“风险评估”的影子。这主要是因为风险评估本质是对涉罪未成年人本身的关注，与未成年人刑事司法一直强调的关注行为人的思路一致。虽然风险评估与我国传统刑事司法中对“人身危险性”“社会危险性”等的研究密切相关，然而我国工具层面风险评估的发展缓慢，这在一定程度上制约了规范层面风险评估的发展。本研究通过对域外多学科视角下风险评估的系统梳理和我国未成年人刑事司法风险评估的实证考察，从规范和工具层面都提出了初步的建设性建议，以期能为我国未成年人刑事司法的发展贡献绵薄之力。

正如域外刑事司法学者 Christopher Slobogin 所言，与以罪责为主导的传统刑事司法“浩如烟海”的研究相比，以预防为核心的预防性刑事司法则处于边缘地位。不仅发展空间受限，而且极具争议，以风险和风险评估为核心的预防往往受到学者强烈的批判和抵制。批判的观点固然有其合理性，因为刑事司法关涉公民之基本自由，对自由、平等的挑战是风险评估之发展所必须考虑的问题。但是近年来，相关学科的研究为刑事司法风险评估的发展奠定了坚实的理论和技术的支持，发展性风险因素理论、大数据、人工智能等开启了第五代风险评估工具的革新。在提倡国家治理能力现代化的大背景下，我国未成年人刑事司法风险评估的研究势在必行。尽管在域外关于风险评估工具的质疑声音一直也不曾间断，但是我们需要客观地看待。只有深入了解之后，才能更好地评价，才能决定它是否可以为我们所用。本书只是该主题跨学科研究的一次初步尝试，很多问题思考还不成熟，未竟的问题还有很多，需要不同领域的学者共同推进，比如如何协调风险预防和罪责报应的冲突矛盾，如何开展本土涉罪未成年人风险因素的理论研究，如何利用大数据、人工智能开启我国本土风险评估工具的研发，如何应对算法风险评估对传统刑事司法的挑战等一系列问题都有待后续深入地研究。

后　记

在时光的沉淀中，每本书的诞生都是灵魂与思想的深度碰撞。感恩这份凝聚心血与梦想的研究成果得以出版。出版之旅，满载恩师教诲与好友鼓励的温暖。衷心感谢，你们一路的陪伴和支持。

承蒙两位恩师的垂青接纳与悉心指导，我得以踏上未成年人司法的研究之路。本书的研究始于2012年硕士求学时，是在硕士导师何挺教授指导下做的有关涉罪未成年人社会调查报告的研究。在何老师的推荐下，我有幸踏入北京市海淀区人民检察院的未检部门实习，第一次亲身感受到了未成年人司法实践的温度与深度。与此同时，一个疑问的种子在我心中悄然萌芽——如何才能科学地评估未成年人再次犯罪的风险？风险评估对未成年人司法的价值是什么？正是基于这一初心，硕士毕业后，我进入北京师范大学心理学部工作，期盼心理学能为这个疑问提供一个科学的解决方案。心理学部的宝贵工作经历，为我后续研究铺设了跨学科的道路，促使我跳出传统法学框架，对研究范式与内容进行了深度反思。

2018年重新回归法学院开始读博，在博士导师史立梅教授的悉心指导下，我聚焦于未成年人刑事司法领域，深入探究了涉罪未成年人风险评估的界定、构建以及其在整个刑事司法体系中的应用问题，力图勾勒出该领域风险评估的完整图景。此番求知也面临着重重考验，为填补知识空白，我投身于域外专著和文献之中，日复一日地在国家图书馆与家之间穿梭。那段时光，既有发现宝贵资料的欢欣鼓舞，也有搜寻无果时的落寞与坚持。然而，正是这份不懈努力，让我逐步厘清了涉罪未成年人风险评估的复杂脉络，同时也深化了我对未成年人司法的热爱与认知。

博士毕业已逾三载，回首往昔的研究之路，仍有诸多未竟的研究议题与遗憾。特别是在当下这个人工智能与元宇宙信息技术日新月异的时代，我愈发感到，风险评估工具的研发在方法与技术层面亟须一场革新，以更好地契合中国特色未成年人司法实践的迫切需求。此外，整合未成年人司法的最新研究成果也是风险评估未来发展的核心议题。比如，如何确保儿童优先理念贯穿评估始终，使未成年人从评估的被动接受者转变为积极参与者，让他们的声音和需求在评估中得到全面而充分的体现。通过识别并促进未成年人内在潜能，以此推动实现最有利于未成年人的积极发展。

感恩两位导师一直以来的关爱和帮助。在我迷茫困惑之时指点迷津，在我面临挑战之际给予我勇气。让我学会了如何严谨治学，如何以一颗敬畏之心去探索未知的世界。这份恩情，我将永远铭记于心，它不仅是我学术生涯的宝贵财富，更是我人生旅途中最温暖的光芒。在此，再次向我的两位导师致以最深的敬意和最诚挚的感谢！同时，感谢一直给予我支持帮助的赵康博士、林家红博士和滕丽美博士。另外，特别感谢在本书撰写过程中提供帮助的实务部门办案人员，郭佳检察官、莫非检察官、龚江检察官、张莹法官、刘羽社工等。

最后要感谢我的家人。感谢我的父母和公婆一路支持我走到今天。尤为感激的是我的先生与女儿，你们不仅是我的精神支柱，更是我蜕变与成长的见证者和塑造者。我坚定地走上未成年人司法的研究之路，也是希望给女儿做一个榜样，告诉她，要敢于去追求自己的梦想。勿忘初心，方得始终。

参考文献

一、中文著作（按照出版年份排序）

[1] 黄兴瑞著:《人身危险性的评估与控制》，群众出版社 2004 年版。

[2] 宋胜尊著:《罪犯心理评估——理论、方法、工具》，群众出版社 2005 年版。

[3] 吴宗宪著:《西方犯罪学》，法律出版社 2006 年版。

[4] 姚建龙著:《刑事司法：美国少年司法史纲》，法律出版社 2009 年版。

[5] 翟中东著:《国际视域下的重新犯罪防治政策》，北京大学出版社 2010 年版。

[6] 陈瑞华著:《量刑程序研究中的理论问题》，北京大学出版社 2011 年版。

[7] 刘立霞等:《人身危险性与少年司法制度改革》，中国检察出版社 2011 年版。

[8] 牛凯著:《预防青少年犯罪研究》，法律出版社 2013 年版。

[9] 陈邵斌著:《涉罪流动人员取保候审实务》，法律出版社 2014 年版。

[10] 何挺等编译:《外国刑事司法实证研究》，北京大学出版社 2014 年版。

[11] 侯东亮著:《少年司法模式研究法》，法律出版社 2014 年版。

[12] 文姬著:《人身危险性评估方法研究》，中国政法大学出版社 2014 年版。

[13] 姚建龙著:《青少年犯罪与司法论要》，中国政法大学出版社 2014 年版。

［14］史立梅等：《刑事诉讼审前羁押替代措施研究》，中国政法大学出版社 2015 年版。

［15］李玫瑾等：《未成年人犯罪与少年司法制度创新》，中国人民公安大学出版社 2015 年版。

［16］刘建宏著：《青少年犯罪评估系统回顾研究》，人民出版社 2015 年版。

［17］程应需著：《人身危险性理论的司法实践价值研究》，中国检察出版社 2015 年版。

［18］瞿丰、陆才俊等：《未成年人犯罪研究》，中国人民公安大学出版社 2016 年版。

［19］宋英辉、王贞会等：《未成年人法律规范一本通》，北京大学出版社 2016 年版。

［20］汪贻飞：《量刑程序研究》，北京大学出版社 2016 年版。

［21］杨旭著：《意大利少年司法社会化研究》，中国社会科学出版社 2015 年版。

［22］张明楷著：《责任刑与预防刑》，北京大学出版社 2015 年版。

［23］刘建宏著：《犯罪矫治评估系统回顾研究》，人民出版社 2016 年版。

［24］狄小华著：《中国特色少年司法制度研究》，北京大学出版社 2017 年版。

［25］王贞会著：《未成年人刑事司法社会支持机制研究》，中国人民公安大学出版社 2017 年版。

［26］牛传勇著：《少年司法论：传统土壤与近代萌生》，人民出版社 2017 年版。

［27］翟中东著：《中国社区矫正制度的建构和立法问题》，中国人民公安大学出版社 2017 年版。

［28］周铭川著：《风险刑法的理论研究》，上海人民出版社 2017 年版。

［29］赵军著：《未成年人犯罪相关因素定量研究》，人民日报出版社 2017 年版。

［30］张鸿巍、闫晓玥、江勇等译：《美国未成年人法译评》，中国民主法制出版社 2017 年版。

［31］盛长富著：《未成年人刑事司法国际准则研究》，法律出版社 2018

年版。

[32] 毕宪顺著:《多学科视角的问题青少年教育矫正研究》,科学出版社2018年版。

[33] 李川著:《基于风险管控的社区矫正制度》,东南大学出版社2018年版。

[34] 李琳著:《风险刑法的反思和批判》,法律出版社2018年版。

[35] 席小华著:《青少年社会工作研究论文集》,中国人民公安大学出版社2018年版。

[36] 雷小政著:《未成年人刑事司法风险评估:场域、样本和方法》,对外经济贸易大学出版社2019年版。

[37] 王广聪著:《变迁时代的福利司法——未成年人刑事审前程序的完善》,法律出版社2019年版。

[38] 王贞会著:《涉罪未成年人司法处遇与权利保护研究》,中国人民公安大学出版社2019年版。

[39] 宋英辉、何挺:《未成年人刑事案件诉讼程序研究综述》,中国检察出版社2019年版。

[40] 宋伟卫著:《刑事一体化视野下的人身危险性研究》,法律出版社2019年版。

[41] 张鸿巍著:《美国未成年人司法:体系与程序》,法律出版社2020年版。

二、中文译著(按出版年份排序)

[1] [美] 玛格丽特·K. 罗森海姆,富兰克林·E. 齐姆林,戴维·S. 坦嫩豪斯,伯纳德·多恩编:《少年司法的一个世纪》,徐显明等译,商务印书馆2008年版。

[2] [英] 海泽尔·肯绍尔著:《解读刑事司法中的风险》,李明琪等译,中国人民公安大学出版社2009年版。

[3] [英] 戈登·休斯著:《解读犯罪预防——社会控制、风险与后现代》,刘晓梅、刘志松译,中国人民公安大学出版社2009年版。

[4] [英] 詹姆斯·马吉尔著:《解读心理学与犯罪》,张广宇等译,中国人民公安大学出版社2009年版。

［5］［英］詹姆斯·迪南著：《解读被害人与恢复性司法》，刘仁文、林俊辉等译，中国人民公安大学出版社 2009 年版。

［6］［英］马丁·因尼斯著：《解读社会控制——越轨行为、犯罪与社会秩序，陈天本译，中国人民公安大学出版社 2009 年版。

［7］［英］麦克·马圭尔、罗德·摩根、罗伯特·赖纳等著：《牛津犯罪学指南（第四版）》，刘仁文、李瑞生等译，中国人民公安大学出版社 2012 年版。

［8］［美］戴维·迈尔斯著：《社会心理学》，侯玉波、乐国安、张智勇译，人民邮电出版社 2016 年版。

［9］［意］恩里科·菲利著：《实证派犯罪学》，郭建安译，商务印书馆 2016 年版。

［10］［美］米尔伊安·R. 达马什卡著：《司法和国家权力的多种面孔》，郑戈译，中国政法大学出版社 2017 年版。

［11］［德］乌尔里希·贝克著：《风险社会：新的现代性之路》，张文杰、何博闻译，译林出版社 2018 年版。

［12］［美］亚历克斯·皮盖惹等：《犯罪学理论手册》，吴宗宪等译，法律出版社 2018 年版。

［13］［美］马文·克朗，乔迪·莱恩著：《犯罪学理论手册》，苏明月、陈朗梓等译，法律出版社 2018 年版。

［14］［美］马文·克朗、乔迪·莱恩著：《少年越轨与少年司法手册》，苏明月、陈朗梓译，法律出版社 2019 年版。

三、外文著作（按作者姓名首字母排序）

［1］ Anne Robinson, *Foundations for youth justice*, Bristol Chicago, IL : Policy Press, 2014.

［2］ Anna Costanza Baldry & Andreas Kapardis, *Risk Assessment for Juvenile Violent Offending*, Routledge, London and New York, 2013.

［3］ Barry Goldson, *Juvenile justice in Europe: past, present and future*, New York, NY : Routledge, 2019.

［4］ Barry Goldson & John Muncie, *Youth crime & justice*, Los Angeles, SAGE, 2015.

[5] Bernard E. Harcourt. *Against prediction*, Chicago: University of Chicago Press, 2007.

[6] Christopher D. Webster (ed.) , *Violence risk-assessment and management*, Chichester, West Sussex, UK: Wiley-Blackwell, 2011.

[7] Darrell Fox & Elaine Arnull, *Social Work in the Youth Justice System A Multidisciplinary Perspective*, Open University Press, England, 2013.

[8] David Garland, *The Culture of control: Crime and social order in contemporary society*, Oxford University Press , 2002.

[9] Elizabeth S. Scott & Laurence Steinberg, *Rethinking juvenile justice*, Cambridge, Mass: Harvard University Press, 2008.

[10] Faye S. Taxman(ed.) , *Handbook on risk and need assessment: Theoty and Practice*, London and New York: Routledge, 2017.

[11] Hazel Kemshall, *Risk in probation practice*, Aldershot, Hampshire, England Brookfield, Vt. : Ashgate, 1998.

[12] Hazel Kemshall, *Understanding risk in criminal justice*, Berkshire Philadelphia, PA: Open University Press, 2003.

[13] Hazel Kemshall & Gill McIvor, *Managing sex offender risk*, London: Jessica Kingsley, 2004.

[14] Hazel Kemshall, *Understanding the community management of high risk offenders*, Buckingham: Open University Press, 2008.

[15] Hazel Kemshall, Bernadette Wilkinson and Kerry Baker. *Working with risk Sills for Contemporary Social Work*, Cambridge, UK: Polity Press, 2013.

[16] James Bonta & D. A. Andrews, *The psychology of criminal conduct*, London New York : Routledge, Taylor & Francis Group, 2017.

[17] Jane Plckford & Paul Dugmore, *Youth Justice and Social Work*, Learning Matters, London, 2012.

[18] Jay P. Singh et al. , *Handbook of Recidicism Risk/Needs Assessment Tools*, WLEY Blackwell, 2018.

[19] John Monahan, *Rethinking risk assessment*, New York: Oxford University Press, 2001.

[20] Kirk Heilbrun et al. , *Evaluating Juvenile Transfer and Disposition Law, Science, and Practice*, Routledge, London and New York, 2017.

[21] Kerry Baker(ed.), *Assessment in Youth Justice*, The Policy Press, Great Britain, 2011.

[22] Kevin Haines & Stephen Case, *Positive youth justice*, Bristol: Policy Press, 2015.

[23] Mark R. Fondacaro & Christopher Slobogin, *Juveniles at Risk: A Plea for Preventive Justice*, Oxford University Press, 2011.

[24] Pat O'Malley, *Crime and risk*, Los Angeles: SAGE, 2010.

[25] Pat O'Malley, *Governing risks*, Aldershot, England Burlington, VT: Ashgate, 2005.

[26] Peter Greenwood, *Evidence-Based Practice in Juvenile Justice: Progress, Challenges, and Opportunities*, Springer, 2014.

[27] Roger Smith, *Diversion in youth Justice What Can We Learn from Historical and Contemporary Practices?* , Routledge, London and New York, 2018.

[28] Robert D. Hoge & D. A. Andrews, *Evaluation for risk of violence in juveniles*, Oxford University Press, 2010.

[29] Robert D. Hoge & D. A. Andrews, *Assessing the youthful offender*, New York: Plenum Press, 1996.

[30] Stephen Case, *Youth justice : a critical introduction*, Routledge, London and New York, 2018.

[31] Stephen Case & Kevin Haines, *Understanding youth offending*, Cullompton: Willan, 2009.

四、中文期刊（按作者姓氏拼音顺序）

[1] 陈立毅：《我国未成年人刑事案件社会调查制度研究》，载《中国刑事法杂志》2012 年第 6 期。

[2] 崔海英、李卓阳：《社会控制理论蕴含的未成年人犯罪危险因子探讨》，载《预防青少年犯罪研究》2018 年第 2 期。

[3] 崔海英：《生命历程理论对未成年人犯罪危险防控的启示》，载《预防青少年犯罪研究》2017 年第 1 期。

[4] 崔海英：《以 YLS/CMI 为工具的未成年人危险评估实证研究》，载《中国刑事法杂志》2016 年第 3 期。

［5］崔海英：《未成年人犯罪危险评估考察：源起与现状》，载《广西警官高等专科学校学报》2015 年第 6 期。

［6］陈伟：《认真对待人身危险性评估》，载《比较法研究》2014 年第 5 期。

［7］陈伟：《“人身危险性”与“社会危险性”的纠缠与厘定》，载《法治研究》2016 年第 3 期。

［8］狄小华：《全要素且可解释智能化再犯风险评估指标体系的理论架构》，载《安徽大学学报（哲学社会科学版）》2020 年第 5 期。

［9］狄小华：《人身危险性视野下的中国再犯防治问题检视》，载《中国监狱学刊》2020 年第 4 期。

［10］狄小华：《智能化再犯风险评估司法应用的法律风险及其防范》，载《学术界》2020 年第 5 期。

［11］狄小华：《犯因与应因关系下的再犯系统防治研究》，载《犯罪与改造研究》2019 年第 11 期。

［12］狄小华、谭建宏：《少年刑事检察制度回顾与展望——兼谈以少年检察为中心的少年司法制度》，载《人民检察》2019 年第 1 期。

［13］付凤、李世英：《我国涉罪未成年人人身危险性评估要素相关性分析》，载《中国刑警学院学报》2020 年第 6 期。

［14］付凤、李世英：《论安置教育中涉恐青少年社会危险性评估》，载《湖北警官学院学报》2020 年第 6 期。

［15］冯卫国：《中外社区矫正风险评估因素结构差异研究》，载《法学杂志》2014 年第 7 期。

［16］葛磊：《当代美国犯罪控制策略体系及其借鉴两极化刑事政策解构》，载《中外法学》2020 年第 1 期。

［17］高维俭、彭宇轩：《论少年法学的学科性质与学科价值》，载《南昌大学学报（人文社会科学版）》2019 年第 6 期。

［18］何川、马皑：《罪犯危险性评估研究综述》，载《河北北方学院学报（社会科学版）》2014 年第 2 期。

［19］何挺：《附条件不起诉制度实施状况研究》，载《法学研究》2019 年第 6 期。

［20］何挺：《附条件不起诉扩大适用于成年人案件的新思考》，载《中国刑事法杂志》2019 年第 4 期。

［21］何挺、李梦竹：《论严重不良行为矫治和重新犯罪预防之间的空白与填补——评〈预防未成年人犯罪法（修订草案）〉分级干预体系的缺陷》，载《少年儿童研究》2020 年第 9 期。

［22］何挺、张丽霞：《未成年人司法社会支持体系之思考：基于风险控制理论范式的视角》，载《中国应用法学》2020 年第 2 期。

［23］黄兴瑞等：《少年初犯预测研究——对浙江省少年初犯可能性的实证研究》，载《中国刑事法杂志》2004 年第 6 期。

［24］孔一、黄兴瑞：《刑释人员再犯风险评估量表（RRAI）研究》，载《中国刑事法杂志》2011 年第 10 期。

［25］孔一：《少年再犯研究——对浙江省归正青少年重新犯罪的实证分析》，载《中国刑事法杂志》2006 年第 4 期。

［26］孔一：《重新犯罪社会原因检讨》，载《中国刑事法杂志》2002 年第 5 期。

［27］孔一：《再犯预测基本概念辨析与选样方法评价》，载《江苏警官学院学报》2005 年第 6 期。

［28］李川：《修复、矫治与分控：社区矫正机能三重性辩证及其展开》，载《中国法学》2015 年第 5 期。

［29］李川：《从特殊预防到风险管控：社区矫正之理论嬗变与进路选择》，载《法律科学（西北政法大学学报）》2012 年第 3 期。

［30］刘用军：《形式一体化视野下的人格化刑事诉讼问题研究》，载《南京师范大学学报（社会科学版）》2020 年第 1 期。

［31］刘艳红、李川：《江苏省预防未成年人犯罪地方立法的实证分析——以 A 市未成年人犯罪成因和预防现状为调研对象》，载《法学论坛》2015 年第 2 期。

［32］刘立霞、李晓南：《运用大数据理论完善未成年人社会调查制度》，载《法学杂志》2015 年第 1 期。

［33］刘立霞、马向：《域外循证犯罪预防的发展及其启示》，载《法学杂志》2017 年第 1 期。

［34］刘立霞、孙建荣：《循证社区矫正中最佳证据研究》，载《河北法学》2017 年第 1 期。

［35］李本：《美国司法实践中的人工智能：问题与挑战》，载《中国法律评论》2018 年第 2 期。

［36］马雷、狄小华：《我国未成年人刑罚替代措施的重构》，载《青少年犯罪问题》2020 年第 2 期。

［37］文姬：《再犯危险性评估的应用》，载《法学论坛》2014 年第 1 期。

［38］文姬：《再犯危险性评估在英美法系的应用》，载《刑事法评论》2012 年第 2 期。

［39］文姬：《人身危险性重构》，载《刑事法评论》2013 年第 1 期。

［40］文姬：《再犯危险性评估方法及检验》，载《刑事法评论》2009 年第 2 期。

［41］王贞会、王大可：《社会调查报告法律属性之争点整理与再探讨》，载《青少年犯罪问题》2021 年第 1 期。

［42］王贞会：《罪错未成年人司法处遇制度完善》，载《国家检察官学院学报》2020 年第 4 期。

［43］王贞会：《未成年人严格限制适用逮捕措施的现状调查》，载《国家检察官学院学报》2019 年第 4 期。

［44］王贞会：《审查逮捕社会危险性评估量化模型的原理与建构》，载《政法论坛》2016 年第 2 期。

［45］乔远译：《新刑罚学：矫治策略的出现及其启示》，载《刑事法评论》2016 年第 2 期。

［46］宋英辉、苑宁宁：《未成年人罪错行为处置规律研究》，载《中国应用法学》2019 年第 2 期。

［47］宋英辉、苑宁宁：《完善我国未成年人法律体系研究》，载《国家检察官学院学报》2017 年第 4 期。

［48］史立梅、周洋：《刑事司法中的风险调查与评估——以审前释放为视角》，载《刑法论丛》2017 年第 4 期。

［49］石经海：《从极端到理性：刑罚个别化的进化及其当代意义》，载《中外法学》2010 年第 6 期。

［50］吴宗宪：《我国社区矫正法的历史地位与立法特点》，载《法学研究》2020 年第 4 期。

［51］姚建龙：《未成年人法的困境与出路》，载《社会科学文摘》2019 年第 11 期。

［52］姚建龙、孙鉴：《从“工读”到“专门”——我国工读教育的困

境与出路》，载《预防青少年犯罪研究》2017 年第 2 期。

[53] 翟中东：《关于重新犯罪防治政策调整的思考》，载《法学家》2009 年第 2 期。

[54] 翟中东：《假释适用中的再犯罪危险评估问题》，载《中国刑事法杂志》2011 年第 11 期。

[55] 翟中东：《危险评估与控制——新刑罚学的主张》，载《法律科学（西北政法大学学报）》2010 年第 4 期。

[56] 张崇脉：《当代美国循证矫正及其启示》，载《中国刑事法杂志》2013 年第 6 期。

[57] 张崇脉：《我国重新犯罪研究的内容分析——以期刊论文为样本》，载《预防青少年犯罪研究》2015 年第 6 期。

[58] 张鸿巍：《归责与惩教：未成年人司法二元化建构的逻辑展开》，载《中国青年社会科学》2020 年第 5 期。

[59] 张鸿巍：《美国未成年人暂缓起诉与检察裁量》，载《人民检察》2020 年第 11 期。

[60] 江勇、张鸿巍：《台湾地区少年再犯危险评估之镜鉴》，载《青年研究》2018 年第 4 期。

[61] 王梅：《完善社区服刑人员人身危险性评估的思考》，载《广西民族师范大学学报》2018 年第 4 期。

[62] 杨秀莉、关振海：《逮捕条件中社会危险性评估模式之构建》，载《中国刑事法杂志》2014 年第 1 期。

[63] 曾赟：《风险评估技术在刑事司法领域中的应用》，载《刑事法评论》2013 年第 32 期。

[64] 张吉喜、梁小华：《美国司法部审前风险评估模型及其对我国的启示》，载《中国刑事法杂志》2010 年第 7 期。

[65] 张吉喜：《统计学方法在评估逮捕必要性中的运用》，载《广西社会科学》2014 年第 6 期。

[66] 张妮等：《国外人工智能与法律研究进展评述》，载《法律方法》2014 年第 16 期。

[67] 自正法：《涉罪未成年人羁押率的实证考察与程序性控制路径》，载《政法论坛》2019 年第 4 期。

[68] 自正法：《社会调查报告之证据效力》，载《交大法学》2018 年第

4 期。

［69］自正法：《互联网时代未成年人刑事特别程序的模式及其改革面向》，载《法制与社会发展》2018 年第 3 期。

五、外文期刊（按作者姓名首字母排序）

［1］Anthony Bottoms，James Dignan. Youth Justice in Great Britain. Crime and Justice: A Review of Research, 2004, 31(1) : 21 – 184.

［2］Andrews，D. A.，et al. Classification for Effective Rehabilitation: Rediscovering Psychology. *Criminal Justice and Behavior*，1990, 17(1) : 19 – 52.

［3］Andrews，D. A.，et al. The Recent Past and Near Future of Risk /Need Assessment，Crime & Delinguency，2006, 52(1) : 7 – 27.

［4］Andrews，D. A. & C. Dowden. The Risk – Need – Responsivity Model of Assessment and Human Service in Prevention and Corrections: Crime-Prevention Jurisprudence. *Canadian Journal of Criminology and Criminal Justice*，2007, 49(4) : 439 – 464.

［5］Andrews，D. A.，et al. TheRisk – Need – Responsivity (RNR) Model: Does adding the Good Lives Model Contribute to Effective Crime Prevention. *Criminal Justice and Behavior,* 2011, 38(7) : 735 – 755.

［6］Anders Kaye. Radicalized risk assessment. Behavioral Sciences & the Law，2018，36(5) : 610 – 637.

［7］Anne L Kramers – Olen. Neuroscience，moral development，criminal capacity，and the Child Justice Act: justice or injustice? *South African Journal of Psychology*, 2015, 45(4) : 466 – 479.

［8］Anders Persson，Kerstin Svensson. Shades of professionalism: Risk assessment in pre-sentence reports in Sweden，*European Journal of Criminology*, 2012, 9(2) : 176 – 190.

［9］Barry Goldson. Unsafe，Unjust and Harmful to Wider Society: Grounds for Raising the Minimum Age of Criminal Responsibility in England and Wales. *Youth Justice*, 2013, 13(2) : 111 – 130.

［10］Brandon Garrett & John Monahan. Assessing Risk: The Use of Risk Assessment in Sentencing. *Judicature*，2019，103(2) : 42 – 49.

[11] Christopher Slobogin. A Prevention Model of Juvenile Justice: The Promise of Kansas v. Hendricks for Children. *Wisconsin Law Review*, 1999, (2): 185 – 226.

[12] Christopher Slobogin. A Jurisprudence of Dangerousness. *Nw. U. L. Rev.* 2003, 98(1): 1 – 62.

[13] Christopher Slobogin. Reconceptualizing Due Process in Juvenile Justice: Contributions from Law and Social Science. *Hastings Law Journal*, 2006, 57 (5): 955 – 990.

[14] Christopher Slobogin & Fondacaro, Mark R. Juvenile Justice: The Fourth Option. *Iowa Law Review*, 2009, 95(1): 101 – 162.

[15] Christopher Slobogin. Risk Assessment and Risk Management in Juvenile Justice. *Crim. Just.*, 2013, 27(4): 10 – 18.

[16] Christopher Slobogin. Plea Bargaining and the Substantive and Procedural Goals of Criminal Justice: From Retribution and Adversarialism to Preventative Justice andHybrid-Inquisitorialism, *Wm. & Mary L. Rev.*, 2016, 57 (4): 1505 – 1548.

[17] Christopher Slobogin & Megan Stevenson. Algorithmic Risk Assessment and the Double-edged Sword of Youth. *Washington University Law Review*, 2018, 96 (1): 18 – 36.

[18] Christopher Slobogin. Principles of risk assessment for researchers and practitioners. *Behav Sci Law*. 2018, 36(5): 507 – 516.

[19] Christopher Slobogin. Preventive justice: A paradigm in need of testing. *Behavioral Sciences & the Law*, 2018, 36(4): 391 – 410.

[20] Christopher Slobogin. Introduction to the Special Issue on implementing Post-Conviction Risk Assessment. *Behavioral Sciences & the Law*, 2020, 38(3): 187 – 192.

[21] Cox, J., et al. An update and expansion on the role of the Violence Risk Appraisal Guide and Historical Clinical Risk Management – 20 in United States case law. *Behavioral Sciences & the Law*, 2018, 36(5): 517 – 531.

[22] David E. Pozen. The Mosaic Theory, National Security, and the Freedom of Information Act. *The Yale Law Journal*, 2005, 115(3): 628 – 679.

[23] David Garland. The Limits of the Sovereign State-Strategies of Crime Control in Comtemporary Society, *British Journal of Criminology*, 1996, 36 (4):

445 - 471.

[24] David Garland. Criminology, Social Theory and the Challenge of Our Times, The British Journal of Criminology, 2000, 40(2): 189 - 204.

[25] David P. Farrington. Explaining and preventing crime: The globalization of knowledge - The American Society of Criminology 1999 Presidential Address, *Criminology*, 2000, 38(1): 1 - 24.

[26] David P. Farrington et al. Risk, promotive, and protective factors in youth offending: Results from the Cambridge study in delinquent development, *Journal of Criminal Justice*, 2016, 45: 63 - 70.

[27] Derrick Armstrong. A Risky Business? Research, Policy, Governmentality and Youth Offending. *Youth Justice*, 2004, 4(2): 100 - 116.

[28] Donna B. Towberman. A National Survey of Juvenile Risk Assessment. *Juv. & Fam. Ct. J.*, 1992, 43(1): 61 - 67.

[29] Dorothy Bottrell et al. Young People's Relations to Crime: Pathways across Ecologies. *Youth Justice*, 2010, 10(1): 56 - 72.

[30] EDlizabeth Cauffman et al. How Developmental Science Influences Juvenile Justice Reform, *UC Irvine L. Rev.*, 2018, 8(1): 21 - 39.

[31] EDva Mulder et al., A classification of risk factors in serious juvenile offenders and the relation between patterns of risk factors and recidivism, Crim. Behav. & Mental Health, 2010, 20(1): 23 - 38.

[32] Faye S. Taxman et al. Risk, Need, and Responsivity (RNR): It All Depends, *Crime & Delinquency*, 2006, 52(1): 28 - 51.

[33] Gavin Turnbull & Jean Spence. What's at risk? The proliferation of risk across child and youth policy in England. *Journal of Youth Studies*, 2011, 14(8): 939 - 959.

[34] Gina M. Vincent et al. Field Reliability of the SAVRY with Juvenile Probation Officers: Implications for Training, *L. & HUM. BEHAV*, 2012, 36(3): 225 - 261.

[35] Hamilton, M. Judicial gatekeeping on scientific validity with risk assessment tools. *Behavioral Sciences & the Law*, 2020, 38(3): 226 - 245.

[36] Hamilton, M. Judicial gatekeeping on scientific validity with risk assessment tools. *Behavioral Sciences & the Law*, 2020, 38(3): 226 - 245.

[37] Haibin Li, Dorothy Bottrell, Derrick Armstrong. Understanding the Pathways to Resilience: Voices from Chinese Adolescents. *Young*, 2017, 26(2): 126 - 144.

[38] Hannah-Moffat, K. Algorithmic risk governance: Big data analytics, race and information activism in criminal justice debates, *Theoretical criminology*, 2019, 23(4): 453 - 470.

[39] Hazel Kemshall, Louise Marsland, Thilo Boeck. Young People, Pathways and Crime: Beyond Risk Factors. *Australian & New Zealand Journal of Criminology*, 2006, 39(3): 354 - 370.

[40] Hazel Kemshall. Risks, Rights and Justice: Understanding and Responding to Youth Risk. *Youth Justice*, 2008, 8(1): 21 - 37.

[41] Hester, R. Risk assessment savvy: The imperative of appreciating accuracy and outcome. *Behavioral Sciences & the Law*, 2020, 38(3): 246 - 258.

[42] Jennifer Skeem. Risk Technology in Sentencing: Testing the Promises and Perils(Commentary on Hannah-Moffat, 2011). *Justice Quarterly*, 2013, 30(2): 297 - 303.

[43] John Lightbourne. Damned Lies & Criminal Sentencing Using Evidence-Based Tools, *Duke L. & Tech. Rev.*, 2017, 15: 372 - 343.

[44] John Monahan. Violence Risk Assessment: Scientific Validity and Evidentiary Admissibility. *Washington and Lee Law Review*, 2000, 57(3): 901 - 918.

[45] John Monahan et al. The classification of violence risk. *Behav Sci Law*, 2006, 24(6): 721 - 730.

[46] John Monahan & Jennifer L. Skeem. Risk Redux: The Resurgence of Risk Assessment in Criminal Sanctioning. *Federal Sentencing Reporter*, 2014, 26(3): 158 - 166.

[47] John Monahan et al. Judicial appraisals of risk assessment in sentencing, *Behavioral Sciences & the Law*, 2018, 36(5): 565 - 575.

[48] John Monahan et al. Risk assessment in sentencing and plea bargaining: The roles of prosecutors and defense attorneys. *Behavioral Sciences & the Law*, 2020, 38(1): 1 - 11.

[49] Joel Miller, Carrie Maloney. Practitioner Compliance With Risk/Needs Assessment Tools, *Criminal Justice and Behavior*, 2013, 40(7): 716 - 736.

[50] John Muncie. The Punitive Turn in Juvenile Justice: Cultures of Control and Rights Compliance in Western Europe and the USA. *Youth Justice*, 2008, 8(2): 107 – 121.

[51] John Pratt. Dangerousness, Risk and Technologies of Power. *Australian and New Zealand Journal of Criminology*, 1995, 28(1) : 1 – 30.

[52] John Pratt. Governing the dangerous: an historical overview of dangerous offender legislation. *Australian and New Zealand Journal of Criminology*, 1996, 5 (1): 21 – 36.

[53] John Pratt & Jordan Anderson. The Beast of Blenheim', risk and the rise of the security sanction. *Australian & New Zealand Journal of Criminology*, 2016, 49(4) : 528 – 545.

[54] John Pratt. Risk Control, Rights and Legitimacy in the Limited Liability State. *The British Journal of Criminology*, 2017, 57(6): 1322 – 1339.

[55] Jo Phoenix. Pre-sentence reports, magisterial discourse and agency in the Youth Courts in England and Wales. *Punishment and Society*, 2010, 12(3): 348 – 366.

[56] Kelly Hannah-Moffat. Criminogenic needs and the transformative risk subject. *Punishment & Society* , 2005, 7(1): 29 – 51.

[57] Kelly Hannah-Moffat et al. Negotiated Risk: Actuarial Illusions and Discretion in Probation. *Canadian Journal of Law and Society* , 2009, 24 (3): 391 – 409.

[58] Kelly Hannah – Moffat & Paula Maurutto. Re – contextualizing pre-sentence reports Risk and race. *Punishment & Society*, 2010, 12(3): 262 – 286.

[59] Kelly Hannah-Moffat. A conceptual kaleidoscope: contemplating dynamic structural risk and an uncoupling of risk from need. *Psychology, Crime & Law*, 2016, 22(1): 33 – 46.

[60] Kelly Hannah-Moffat. Algorithmic risk governance: Big data analytics, race and information activism in criminal justice debates. Theoretical Criminology, 2019, 23(4) : 453 – 470.

[61] Kevin Haines & Stephen Case. The Rhetoric and Reality of the Risk Factor Prevention Paradigm Approach to Preventing and Reducing Youth Offending. *Youth Justice*, 2008, 8(1): 5 – 20.

[62] Kerry Baker. Assessment in Youth Justice: Professional Discretion and the Use of Asset. *Youth Justice*, 2005, 5(2): 106 – 122.

[63] Kerry Baker. Risk, Uncertainty and Public Protection: Assessment of Young People Who Offend. *British Journal of Social Work*, 2008, 38 (8): 1463 – 1480.

[64] Kimberly Kempf-Leonard, Elicka S. L. Peteson. Expanding Realms of the New Penology The Advert of Actuarial Justice for Juveniles. *Punishment and Society*, 2000, 2(1): 66 – 97.

[65] Laurence Steinberg. Risk Taking in Adolescence: New Perspectives From Brain and Behavioral Science, *Current Direchtions In Psychological Science*, 2007, 16(2): 55 – 59.

[66] Leonidas K. Cheliotis. How iron is the iron cage of new penology? The role of human agency in the implementation of criminal justice policy. *Punishment and Society*, 2006, 8(3): 313 – 340.

[67] Malcolm M. Feeley & Jonathan Simon. The New Penology: Notes on the Emerging Strategy of Corrections and Its Implication, *Criminology*, 1992, 30(4): 449 – 614.

[68] Megan T. Stevenson & Christopher Slobogin. Algorithmic risk assessments and the double-edged sword of youth, *Behavioral Sciences & the Law*, 2018, 36(5): 638 – 656.

[69] Melissa Hamilton. Risk-Needs Assessmnt: Constitutional and Ethical Challenges, *Ametican Crininal Law Review*, 2015, 53: 231 – 286.

[70] Megan Stevenson. Assessing Risk Assessment in Action, Minn. *L. Rev.* 2018, 103(1): 303 – 384.

[71] O'Hear, M. Actuarial risk assessment at sentencing: Potential consequences for mass incarceration and legitimacy. *Behavioral Sciences & the Law*, 2020, 8(3): 193 – 206.

[72] Paul O'Mahony. The Risk Factors Prevention Paradigm and the Causes of Youth Crime: A Deceptively Useful Analysis? *Youth Justice*, 2009, 9 (2): 99 – 114.

[73] Pat O'Malley. Globalizing risk? Distinguishing styles of neo-liberal criminal justice in Australia and the USA. *Criminal Justice*, 2002, 2(2): 205 – 222.

[74] Peter Kelly. Youth at Risk: Processes of individualisation and responsibilisation in the risk society, *Discourse: Studies in the Cultural Politics of Education*, 2001, 22(1): 23 – 33.

[75] Peter Kelly. Growing Up as Risky Business? Risks, Surveillance and the Institutionalized Mistrust of Youth. *Journal of Youth Studies*, 2003, 6(2): 165 – 180.

[76] Peter Kelly. The Entrepreneurial Self and Youth at-risk: Exploring the Horizons of Identity in the Twenty-first Century. *Journal of Youth Studies*, 2006, 9(1): 17 – 32.

[77] Paula Maurutto & Kelly Hannah-Moffat. Understanding Risk in the Context of the Youth Criminal Justice Act. *Canadian Journal of Criminology and Criminal Justice*, 2007, 49(4): 465 – 491.

[78] Reitz, K. R. The compelling case for low-violence-risk preclusion in American prison policy. *Behavioral Sciences & the Law*, 2020, 38(3): 207 – 217.

[79] Paula Maurutto, Kelly Hannah-Moffat. Assembling Risk and the Restructuring of Penal Control, *The British Journal of Criminology*, 2006, 46(3): 438 – 454.

[80] Peter W. Greenwood, Brandon C. Welsh. Promoting Evidence-Based Practice in Delinquency Prevention at the State Level: Principles, Progress, and Policy Directions, *Criminology & Pub. Pol'y*, 2012, 11(3): 493 – 513.

[81] Russil Durrant. Putting risk factors in their place: an evolutionarydevelopmental approach to understanding risk. *Psychology, Crime & Law*, 2016, 22(1): 17 – 32.

[82] Rasmus H. Wandall. Resisting risk assessment? Pre-sentence reports and individualized sentencing in Denmark. *Punishment & Society*, 2010, 12(3): 329 – 347.

[83] Stephen Case & Kathy Hampson. Youth Justice Pathways to Change: Drivers, Challenges and Opportunities. *Youth Justice*, 2019, 19(1): 25 – 41.

[84] Stewart Field, Cyrus Tata. Connecting legal and social justice in the neo-liberal world The construction, interpretation and use of pre-sentence reports. *Punishment and Society*, 2010, 12(3) : 235 – 238.

[85] Stewart Field, David Nelken. Reading and writing youth justice in Italy

and (Englandand) Wales. *Punishment and Society*, 2010, 12(3): 287 – 308.

[86] Schopp, R. F. Integrating risk and dangerousness in specific legal contexts: Clarifying concepts and justifying interventions. *Behavioral Sciences & the Law*, 2018, 36(5): 597 – 609.

[87] Skeem, J. & J. Monahan. Lost in translation: Risks, needs, and evidence in implementing the First Step Act. *Behavioral Sciences & the Law*, 2020, 38 (3): 287 – 297.

[88] Sheila Jasanoff. Bridging thc Two Cultures of Risk Analysis, *Risk Analysis*, 1993, 13(2): 123 – 129.

[89] Steadman, Henry J. From Dangerousness to Risk Assessment of Community Violence: Taking Stock at the Turn of the Century, *Journal of the American Academy of Psychiatry and the Law*, 2000, 38: 265 – 277.

[90] Sarah L. Desmarais & Samantha A. Zottola. Violence Risk Assessment: Current Status and Contemporary Issues, *Marquette Law Review*, 2020, 103 (5): 793 – 812.

[91] Anthony P. Thompson & Aldis L. Putnins, Risk-Need Assessment Inventories for Juvenile Offenders in Australia, *Psychiatry Psychol. & L*, 2003, 10(2): 324 – 333.

[92] Ward, T., & Stewart, C. Criminogenic needs and human needs: A theoretical model, *Psychology, Crime & Law*, 2003, 9(2): 125 – 143.

附　录

访谈提纲

一、司法人员访谈提纲

1. 您如何看待社会调查报告中对涉罪未成年人风险的评估？您理解的“风险”是什么？

2. 在具体的办案过程中，您会关注社会调查报告中的什么内容？

3. 您认为社会调查报告中涉罪未成年人风险评估的结果对您的具体司法裁量有帮助吗？

4. 您如何理解“社会危险性”？在审查逮捕过程中您如何判断涉罪未成年人的社会危险性？

5. “社会危险性”的判断在您审查逮捕的过程中起着怎样的作用？

6. 您如何理解“帮教可能性”？在审查起诉过程中，您如何判断涉罪未成年人的帮教可能性？

7. 您认为风险评估（再犯可能性）在附条件不起诉过程中起着什么作用？

8. 您在提出量刑建议的时候会考虑涉罪未成年人的风险评估结果吗？

9. 您认为审判阶段的社会调查报告和审查起诉阶段的社会调查报告有区别吗？

10. 如果要对涉罪未成年人判处缓刑，您会关注什么信息？

11. 您如何看待暂缓判决制度？

12. 您在什么时候会重点关注涉罪未成年人的风险评估（再犯可能性）？

13. 根据您的办案经验和办案需求，您认为一份理想的社会调查报告应该包含什么内容?

14. 您对涉罪未成年人的了解和判断会与社会调查报告提供的信息相冲突吗?

15. 请结合一个具体的案例，谈谈您是如何判断涉罪未成年人的风险以及如何利用这些信息的。

二、司法社工访谈提纲

1. 您如何制作一份涉罪未成年人的社会调查报告?

2. 在报告中一般会涉及涉罪未成年人的哪些信息?

3. 在报告中您如何评价涉罪未成年人的再犯可能性?

4. 在制作社会调查报告的过程中，您会利用哪些专业知识或者专业理论?

5. 在制作社会调查报告的过程中，您会使用专业的心理量表吗，它的作用是什么?

6. 在制作社会调查报告的过程中，您会使用专业的风险评估量表吗? 您如何看待专业量表的结果? 它对您的工作有什么影响?

7. 您认为您对涉罪未成年人的意见和判断对司法人员有帮助吗? 您认为他们会关注您报告中的什么内容?

8. 您对涉罪未成年人的判断是否可能与司法人员的判断相冲突，您会怎么处理?

9. 在制作社会调查报告的过程中，您是否会关注涉罪未成年人自己的“声音”（涉罪未成年人对自己犯罪的看法)? 您认为这对您的判断有影响吗?

10. 请结合一个具体的案例，谈谈您是如何制作一份社会调查报告，并对涉罪未成年人做出专业判断和提出专业意见的。